つながりを生きる

北インド・チベット系社会における
家族・親族・隣人の民族誌

中屋敷千尋

風響社

はじめに

本書は、インド北部、ヒマラヤ山脈中腹に位置するスピティ渓谷に暮らすチベット系民族の親族に関する民族誌である。はじめに、どのようにしてフィールドへ入ったのか、なぜ「つながり」なのか、親族なのか、それについて描くことで本書が何を目指しているのかについて述べたておきたい。なお、本書は親族をメインに扱うが、親族を理解する際、家族や隣人への言及を避けて通ることはできない。そのため、それらも含めて、家族、親族、隣人の間の絶え間ない揺れ動きに注目しながら記述していく。

初めてスピティを訪れたのは、二〇〇九年九月である。最初の印象は、山が険しく緑がほとんどなく、「閑散としているところ」だった。村々を転々とした結果、私を快く迎え入れてくれる家族に出会い、ともに住むようになった。ほどなくして印象的な出来事があった。それは、他村に赴き二週間ぶりに滞在先の家に戻った際、息子アンジンが「母も（隣人の）タシも、チヒロがいなくて、何か欠けているような（無いような）気がするって言っていたよ」と言った。タシも、「心の中が空になった」と話した。それは私にとって意外な言葉だった。

その後、二〇一〇年と二〇一一年に修士論文のテーマである選挙活動の調査に訪れた。その際、政党員や住民が「ニリン（親族）は助け合わなければならない」、「ニリンには人生を捧げなければならない」と語った。私が相互扶助のような関係かと聞くと、「あなたが言っているような助け合いではない。私たちのいう助け合いは、本当の助け合い」と言われ、正直よくわからないと思った。ニリンとは、親族範疇の一つであり、血縁、姻戚関係のなかでも日々の関わりを通して築かれる親密な関係を指す。時に他人が含まれることもある。

修士課程での最後の調査が終わり、村から離れるとき、毎日のようにラモの家でともに過ごしていた隣人女性が、「あなたがいなくなると辛い」といって涙を流した。私はそのことにとても驚いた。それと同時に、私はまたここに来なければいけないと思った。滞在先の家族や、近所の女性、お世話になった僧侶、友人、調査を手伝ってくれた方々との関係を切ることはできないと思った。この関わらざるをえないという感覚は何だろうか。「ニリンは助け合わないといけない」というのは、こういう感覚なのだろうか。

博士課程では、選挙の際に資源として用いられていた親族ニリンについて調査することになり、二〇一四年四月に本調査を開始した。関係が密になるにつれ、私にとってはとても些細なこと――昨日どこで誰と何をしていたのか、葬式で泣いたのか、など――を、ラモの家族や隣人たちに頻繁に聞かれるようになった。私は、何か意図があって質問しているのだろうかと警戒したり、どこどこに誰といたという目撃情報がすぐに広まることに対して、あまりいい気持ちはしなかった。また、ラモの家族と隣人タシは、私がどこにいて何をしているのかを、家の中でさえ逐一把握しようとし、暇をしていれば居間にくるように私に伝えた。夜にはトイレにまでついてくるほどである。なぜそこまで知りたがるのだろうか、一緒にいようとするのだろうかと不思議に思った。

ある日、いつもより遅くまで寝ていると、タシが「まだ寝てるの」と窓の外から声をかけてきた。しかし、私は、返事をしなかった。しばらくして居間にいくと、「体調が悪いんじゃないかと心配した」と話し、安心した表情を浮かべた。このとき、私は、彼女たちは単に興味本位で何をしているのかを把握しようとしているわけではなく、把握することで私の無事や元気であることを確認し、安心しているのだとわかった。その後、次第に、あれこれ質問をされることや居場所を確認されることにも居心地の悪さを以前よりは感じなくなった。

そして、滞在先の母親ラモに、「昼間は店に行った後、どこに行ったの?」と私が聞いたとき、ふと、いつの間にか、私も同じように相手に些細なことを質問していることに気がついた。どこで何をしているのか、どういう気分なのかは互いに知っていて当たり前であり、特にいつもと違う行動をした際には、なぜそうしたのかを聞いて納得し、安心する。ラモたちも私も、そうすることで互いに一緒にいるような、つながっているような感覚を維持しようとしていた。このつながっている感覚は何なのだろうか。どのように生じたのだろうか。

以上の経験から、私は「つながるとはどういうことなのか」、「どのように人々はつながるのか」をテーマにした本書を執筆することに決めた。具体的には、「ニリンとはどのような関係なのか」、「隣人との関係と異なるのか」、「どのようにニリンや隣人になるのか」という問いを立てた。

スピティの人々のつながりには、調査者である私自身の存在も必然的に組み込まれている。本書は、深く調査地の人々のあいだに入り、私自身の人々との関係とその変化を通して、人々の生活の機微やリアリティがどのように成り立っているのかを明らかにするものである。この点において、本書は、著者が頻繁に登場する実験的民族誌であるといえる。そして、これまで十分に記述されてこなかったインドにおける少数民族の女性たちの世界を生き生きと描き出そうと試みる。

これらを通して本書が目指すことは、チベット系民族の人々の親族をはじめとしたつながりが、系譜や婚姻によるだけでなく、身体の共在と、そこで繰り広げられる物質に還元できないふるまいによってつくりだされる側面を実証的かつ理論的に明らかにすることである。

人が人と居合わせる場で否応なしに生じる「つながり」に注目し、人々のあいだに築かれる豊かな関係のあり方または共在のあり方の様態を記述、分析したい。

目次

●第二部　ニリンをめぐる関わり

装丁＝オーバードライブ・泉原厚子

●つながりを生きる——北インド・チベット系社会における家族・親族・隣人の民族誌

序章

一　問題の所在

インターネットの普及に伴い、わたしたちの人間関係はおおきく変化した。ネットを通じて新しい出会いがあり、あらたな活動領域が生まれることもある。また、中東の政治体制を大きく変えた「アラブの春」において、FacebookやTwitterなどのＳＮＳが重要な役割を果たした。しかし、インターネット上での個人批判やいじめなどで自殺者が出るという現象が生じている。ＳＮＳの使い方が社会問題になって久しい。

他方、地縁や血縁に基づく人間関係は、個人の利益を優先する現代社会においては「煩わしい」とみなされ、回避される傾向がある。家族、隣人、学校や職場での人間関係などを原因とする社会問題も数多く指摘されてきた。対面的な人間関係に悩む人にとって、インターネットの世界は逃避ともいえるし、自己実現の場でもある。

しかし、それは、すでに指摘したように、人間関係の桃源郷とは言えないのである。どれほどインターネットが普及しても、わたしたちは一人で生きることはできない。なんらかの対面的なつながりを保持する必要がある。それでは、この対面的なつながりとは一体どのようなものなのだろうか。

他方で、伝統的には、人びとの対面的なつながりは、親族や隣人との関係、儀礼の実施、あるいは政治実践や経済活動といった様々な領域や活動において重要な役割を果たしてきた。携帯電話やSNSなどが普及した現在でも、地域によってはその重要性が維持されている。それは、ともにお茶を飲み、食事をし、雑談をし、暇な時間を過ごすといった、些細でとるにたらないようだが欠かせない営みの積み重ねの上に成立している。対面的なつながり無くして人が生活し、生きていくことは不可能に近い。筆者は、このような「つながり」の実態を理解し、現代社会では一見把握しにくい密な対面関係の中身と広がりを理解したいと考え、それが目に見えて明らかなチベット系社会をフィールドとして選んだ。

ここで、本書が対象とするチベット系民族をとりあげる意義について触れておきたい。チベット系民族は、ヨーロッパ諸国を中心としてチベット仏教ブームの影響もあり注目を集めてきた。そして「伝統文化を保持し、幸福に暮らす人びと」として理想化されてきた。とくに、ブータンの国民総幸福量やジャンムー・カシミール州ラダック地方について言及したものにはその手の言説が多い。スピティも例外ではない。本書は、チベット系民族の主に親族のつながりを、親密なものとしてだけでなく緊張や矛盾をはらむものとしても記述する。それと同時に、新たな制度や価値を独自の方法で取り入れながら変化し続ける姿を描く。本書を通じて、単に理想化されステレオタイプ化されたものでもない、かといってその魅力を失うものでもない、チベット系民族の人びとの生のあり方を提示することができれば幸いである。

二　目的

本書の目的は、北インド・チベット系社会スピティを対象に、人びとのつながりがどのようにつくりだされるのか、それはどのようなものかを明らかにすることにある。なかでも、これまで注目されてこなかった日常生活の関わりによって築かれる親族ニリンがいかなる関係か、どのようなつながりなのかを明らかにする。ニリンとは、血縁または姻戚関係を有するものの中でも日々の関わりを通して築かれる親密な関係であり、時に他人も含まれる。具体的には、ニリンが日々の生活においていかに築かれ、その他様々な場面においていかに立ち現れるか、隣人や友人といった非親族との関係の異同はいかなるものか、そして比較的新しく導入された選挙制度の影響を受けてどのように意味づけられ、解釈されているか、を明らかにする。

一般的に親族というと、血縁や姻戚といった生物学的、法的なつながりが想定される。それに対し、親族ニリンの構成においては日々の関わりが重要となる。科学技術の進展による生物学的なつながりの厳密化という状況を背景としつつも、人類学や社会学では、近年の移民の増加や生殖医療の進展による家族や親族のあり方の変容といった状況を鑑み、ニリンのような関わり合いを通して築かれる柔軟な親族への注目が集まっている。本書は、その潮流へ新たな視点を加え、議論に貢献しようと試みるものである。

なお、本書でいう、北インド・チベット系民族とは、ジャンムー・カシミール州のラダックやザンスカール、ヒマーチャル・プラデーシュ州のラホール・スピティなどの地域に記録上一〇世紀以前から居住しているチベット仏教徒の人びとを指すこととする。

三　理論的背景

1　チベット系社会における親族研究

本書が対象とするスピティ社会はインド先住のチベット系民族が住む地域である。本項では、これまでのチベット系社会における親族研究の大まかな流れを概観し、本書がとりあげる関わりを通して築かれるニリンのような親族は中心的に扱われてこなかったことを示す。そして、本書の主張とも関連するチベット系社会における人格ないしパーソン[1]（person）のあり方についてもとりあげたい。

チベット系社会における親族研究では、一妻多夫婚と父系出自の観念に関する研究が大半を占めている。例えば、一妻多夫婚の成り立ちを心理的要因［Peter 1963］や父系出自を共にする集団間の連帯性［川喜田　一九九七］、または世帯［Aziz 1978］との関連で論じる研究がある。あるいは、一妻多夫婚とも関連させながら、父系出自の観念や父系出自集団に関する研究が行われてきた［川喜田　一九九七］。確かに現在でも一妻多夫婚が存在する地域はあり、父系出自の観念も存在するが、近年の政治経済的変化の影響を受け親族体系や親族に関する観念が変化している地域もある。

棚瀬［二〇〇八］は、ラダックやラホール、そして本書が対象とするスピティ渓谷において、インドの法的、政治的、社会的変化が、世帯運営と婚姻戦略、「家」のあり方、父系出自の観念にいかに重層的に影響するかを、人びとの実践に注目して分析した。スピティでは父系出自を表す「骨」と「肉」の観念が希薄化し、他の地域でもその重要性の低下が生じていることを指摘したが、出自以外の日常生活を支える親族には触れていない。

ネパールのソル・クンブに形成されたディングリ出身者の難民キャンプで調査したアジズ［Aziz 1978: 117-122］は、父系出自のみを重視する研究に対し、チベット系の人びとにとって最も支配的なものは、「居住規則のシステムと結びついた、世帯の連帯の原理である」［Aziz 1978: 5］と述べる。アジズによれば、世帯は土地と結びついた居住集団であり、個人の人生を超えて存在する協業集団であり、徴税（貢納）の義務の対象となる単位でもある。そして同様に重要なものとして世帯間の連帯があげられる［Aziz 1978: 109］。一妻多夫婚の実施も世帯の維持や強化のための規則である。何より、男性の跡取りがいない場合、父系出自を共有しない男性を養子として受け入れることがあることから、世帯は重要である。なお、世帯が家庭内の選択や経済的な選択の基礎となると述べる一方、中には独立志向の個人（individual）が存在し、一妻多夫婚に同意しないこともあるが、その場合はさらなる徴税の重荷に耐えなければならないとされている[Aziz 1978: 109]。そして世帯より広い範囲の親族範疇については、父系出自集団ではなく、自己を起点として父方と母方を平等にたどる双系的なキンドレッド[2]が存在すると指摘するが、その内容についてはほとんど触れていない［Aziz 1978: 128-133］。

また、親族や社会関係を理解する際に関係してくる人格論（パーソンフッド論）の観点から以上の研究をみると、これまではパーソンは父系出自集団または世帯の観念に還元されるものとしてみなされてきた。そして、なかには一妻多夫婚を拒否し世帯を重視しないという意味での個人が存在することが指摘されてきた。そこでは、自らを全体的に集団に帰属させる人と、全く帰属させない個人という区別が前提にされている。

あるいは、棚瀬は、より人びとの実践に注目し、様々な法的、政治的、経済的変化などの影響を受け、社会の支配的な価値原理が揺らぐ様子を描いている。特に、一妻多夫婚の法的禁止には、法が定める個人と、伝統的な世帯の観念とが拮抗する様子がみられる。しかし、いずれもパーソンのあり方を意識してなされた研究というわけではなく、チベット系社会におけるパーソン研究は今後進展することが望まれる。

2　道義と戦術をめぐる議論

人類学の親族研究においては、大まかに、機能主義に始まり、構造－機能主義、構造主義における集団や構造を重視する研究と、トランザクショナリズム[3]ないし方法論的個人主義を基にした個人を重視する研究がある。そこでは集団と個人、機能や構造と行動、あるいは父系出自集団やキンドレッドなどの特定の親族形態の定義、擬制親族のあり方等をめぐって多くの争点や論点が存在する。その中でも、本書では、親族ニリンの関係の内実を理解する際に避けて通ることのできない、道義（moral）と戦術（tactic）をめぐる論点をとりあげ、概観する。

リーチ［Leach 1961］は、*Pul Eliya: A Village in Ceylon* の最終章で、スリランカ、セイロンのプル・エリヤ村におけるキンドレッドの分析に基づいて、フォーテス［Fortes 1945, 1981］の親族論を批判する。すなわち、リーチは、親族が無条件に道義的（moral）関係であるというフォーテスの主張を批判するのである。リーチは、キンドレッドにあたる*pavula*には二種類の関係があると指摘する［Leach 1961: 104-125］。一つは共通の祖先の子孫として認識される公的で儀礼的なキンドレッド、もう一つは政治経済的関心のために集合している親族に基づく政治的ファクション（faction）であり、同じ用語*pavula*で表現され、状況に応じて使い分けられる。前者は形式的な関係であり理想的*pavula*とされる。他方、後者は効果的*pavula*と呼ばれ、系譜関係だけでは説明できず、特定の文化的状況という制限の中で選択可能なものであり［Leach 1961: 298-300］、すべての個人は社会的地位や財産といった政治経済的な利益を考え、いかなる*pavula*（ファクション）のいかなるリーダーと提携することも自由とされる。前者に比べ後者の選択的（selective）［Leach 1961: 112］関係の方が協力関係を築いており、より重要とされる。彼らの議論は、親族という「集団」の道義に注目するフォーテスと、「個人」の戦術を重視するリーチという集団と個人をめぐる対立ともいえる(4)。

フォーテスの道義とリーチの戦術の対立が時間幅の問題であると指摘したのは、ブロックである。彼は恒常的な戦術ではなく、期間に応じた戦術論を提出する。ブロック［Bloch 1971: 84-87］によると、親族名称は特定の人物のみを意味するだけでなく、道義的な規範（正しいまたは間違っている、良いまたは悪いという判断）を含む行為遂行的な用語である。このため、道義的（moral）な判断の後、文脈に応じて戦術的（tactic）に特定の名称が用いられる。その際、親族名称が含む道義性の意味と戦術的な使用は、関係が短期か長期かという期間と関連する［Bloch 1973］。

ブロックはマダガスカルのメリナの人びとをとりあげ、彼らは移動後、移動先で信頼できる協力者を得るために人工的な親族関係を（系譜的なつながりのない）隣人とのあいだに築く。そして農作業の事例から、「本当の」親族と「人工的な」親族のあいだの関係の違いを指摘する。具体的には、農作業において親族よりも非親族の方が先により多く仕事に呼ばれる事例をあげ、親族がより強い道義的関係であり相互行為がほとんど行われなくとも長期的関係の維持が可能であると考えられるがゆえに、非親族との短期的な利益重視の関係に集中することが可能となると主張する。つまり、より強い道義の存在によって、より弱い道義の維持が可能になる。また、短期間にあまり用いられなければ、道義的関係は短期間では「高く」つく。他方、道義の弱い関係、つまり戦術的な関係は、短期間に用いられなければ壊れうる脆弱なものだが、個人的な利益を考慮して潜在的な協力者を自ら選択することができる。いわば、より弱い道義的関係のほうが「安く」つくのである。

このようにブロックは、道義と戦術、つまり長期間のより道義的で安心できる関係と短期間の戦術的な経済的関係は、どちらか一方が重要というわけではなく、異なる関心のもとで並行して用いられうることを示した。こうして親族をめぐる道義と戦術の対立について、想定されている時間の幅の相違〔長短〕を導入することで理解しようとした。

ドゥ・ネーヴ［De Neve 2008］は、南インドの染色工場における雇用主の親族名称の分析から、ブロックのいう道義と長期的関係はあらかじめ親族や親族名称に付随しているわけではないと主張する。そして、以下で紹介するカーステンの説を参照しつつ、信頼的で安定的な関係は常につくられ創造される必要があると指摘した。また、戦術的に動員される対象にも注目し、経済的利益のために親族用語を戦術的に用いる側と動員される側とでは、同じ親族用語を異なる意味で捉え、それぞれ戦術的に使用していると指摘した。つまり、親族などの特定の関係が無条件に道義を保証し長期的関係を維持するのではなく、日々の人びとの行為によって親族が形成されうるとともに、親族であっても戦術的に動員される可能性を考慮すべきことが示される。

ドゥ・ネーヴが指摘するように、ブロックたちは、血縁、姻戚関係を所与のものとしてみなし、それぞれの特徴と関係を道義と戦術で表そうとしている。これには、マダガスカルのメリナにおける親族が、比較的外延の明確な親族体系であることが関係しているかもしれないが、七〇年代の構造主義の影響を無視することはできない。なぜなら、以下で述べる九〇年代以降の構成的アプローチを重視する立場は、たとえブロックが対象としたような外延が明確な親族であれ、日々の関わりを通じてつくられると考えるからである。上述した道義と戦術の議論の後、親族を構成的に捉える研究が盛んになされるようになった。

3 サブスタンス論

親族研究における重要なテーマとして、上述した道義と戦術のほか、自然と文化の区別をめぐる議論が存在する。これは構造とトランザクション（transaction）をめぐる議論でもある。この議論はシュナイダー[5]以降、最近の親族研究で注目されているサブスタンス論や人格論へとつながっていく。ここでは、親族ニリンのつながりがどのようなものか、どのようにしてつくりだされるのか、そして人びとのあり方はいかなるものかを考えるにあたって参考になるサブスタンス論と人格論の議論に絞って概観する。まずシュナイダーの影響を受けサブスタンス論を発展させたマリオットをとりあげ、その後、同じくサブスタンスに注目するカーステンをとりあげる。

サブスタンス論の発起人として、デヴィッド・シュナイダーがあげられる[6]。シュナイダー［Schneider 1980（1968）］は、*American Kinship: A Cultural Account* のなかで、構造主義的な研究を批判した[7]。そして、親族を象徴の体系としてとらえ、象徴のやりとりという意味での実践が家族や親族をつくると考え、トランザクションを重視する研究を打ち立てた。彼は、アメリカ人は親族を自然のサブスタンスと法のコードから構成されるものとして理解していると述べる。サブスタンスとは、不変的なものであり、血液などの生物遺伝的あるいは身体的サブスタンスのみを指す。他方、法のコードは可変的であり、慣習や行動規範を指す。これら両者は明確に区別されるものとして位置づけられた。そして、前者を血族、後者を姻族と結びつけて考えた[8]。シュナイダーの分析枠組は、その後のサブスタンス論の基礎となる〔Carsten 2011: 21〕。

個人間のやりとりがカースト関係を形作る

シュナイダーのサブスタンス概念の影響をうけ、南アジアのサブスタンス論を発展させるに至ったマッキム・マリオットをとりあげたい。なお、シュナイダーの影響を受ける以前のマリオットの論文も重要であるため、はじめにとりあげることにする。

マッキム・マリオットは、一九五九年の論文 Interactional and Attributional Theories and Caste Ranking において、北インドのキシャン・ガーリ村の事例をとりあげ、カーストの序列関係を決定する要因は、属性ではなく、個人間の食物や儀式的サービスのやりとり（transaction）であると論じた。すなわち、誰と食物のやりとりをする、あるいはしない、誰に儀式的サービスを行う、あるいは行わない、ということを通して地位が決まる、あるいは維持されるということである[9]。

ここで注意すべきは、マリオットのいう相互作用論は、社会学で一般的に知られているシンボリック相互作用論とは異なるという点である。むしろ、マリオットは一九五九年の論文発表当時、シカゴ大学の助教を務めていたこともあり、六〇年代以降にシカゴ学派の間で発展されたプラグマティズムの影響を受けた広義の（いわば社会的な）相互作用論〔近藤　一九九八〕の立場に近いと考えられる。前者が個人の主観から始めるのに対し、後者は認識ではなく個人の行為に注目し、認識は社会的な行為に基づくと考える。こうしてマリオットは行為から出発し、個人間のやりとりがカーストの序列関係を形づくる側面に注目した。

サブスタンス－コードをやりとりする分人

しかし、フレドリック・バルト〔Barth 1959, 1966〕のトランザクション・モデルを修正した形で発展させようとした一九七六年のブルース・カッフェラー編集の著書 *Transaction and Meaning: Directions in the Anthropology of Exchange and Symbolic Behavior* に収録された論文 Hindu Transactions: Diversity Without Dualism において、マリオットは一九五九年の論文で表明した個人を中心とした立場とは異なる見解を示す。また、マリオットは、シュナイダーのサブスタンス概念の影響を受けつつも、異なる見解を示す。

マリオットは、インドのトランザクションの思想は、一見、近代西洋的な実体論や二元論、個人主義に影響を受けているようにみえるが、実際には一元論と個別主義から成り立つと述べる。マリオットによれば、南アジアでは、多様な行為のコードあるいは行動規範（codes for conduct：*dharma*）がアクターに生まれつき埋め込まれており、アクター間を移動するモノの流れのなかで実体化されると考えられる。それゆえ、南アジアでは、行動規範（code）と物質（substance）、精神（spirit）と物質（matter）、法と自然の区別といった西洋の哲学と一般常識における二元論の前提は不在である。これら両者は分離不可能であるという意味で一元論的と表現した。マリオットは両者が区別不可能であることを、「サブスタンス－コード（substance-code）」や「コード化されたサブスタンス（coded substance）」という用語を用いることで表した。ここでのサブスタンスとは、体液、食物、行為、言葉などの身体を構成する要素であり、流動的な粒子として身体間を通過し、交換されるものである。コードとは、単なる行動規範だけでなく、適切または理想のあり方（ways of being）や内なる性質または価値を含むものである。

マリオットによれば、南アジアにおけるパーソンはサブスタンス－コードから成る。サブスタンス－コードは粒子であり、それゆえに分割可能であり、多様な性質を含みうる。サブスタンス－コードは継続的な分離、放出と、結合、吸収、組み込みを通して、パーソン間を不可避的に循環する。具体的には、それらは親子関係や結婚、祝宴や儀礼、他の種類の個人間の接触において、食物や施し物、サービスなどをやりとりすることでパーソン間を移転する。このようなサブスタンス－コードの混合物であり、変化し続けるパーソンのあり方を、分割可能な存在であるとして、「分人（dividual）」と呼んだ。

マリオットが想定するアクターの戦術

ところが、一九七六年の論文では、意志を持ち、戦略的にやりとりする個人が、導入と結論以外の本文のいたるところで暗に示されている。やりとりにおける三つの側面――*dharma*（モラルの行為）、*artha*（手段としての行為）、*kama*（感情的な行為）［Marriot 1976: 129-137］――のいずれにおいても戦略的行為が想定されている。

マリオットによれば、パーソンは自ら特定のサブスタンス－コードを分離するか、あるいは吸収するかを決定し、自らの気質を選択的に構成することができる。例えば、情動（affect）についてマリオットは次のように言及している。「やりとりの戦略（strategies）は、それらがサブスタンス－コードをパーソンに入れさせる、または離れさせる、あるいは、入らせないようにする、または離れさせないようにする方法を通じて、情動的気質を構成すると考えられている」［Marriot 1976: 136］。つまり、マリオットは、やりとりの内容を操作することによって、いかに自らの望む地位や利益、気質や性質を維持できるのか、あるいは獲得できるのかに注目していたのである。この点で、彼は戦略主義や個人主義に近いような立場をとっているといえる。

マリオットのアクターの捉え方について、マリオットはその人の地位や立場といった文化的背景をもった上でのやりとりを重視しており、アクターといえども「個人」ではないのではないか、社会を想定しているのではないか、という指摘が想定される。もちろん、マリオットが想定しているアクターは西洋における抽象化され理想化された個人とは異なる。しかし、以下で示すように、それは人類学で一般に「個人」とみなされてきたものに当てはまる。

ここで、一九七六年の論文で示されたマリオットの個人主義的にみえる立場と、フレドリック・バルトとの関連について触れておきたい。人類学においてトランザクショナリズムまたは方法論的個人主義を提唱したバルトは、一定の文化的制限を受けながらも自らの利益を求めてやりとりする「個人」または「アクター」を想定してきた。バルト［Barth 1959, 1966］は、冬のニシン漁やスワット・パサン社会の事例などを用いて、トランザクションを互恵的な義務ではなく、戦略的モデルによって説明可能なものとして位置づけた。それは、個々人が自らの価値あるものや利益を獲得し、最大化するために最善の行動を選択するというモデルである。ただし、こうした選択には、状況や人に応じた権利などの制限が課せられうる。また、このモデルが適さない親族などの領域も存在する。ここでの個人は、もちろん西洋哲学における抽象化された理念的な個人とは異なる。

一九五九年時点のマリオットも、構造ではなく行為が関係をつくるという点でバルトと共通する。ただし、マリオットは動機や目的といった主観ではなく、あくまで相互行為から出発することを目指していたため、この点はバルトのいうトランザクショナリズムとは異なる。[10] とはいえ、マリオットがブルース・カッフェラーの論文集に組み込まれている通り、マリオットの相互作用論はトランザクショナリズムとして理解されうる。

デュモンも、マリオットの相互作用論を、「トランザクショナリズム——それによれば地位の差異は食物の交換によって得られる点数に起因する」［デュモン 二〇〇一：四四三］として位置づけている。ここでも、初期のマリオットの相互作用論は、トランザクショナリズムや個人主義として理解されていることがわかる。繰り返しになるが、そこでの個人は、西洋における理念的な自律した個人ではなく、ある程度文化的な制限を受ける存在である。

一九七六年の Hindu Transaction の本文中の記述においても、バルトのトランザクショナリズムの視点がみられる。一定の保留がありつつも、パーソン（厳密には意志をもつ個人のようなアクター）は、サブスタンス－コードを選択的に取り入れ、あるいは取り入れないという戦術を用いることで、自らの望む地位や利益、気質などを獲得すると想定されているからである。以下で、マリオットの想定する個人（アクター）や戦術についてもう少し検討してみたい。

ブルース・カッフェラーは、*Transaction and Meaning* の序論において、本書の多くの章がバルトを出発点にしながらもオルタナティヴな視点を提出していると述べる。カッフェラーはバルトの功績を評価しつつも、バルトの個人主義的合理モデル、あるいは利益最大化モデルは、アクターの動機を常に利益の最大化に還元してしまうため、アクターにとっての活動の意味が見えにくくなるという問題を抱えていると指摘する。また、動機の単純化により、ふるまいの重要性自体も軽視されかねないとした。

そこで、必ずしも利益を最大化するという意味での合理性を想定しないトランザクション・モデルを目指すという、バルトを修正した形で用いることを提案する。つまり、アクターにとってのより多様な意味に注目するということである。とはいえ、バルトが批判したような理論へと回帰するわけではない。認識や意味、価値は不変的ではなく、あくまで流動的なものとして位置づけられる。

同書に収録されているマリオットの論文も上記の試みの中に位置づけられている。すなわち、トランザクショナリズムは一定の制限あるいは修正を加えることで社会的形式の説明の手助けになりうるという考えに照らし合わせて、カッフェラーはマリオットの論文について、「一連の文化的な特定の前提（仮定）を設けることによって、特定のカーストにとっての一定の戦略と戦術を明らかにし、彼らの間の多様性を説明することが可能となる」［Kapferer 1976: 12］と解説している。

ここでの一連の文化的な特定の前提とは、多くの古法典などにみられるモラル・コードのことであり、それは生まれつきサブスタンスに埋め込まれており、理想的でよい結果やあり方をもたらすものとして行為によって目指されるものである。それゆえに、必ずしも個人の利益の最大化ではなく、パーソンに内在するモラル・コードが目指されるということになる。

この記述から、マリオットは、基本的にトランザクショナリズムの立場に立つが、個人が目指すものは利益の最大化ではなく、パーソンに内在するモラル・コードが目指されるという点でバルトと一線を画すると理解することが可能である。とはいえ、個人間のやりとりが重視されていることには変わりない。このように考えると、程度の問題もあるが、マリオットが社会を想定していると考えることは、ひいてはバルトも社会を想定していると考えることになってしまいかねないのである。

上述したように、トランザクションを強調するマリオットの立場はバルトにも通じ、その意味でマリオットは個人中心の社会観を想定していたと考えられる。そして、この社会観が分人概念の提唱後も引き続き根底に置かれていたと考える。

文化的な意味や認識への注目

一九七七年に刊行されたインデンとの共著論文 Toward an Ethnosociology of South Asian Caste Systems において、マリオットはよりインドの文化的な意味や認識を明確に打ち出すようになる。さらに、行為と意味・認識の関連についても自らの立場を明確にした。これには、この論文が収録されたケネス・デイヴィッド編集の著書 *The New Wind: Changing Identities in South Asia* が経験主義と主知主義の接合を目指していたことが関係していると考えられる。

マリオットは、すでに述べたシュナイダーの二元論に基づく研究を批判的に受け継ぐだけでなく、インデンとニコラスの研究［Inden and Nicholas 1977（2005）］にも影響を受けている。彼らはインドとバングラデシュにおけるベンガルのヒンドゥーとムスリムの間の親族カテゴリーに関する調査を行った。そして、パーソンの行動規範は身体的サブスタンスを超越するものではなく、それに内在するものとして理解されていることを明らかにした。例えば、モラルの性質は、食事、性交渉、儀礼への参加などの結果として身体が変容することによって変化すると考えた。

この理解にならい、マリオットは身体的サブスタンスと行動規範は固定化されておらず順応的で、分離できず相互に内在する特徴をもつと考えた。その証拠として、ヒンドゥーのモラル・コードに関する本は身体についての議論で埋め尽くされており、他方、医学書は多くの点でモラルの性質について扱っていることが指摘される。こうしたサブスタンス－コードは、それぞれのパーソンと集団の人生を通して、一つのもの――分割可能なパーソン[11]――として移動し、変化すると考えられる。このようにマリオットとインデンは一元論的なコード化されたサブスタンスを想定した。

そして、この論文の目的である文化的な認識カテゴリーを理解するために、マリオットとインデンは、古法典や医学書を象徴的にというよりも文字通りに読むことを選ぶ。しかし、ここで注意すべきは、彼らはコードという文化的な認識を強調するようにはなるが、それと実際のふるまい（やりとり）のどちらをみても現実の現象を理解できると考えている点である。つまり、行動規範とふるまいが一致するという前提[12]に立つのである。

以上のように、マリオットは一九五九年、一九七六年、そして一九七七年と主張を変化させている。まとめると、マリオットは、一九五九年時点では属性やシンボルよりも行為とくに相互行為を出発点とした手法を採用し、個人間のやりとりが想定されていた。それが、一九七六年のブルース・カッフェラーの論文集では、南インドの一元論やコード化されたサブスタンスの粒子をやりとりする分人に言及しつつも、個人主義的なやりとりを強調するようになる。[13]翌年一九七七年のインデンとの共著論文においては、やりとりにも言及はされるが、文化的な意味や認識がより強調され、南アジア人の身体観が前面に出される。

以上からは、マリオットが個人間のやりとりという行為によって認識がつくられるとする初期のトランザクション論を七七年まで引きずっている様子が窺える。依然として戦術的やりとりも重視されているとはいえ、南アジア的な身体観が文化的に規定されることで、やりとりよりも南アジアの文化的要素――意味や認識――が重視されるようになった。後者のやりとりは、あくまで南アジア的なパーソン観の達成のための手段でしかない。ここには、マリオットの行為から意味への方法論的な変更がみてとれる[14]。

マリオットの分人概念への批判

以上のようなマリオットの打ち出す南インドにおけるパーソン観や民族社会学に対して、実際にはそうではないとする批判が多く寄せられた［Östör, Fruzzeti and Barnett 1982 など］。なかでもE・ヴァレンタイン・ダニエルはマリオットの民族社会学という手法を批判する[15]。そして南インドでの調査内容とその他の民族誌的記述における記号とアイコン、そしてシンボルの分析から、タミル人は、人だけでなく家屋や土地もパーソンのようなものとしてみなし、所有者とその家族の身体とつながっているものとして理解した[16]［Daniel 1984］。

あるいは、ジェームズ・レイドロー［Laidraw 2000, 2002］は、マリオットとは異なる形でパーソンの戦術性について言及している。インドのジャイナ教徒の現世放棄者は、在家信者と贈与交換関係に入ることを拒否するために、乞わない、期待しない、招待を受け入れず偶然入るといった装いをする。それにより純粋贈与を可能にしようとしている。ここでの現世放棄者の戦術は、必ずしも個人の戦術というわけではなく、否応無しにつながりうる在家信者との関係を断つために、つまり現世放棄者であり続けるために不可欠なものである。パーソンが透過的（permeable）であり、影響を受けやすいからこそ、戦術によるコントロールが必要になると考えられる。

そのほか、マリオットが分人概念のみに注目する点を批判したのが、マチソン・マインズ［Mines 1994］である。マインズは、デュモンとマリオット、インデンが異なる仕方ではあるが、西洋における個人の自由意志と平等に基礎をおく個人（individual）と対照的なものとして、南アジアにおけるパーソン――デュモンは全体論的で集合的利益に基礎をおく集合的（collective）な存在として、マリオットは依存的で分割可能な分人（dividuality）として――を位置づける点を批判する［Mines 1994: 4-6］。また、マリオットはインド人のパーソンの身体的な観念を強調しすぎているとも批判した[17]。

これらに対し、マインズは「個人性」というとき、必ずしも西洋における自由で平等な個人を想定する必要はないと主張する。マインズは、南インドのタミル・ナードゥの州都マドラスにおけるタミル人を対象に、彼らにとっての「個人性（*tanituvam*）」がどのようなことを意味するのかや、公的、私的領域双方においていかに個人性の性質が立ち現れるのかを検討している。公的領域においては、現世放棄者も含めた組織的ビッグマン（*periyavar*）の検討［Mines & Gourishankar 1990］から、南インドにおける個人性とは、リーダーシップを有する人に用いられる用語であり、ヒエラルキーがあり、授けられた名誉やカリスマ性をもち、利他的なふるまいをすると考えられ、そして自らの権力や影響力を、寺院や慈善事業といった自らが中心となる組織を通じて下位のリーダーたちに拡大し支援者を増やそうとすることを含んでいる観念であると主張した。そこからは同時に、その個人中心の政治組織が生まれることも指摘した。こうしたリーダーは利他的に行動することが求められると同時に、名誉の獲得や拡大といった個人の利益を求めるという相反する二つの動機を有していると考えられる。私的領域における個人性については［Mines 1994］、人びとの個人的な語り、特にライフヒストリーの内容を分析することで、心理的な「個人性」の性質を明らかにしようとしている。こうしてマインズは分人にばかり注目が集まる南インドのパーソン研究に対し、ローカルな意味での「個人性」も存在することを示そうとした。

メラネシアにおけるサブスタンスとパーソン

その後、マリオットとインデンの分人概念とサブスタンス概念は、メラネシア地域において異なる形で展開されることになる。以下ではマリリン・ストラザーンをとりあげる[18]。

マリリン・ストラザーン〔1988, 2005〕はメラネシアにおけるハーゲン社会を対象に、ジェンダーや親族、それらに関連するパーソンやサブスタンスについて言及している。南インドとは対照的に、メラネシアにおいてはサブスタンスに焦点化され、コードは大きく省略されるようになる〔Carsten 2011: 22〕。

ストラザーンはパーソンを、それ自体多くの固有の具体的な歴史における結節点としての分割可能な存在としてみなしている。パーソンは、サブスタンスの交換を通して多様な諸関係からもたらされた、あるいは分散された多くの性格を潜在的に有しており、その中から一つの性格または関係が相互行為において表面化される。あるいは、とくに所有や交換について、ある行為がなされるとき、そこでは多くのありうる諸要素の中からその一つが取り上げられ、その関係が想起される[19]〔Strathern 2005: 127〕。例えば、父系出自集団、クラン、家庭内における位置づけ、役割、豚などの所有者、男、女などである。これらの特性は南アジアのパーソンのように混合されるわけではなく、それぞれ並置されている〔Strathern 1988〕。ここには、関係の帰結としてのパーソンがみられるとともに、パーソンはサブスタンスのやりとりまたは交換を通してその都度立ち現れるものとして描かれている。[20]

ストラザーンは、サブスタンスの物質性を強調して用いる〔Strathern 2005〕。その上で、サブスタンスを本質的に交換可能で、可鍛性があるものとしてみなした。これは、ワグナーの「実質的な流れ（substantive flows）」とサブスタンスの代替性の分析を基礎としている。カーステンによれば、ストラザーンはこのようにサブスタンスの意味内容を限定して用いることで、その効果を先鋭化させようとした〔Carsten 2011〕。

さらに、ストラザーンは、「もし行為することがオルタナティヴのなかでの選択であるならば、これらは基本的に関係のあいだの選択である。そして、それゆえに以前の関係をいつも呼び起こす……しかし、これは自由選択ではない（実際に、ある人はその事柄についてほとんど選択肢をもっていない）」〔Strathern 2005: 127〕と記述している。

ここには、分人の戦術性がみてとれる。すなわち、分人のその都度の選択は全くの自由選択というわけではなく、過去の関係を鑑みた上で、特定の状況で適切な要素が選ばれ表面化されるのである。ここでの戦術は、分人の選択または戦術であるが、実際にはほとんど選択の余地がないものとして描かれている。

以上の南アジアとメラネシアにおけるパーソンの差異について、バズビー［Busby 1997］は、以下のようにまとめている。どちらも西洋の個人と対照的な分人として特徴づけられてきた。そして、パーソンの一部、サブスタンスの交換を通して関係がつくられると理解されてきた。ただし、一方で、南アジアではサブスタンスの流れを通して他者とつながり、透過可能で流動的、その内部は全体的であるパーソンが想定されているのに対し、他方、メラネシアでは内部で分離され分割可能であり、関係の小宇宙のようなものとしてのパーソンが想定されている。

ジャネット・カーステンの関わり合い

以上のように、サブスタンス論がさまざまな形で発展されるなかでも、シュナイダーの親族論におけるサブスタンス概念を批判的に受け継ぎ、親族を構成的アプローチから捉えた人物として、ジャネット・カーステン[21]があげられる。カーステンは、生殖技術の進歩にともない、所与の、そして単純に発見されるものとしての自然は少なくとも部分的にはテクノロジーの介入を通して「つくられて」いるとするマリリン・ストラザーンの議論［Strathern 1992］にも影響を受けつつ、「関わり合い（relatedness）」の概念を提唱する。[22]これまでのサブスタンスやサブスタンス－コードの粒子のやりとりが親族をつくりだすとする議論に対し、彼女は、身体的、物質的サブスタンスの交換と共有のほか、社会空間の共有に注目して議論を展開する。

カーステン［Carsten 1997, 2000, 2004］は、移動が激しく移民の多いマレーシアを対象に、系譜や出生のつながりの象徴である「血」を、母乳や食物と並置される身体的サブスタンスの一つに過ぎないとし、生物（遺伝）学的側面の優位性を相対化した。カーステンによれば、マレーのランカウィでは、人びとは母親の血とともに生まれ、それ以降は母乳やその他の食物が体内の血に変換され、人生を通して血を獲得する。母乳も「一種の白い血」として理解される。これらのサブスタンスを通して、母と子は親子に「なる」とした。そこでは物質的なものだけでなく感情的（emotional）なものも同時に運ばれる〔Carsten 2004：129〕。すなわち、出生時に与えられた身体的サブスタンスだけでなく、出生後の共住やサブスタンスのやりとりを通して、様々なサブスタンスが「血」に変換されることで人びとの間に「血」がつくられ、変容され、養子や姻戚といった非血縁者が親子や家族、親族になるのである。ここでは、所与のものとされてきた身体的サブスタンスである「血」は、部分的に出生で与えられ、部分的に出生後に獲得される可変的なものとして理解される。カーステンは、上記のサブスタンスの交換や共有、そして社会空間の共有が人びとのあいだにつながりをつくりだすことを指して、「関わり合い（relatedness）」概念を打ち出した。これについてのカーステンの文章は以下の通りである。

私は他の著書において、いかにしてマレーの関わり合いが生殖のつながりによるだけでなく、家での共食と共住という日常の諸行為を通してつくられるかを示した。生殖によるつながりと共食は、その大部分が移住者から構成されるコミュニティにおいて共有の財産または血をつくりだす。ここでは、子どもの養育と婚姻が関わるような長期の食物と生活空間の共有とともに、親切なもてなしと食べ物の提供といった些細な諸行為が、それまで親族が存在しなかったところに親族をつくりだしている〔Carsten (ed.) 2000：18〕。

このような「関わり合い」は、人格論に関する議論の文脈で「関係的なアイデンティティ（relational identity）」と言い換えられている。カーステンは*After Kinship*〔2004〕において、イギリスのダイアン・ブラッドの裁判の事例を用いて、非西洋だけでなく、当の西洋においても、法によって規定された独立した「個人」と、人びとがもつ「関係的なアイデンティティ」（例えば死者とのつながり）は対立しうると指摘する。また、臓器移植の事例をとりあげ、ドナー側の遺族が、ごく一部の身体的サブスタンス（臓器）にそれが属していたパーソン性をみとめ、レシピエントの中にドナーが生きているように感じることに触れ、西洋におけるパーソンフッドの境界の曖昧さを指摘する。すなわち、カーステンは、マリオットやストラザーンによって打ち立てられた西洋と非西洋の間における対立の構図——個人と分人——を批判し、西洋地域にも諸関係のなかで成立するパーソンあるいはアイデンティティが存在することを示したのである。

関係的なアイデンティティという表現からわかるように、カーステンは、親族を、単に境界の明確な個人に追加されるものではなく、パーソンフッドに内在する広がりや範囲として理解しており、より関係性の感覚に依拠していることがうかがえる。その関係性の感覚は、サブスタンスのやりとりと共住のプロセスの中で育まれ、変化する。

さらにカーステンは、共食したり、調理した料理を隣人に提供したり、おしゃべりやコーヒー、キンマの一噛みのために近隣の家に立ち寄るといった、一見したところ小さく些細で、あるいは当たり前の行為、つまり彼女が「日常的」と呼ぶものに焦点をあてることによって、家の内部の関わり合いをつくりだす「家庭内」の過程と同時に、ニューカマーの統合とコミュニティ全体の設立および再生産というより広範な「政治的」過程の両者を描くことが可能となると主張する。[23]

このように、カーステンは、関わり合い概念を打ち出すことで、生物学的側面の優位性を相対化させ、他人が日々のサブスタンスのやりとりを通して家族や親族になる現象を説明することを可能にした。また、その概念をより広い範囲に適用しうることを示唆している。[24]

カーステンは、マリオットと同じくシュナイダーのサブスタンス概念に影響を受け、マリオットからも影響を受けているはずだが、特に母子関係を念頭に置くため、やりとりに情動や道義を求める。そのためか、戦術的な側面にはほとんど目を向けていない。逆に、マリオットはやりとりにおける戦術に注目していたといえる。

カーステンの他、シグネ・ハウエル［Howell 2003］も、ノルウェーの養取慣行について調べ、養父母と養子の子供は様々に関わるプロセス（出自について聞くことも含む）を経て、養父母はその子供を親族に組み込み、そして彼ら自身の子供の両親に「変わる（transform）」と論じる。このように、胎児や新生児、あるいは以前にはつながりをもたなかった養子などが、親族用語で表される重要で長期的な関係になるプロセスを指して、「親族する（kinning）」という用語をつくりだし、カーステンと同じく構成的な立場を明らかにしている。

カーステンらの研究に対し、親族の構築的な側面は認めつつも、潜在的には血縁関係や姻戚関係のネットワークがすでに無制限の広がりをもって張り巡らされているため、意味ある関係を築くためには、逆に制限し区切るという操作、選択的な側面にも注目すべきとするエドワーズらの研究もでてきている［Edwards and Strathern 2000: 157-161］。

4　先行研究の問題点

ここでは、これまで述べてきた先行研究の問題点を、①チベット系社会の親族研究における日々の関わりから親族を捉える視点の欠如、②道義と戦術をめぐる議論とそれ以降の親族研究との断絶、③サブスタンス論の問題の三つに分けてそれぞれ指摘する。

第一に、チベット系社会の親族研究における日々の関わりから親族を捉える視点の欠如である。

これまでのチベット系社会の親族研究では、主に父系出自集団や父系出自の観念に焦点があてられてきた。もちろん、これらはチベット系社会の婚姻規則や居住形態、相続形態を理解する上で重要だが、必ずしも人々の親族の関係を全て説明する原理とは限らない。世帯に関しても同様である。とくに、世帯や出自以外の日常生活を支える親族については、アジズによってキンドレッドの存在と重要性が指摘されるに留まり、より柔軟で流動的な日常を支え合うニリンのような親族についてはほとんど扱われてこなかった。その理由としては、それが父系出自集団のような明確な輪郭をもつ体系立った組織ではないため、親族とみなされなかったということがあげられる。

しかし、本書が示すように、明確な輪郭をもたない親族であるニリンは、人々が生活を送る上で不可欠の存在であるとともに、経済や宗教、政治といった諸場面においても重要な位置づけを占めている。そのため、今後、出自や世帯以外の日常を支えるような親族にも目を向け、その関係の内実と構成過程を明らかにする必要がある。

第二に、ブロックの道義と戦術の議論とそれ以降の親族をめぐる議論の間の断絶である。

フォーテスやリーチ、ブロックらの道義と戦術という視点は、それ以降の親族研究においてどのように理解されてきたのだろうか。南アジアにおけるサブスタンス論の発起人であるマリオットは、インデンと出会うまでは個人のやりとりを重視し、そこに戦術的な視点を想定していた。しかし、インデンとの共著論文が刊行されて以降、文化的な意味や認識に重点が置かれ、戦術的な視点はみられなくなった。

その後、カーステンは、これまでの親族研究であまりとりあげられてこなかった非親族に言及した点で、同じく非親族（姻族と他人含む）を含めて論じたブロックとのあいだに重要な共通点がみとめられる。もちろん、非親族をとりあげるとはいえ、ブロックとカーステンの親族の見方には大きな違いがある。ブロックは親族と非親族というとき、すでに存在するものとして、道義性の度合いの異なる関係――道義性が強く戦術性が弱い親族と、道義性が弱く戦術性が強い非親族――が想定されている。つまり、親族や姻戚を構造的に捉えており、当時の主流理論の影響を受けているといえる。それに対し、カーステンは、親族を所与のものではなく、対面行為におけるサブスタンスのやりとりを通して築かれるプロセスとして捉える。とくに親子関係に焦点化するため、関わりを通して築かれる情動――母の子に対する愛情など――に注目がなされ、戦術の側面は想定されていない。カーステン自身も一九九〇年代以降に主流となった構成的アプローチの影響を受けているといえる。

両者のアプローチの違いには、調査した対象の性質やリアリティも関係しているかもしれない。ブロックが調査したマダガスカルが、比較的明確な親族の境界や婚姻規定をもつ地域であるのに対し、カーステンが調査したマレーシアは移民が多く、基本的にキンドレッドで境界が曖昧な地域である。とはいえ、カーステンは、関わり合いの概念を、移民や生殖医療と関連する新たな現象だけでなく、これまで構造的に理解されてきた対象に対しても適用されると述べている。そのため、単なるフィールドの性質の違いだけではなく、親族に対するアプローチの違いも大いに関係しているはずである。

このように両者の親族と非親族に対するアプローチが異なるとはいえ、それによって道義と戦術をめぐる問題系がその重要性を失なったわけではない。なぜなら、道義や戦術の側面が人びとのふるまいにみられなくなったわけではないし、依然として道義に関しては義務や規範、戦術に関しては利用や戦略という形で注目されているからである。ブロックらの親族研究の功績を明確にし、カーステン以降の構成的アプローチによる研究の位置づけを明確にするためにも、両者の研究のあいだの連続性を確認する必要がある。

第三に、親族のつながりを理解する際のサブスタンス論の抱える問題についてである。

ブロックらが議論した道義と戦術の視点からみると、サブスタンス論を発展させたマリオットが提唱するサブスタンスのやりとりと分人概念は論理的に矛盾している。マリオットの一九五九年の論文においては、トランザクションというとき、個人的なやりとりが想定されており、戦術的な姿勢がみられる。また、一九七六年の論文におけるより適切あるいは理想的なあり方を求めて選択的にサブスタンスを取り込む、あるいは拒否するという記述からは、意志を持ちサブスタンスをやりとりするアクターが想定されているかのように見える。それは「適切なサブスタンスを求めるアクター」［Marriot and Inden 1977: 233］という表現からも伺える。しかし、インデンと出会った後、戦術性はあいまいにされ、道義が埋め込まれている分人概念が提唱されるようになる。すなわち、もともと個人間のやりとりが想定され、個人主義が想定されていたのに対し、分人間の粒子のやりとりに代わり、反個人主義が想定されるようになっている。このように考えることは可能だろうか。

コード化されたサブスタンスは一つのものとして移動し、混合される。そのため、戦術的にふるまうアクターが自らのサブスタンス－コードを結合と分離を通して交換するということは、その意志をもったパーソンそれ自体も交換される対象になるということを意味する。意志をもったパーソンは分割され他のものと結合されることを通して、はじめのパーソンとは異なる状態になることが予想される。すると、もともと自らが目指していた気質には永遠に到達できない、または目指すものが大幅に変更される可能性もあるということにはならないだろうか。あるいは、もしパーソンの中に確固たる意志のようなものが存在し、それが他のコード化されたサブスタンスを操るのだとすれば、パーソンが部分的に分割可能になったというだけで、結局は戦術的にふるまう「個人」とたいして変わらないことにはならないだろうか。

ここに論理的な矛盾がある。もともと意志をもった個人間のやりとりだったトランザクションと、それと相反する反個人主義的な分人概念は対立すると考えられる。マリオットに限ってみれば、上述したように、それ自体がはじめから文化的な意味の中に位置づけられているやりとりは意味から出発しており、初期の行為を出発点としたやりとりとは対立するのである。

なお、マリオットの想定するやりとりするアクターは個人ではないのではないか、とする批判が想定されうるが、すでに述べたように、バルトをはじめ人類学において個人とみなされてきたものにあてはまると考える。これは西洋における抽象的で理念的な個人とは異なる。よって、あくまでマリオットに限ってみれば、初期のトランザクション論が七七年時点でも根底にあるといえる。

次に、マリオット自身の問題とは別に、分人という概念自体に戦術を想定することは可能か、という問いが浮かぶ。これは可能だと考えられる。マリオット以降、ジェームズ・レイドローやマリリン・ストラザーンなどによって、戦術性を内包する分人が想定されている。

戦術と分人が両立可能だとすると、次に、ここで示されているような分人、つまり、サブスタンスまたはサブスタンス－コードのやりとりを強調するようなものとして社会関係を理解することは妥当か、という問いを投げかける必要がある。理念型としての個人とは異なる人のあり方を想定する際、人びとの関係をサブスタンスのやりとりや交換としてのみ考えると、マリオットのような問題が出てくると同時に、サブスタンス以外の諸要素が親族へ影響する様子がみえにくくなると考える。

サブスタンスというとき、例えばマリオットとインデンはサブスタンス－コードを想定しており、物質のやりとりだけでなく、触れ合いや会話、土地や家屋とのつながりなど多様な事柄を説明できるとする解釈も想定される。たしかに、サブスタンス－コードやサブスタンスのやりとりによって、人びとや人と土地がつながっていることや、関係を調整していることは論じられるだろう。

しかし、私の解釈では、コードはサブスタンスに埋め込まれており、そうしたサブスタンス－コードが身体的な粒子となって交換されるため、基本的にはサブスタンスである。また、サブスタンス論の観点からは、サブスタンスに還元できないような事柄や要素が人びとをつなげることを理解することは困難だと考える。それは、周囲の環境の影響、社会空間と時間の共有、そこでの微細な関わりなどである。例えば、同じ会話内容であれ、触れ合いであれ、周囲の環境や文脈、その時の表情や身振り、しぐさなどによって関係が変わりうるということである。サブスタンスの交換の観点からはそこまで説明することは難しいと考えられる。そもそも、サブスタンス－コードの粒子の流れという考えは、ヒンドゥー教の宗教的な身体観を基にしているため、それをインドや南アジア全体に援用することは困難だと考える。

サブスタンスに還元できない側面に関して、カーステンは、宗教的な観念やサブスタンスだけでなく、社会空間の共有の重要性もみとめ、包括的に「親密な感覚」がつくりだされるプロセスを明らかにしようとしている。しかし、サブスタンスの交換と共有ほど詳細に述べているわけではない。

人びとはともに存在する空間において、互いに影響を与え合っている。単に話すだけでも、相手の表情や声色、雰囲気などが伝わってくる。そこでは周囲の環境も関連してくる。これらはサブスタンスの交換に還元できない。この点についてはいまだ十分な検討がなされていない。そのため身体の共在と微細なふるまいも考慮して親族のつながりについて理解する必要がある。

5　本書の視座

以上の問題点を踏まえ、本書がどのような視座から親族を論じるのかを示す。

第一の問題点に関して、これまでチベット系社会の親族研究で扱われてこなかった、世帯や父系出自集団以外の日常を支える親族がどのような関係かを明らかにする必要がある。そのために、本書は、スピティにおける人びとの日々の生活を支えている親族ニリンに照準をあわせ、どのようなつながり、関係なのか、いかに関係が築かれるのか、どのように世帯や父系出自集団と異なるのかを明らかにする。また、経済や政治、宗教、あるいは隣人との関係といったそれぞれの場面において、日々のニリンの関係がいかに立ち現れるのかを検討する。これらを通して、チベット系社会の親族研究で前提とされてきた、親族と非親族という区別を再考する。

なお、ニリンのような他人をも含むような親族については、それを親族とみなすべきとする立場と、社会関係全般として論じるべきとする立場に分かれる。本書では、ニリンが時に他人を含みつつも、基本的に血縁あるいは姻戚をたどる者から成ることや、ニリンの語源であろうニェン（*nyen*）が血縁、姻戚関係を指す用語であることから、ニリンを親族研究の一部として扱いたい。また、近年増加する移民や生殖医療の発展等により、ますます複雑化する家族や親族の現状や人びとの実感に対する理解を深めるためにも、ニリンを親族として扱うことには意義があると考えている。

第二の問題点に関して、前述した親族研究のあいだの連続性を確認する必要がある。道義は必ずしも社会制度や構造との関連で触れられる必要はなく、また戦術に関しても全くの利己的な個人によるものを想定する必要はない。カーステンの議論の上に、相互に関わるなかで築かれるものとして、再度それらを位置づけ直すことは可能である。こうした視座から、ブロックの道義と戦術をめぐる議論と、カーステンの関わり合いの議論がどのように関係しうるのかを検討する。

これを、筆者が対象とするスピティ渓谷に住む人びとの親族と非親族に関する事例の分析を通して明らかにする。具体的には、対象地の人びとの多くは他村から現在の村に移り住むようになったこと、それ以降人びとは関わる過程で関係を築いてきたこと、そのなかで情動や道義が育まれ、逆に人びとを制限するようにもなること、しかし選挙時など政治的利権が絡む際には親密な関係にある人でも戦術的に利用されうることを示す。

これらを通して、ブロックらとカーステン以降の議論はそれぞれ全く異なるわけでも、かといって対立するわけでもなく、両立しうることを明らかにする。その際に、両者の接合の要となるのは、それこそブロック自身が道義と戦術の議論でフォーテスとリーチの議論を整理する際に持ち出した時間軸——ここではより長い期間を想定——であることを指摘する。すなわち、関係はすでにあるわけではなく、日々の関わりを通して築かれ、その中で情動や道義が生まれ、ときに戦術が関わってくることを具体的な事例を示しながら明らかにする。

第三の問題点に関して、マリオットたちの自律した個人ではないパーソンとしての分人という位置づけに賛成しつつも、サブスタンスに還元されない側面を考慮に入れる必要がある。

それでは、反個人主義的なパーソンのあり方、構成のされ方について、どのような視点から考えればいいのだろうか。筆者の考えでは、社会空間において身体を共在させること、場の雰囲気やその場自体を共有すること（あるいは周囲の環境の影響）、ともに時間を過ごすこと、そこでの表情やしぐさ、声の調子などといった微細なふるまいがつながりを生み出しうると考える。これらを通して否応なしにつながるようになると考える。こうした身体の共在と微細な関わりは、サブスタンスのようにやりとりするようなものではない。むしろ、特定の場所を支配または共有する、あるいは身体を共在させるところにサブスタンスが紛れ込むと考えたほうが人びとの関係をようまく理解することができるのではないだろうか。

これまでの親族研究では、分人のような存在を想定する際にサブスタンス概念に注目してきた。それに対し、本書は、人びとのつながりは、社会空間における身体の共在、周辺環境の影響、そこでのふるまいによって生成されるという視座から考えたい。このように、身体を共在させ、場や時間を共有する人たちは、情動や道義を負う存在になりうる。そこではサブスタンスも紛れ込んでくる。いかにそのなかの一人が、戦術的にふるまい、自らの利益のためにつながりを道具として利用しようとするのか。こうした視点から考え直す必要がある。

本書では、以上を踏まえ、従来のチベット系社会の親族研究では十分に扱われてこなかった、日々の生活を支える互助的な親族であり、日々の関わりを通して築かれる親族ニリンがいかなる関係かを明らかにする。その過程で、ブロックらの道義と戦術の視点を、カーステンの関わり合いの視点から捉え直すことで、両者の連続性を明らかにし、捉え方によっては両立しうることを示す。そして、構成的アプローチや関わり合い概念の基礎となっているサブスタンス概念だけでなく、それに還元できない側面にも注目して親族を理解しようと試みる。これらの検討を通して、ニリンの関係を理解するとともに、親族のあり方を捉え直し、人類学における親族研究に小さな一石を投じることを目指す。

四　フィールドワーク概要

ここではフィールドワークの概要を示したい。筆者は二〇〇九年から現在に至るまで断続的に調査をおこなってきた。調査期間は以下の通りである。二〇〇九年九～一二月、二〇一〇年九～一〇月、二〇一一年八～一〇月、二〇一二年一〇月、二〇一四年四月～八月、二〇一四年九月～二〇一五年三月、二〇一五年一一月～一二月までの合計約二〇ヶ月である。

インド、ヒマーチャル・プラデーシュ州、ラホール＆スピティ県、スピティ郡の中心地である町を対象に調査をおこなってきた。その期間の大半をC町で過ごし、C町滞在中は靴屋とゲストハウスを営む家族宅で住み込みを行った。家族構成は、チベットのカム出身でありチベット難民である父親のワンドゥイ（六〇代半ば）、スピティ出身である母親ラモ（五五歳）、娘のソナム（三二歳）、息子のアンジン（三〇歳）の四人家族であり、白いスピッツ犬を一匹飼っている。年齢は二〇一四年当時のものである。一〇月から三月には父親と娘がデリーに衣類販売の出稼ぎにいくため、母親と息子のみとなる。筆者はこの家族の家に住み込み、寝食をともにするとともに、水汲みや雪かきなど同じように働きながら日々ともに過ごしてきた。この家族の親族や友人、近隣の人とも頻繁に関わってきた。また、この家を拠点に、儀礼、選挙、階層、寺院などについても調査をおこなった。必要に応じてC町以外の近隣に位置するK村やY村、あるいはさらに遠くの村に赴くこともあった。

調査方法は参与観察ならびに聞き取り調査である。ときに写真撮影やICレコーダーを用いたインタビューもおこなった。調査の初めから、住民の方々（役所や警察の方も含む）には調査目的できていることを説明し、それ以降も聞かれるたびに説明をしつづけている。しかし、「調査（research）」という言葉を聞き慣れない人には「本を書く」と説明したこともある。それでおおかた納得をしてもらえた。

滞在中の使用言語は、主にチベット語の西部方言（俗称スピティ語）だが、ごく一部の若者や政治家と話すときには、英語を用いるとともに、高齢の方にインタビュー形式で話を聞くときには、筆者の友人である観光業を営む地元の男性（四〇歳）にチベット語から英語に訳してもらったこともある。

調査対象は、スピティの人口のうちほとんどを占めるチベット仏教徒である。本書では、チベット人やチベット難民と区別して、インド先住のチベット仏教徒のことを「チベット系民族」と呼ぶことにする。本書の対象は主にチベット系民族の人びとである。スピティには上層（領主）、中間層、下層（楽師、鍛冶屋）からなる階層制度が存在する。調査中はなるべく全ての階層の人びとと接するよう心がけたが、親族の調査に関しては、その圧倒的な人口の大きさから、主に中間層チャチャンの人びとを対象に調査をおこなった。

なお、本文中では村や主な登場人物を仮名にて表記する。性別、年齢は（男性　五〇代前半）のように記す。年齢は調査時点のものである。また、現地語はチベット語の辞書に記載されているものについてはワイリー方式で表記し、記載されていないもの、または発音の異なるものについては、カタカナで表記する。なお、現地語はチベット語の辞書に記載されている発音とは少し異なることをあらかじめ断っておく。

五　本書の構成

本書の目的は、北インド・チベット系社会スピティにおいて日々の関わりを通して築かれる親族ニリンがいかなる関係かを明らかにすることである。本書の構成は、以下の通りである。

第一部は、チベット系社会とスピティにおける家族と親族について論じる。具体的には、第一章では、調査地であるスピティ渓谷の概観と歴史的変遷について紹介する。第二章では、チベット系社会における婚姻、家族、親族の関係について、主に父系出自の観念と世帯、カンパ[25]について概観する。第三章では、スピティにおける婚姻と家族、父系出自の観念とその変容について述べ、世帯の用件を必ずしも満たさない定義の困難な「カンパ」についてさまざまな視点から説明する。そして、これまで重視されてきた父系出自の観念がどのように変化しているのかを検討する。その上で、日常生活を支える互助的な親族ニリンがいかなる関係かを、労働力の提供やモノの贈与といった互酬関係やその他の日々の関わりに注目することで明らかにする。そして、チベット系社会の研究で重視されてきた父系出自集団とニリンとの異同を明らかにする。

第二部では、第一部で記述された日々の生活における親族ニリンが、農作業や儀礼といったそれぞれの場面でいかに立ち現れてくるのかを検討する。それと同時に、経済や宗教をめぐる実践の概要を述べ、スピティ社会についての理解を深める。第四章では、経済活動の概要を紹介し、そのなかでも商人同士の関係と農作業における関係について説明する。とくに筆者が観察できた農作業についてとりあげ、その概要と、いかなる相互扶助関係が築かれているのか、それが日々のニリンの関係といかに異なるのかを明らかにする。また、普段とは異なる会話がなされることについてとりあげ、相互扶助関係という用語には還元できない関係が築かれていることを明らかにする。しかし、農業用水をめぐっては緊張関係にあることを記述する。第五章では、宗教実践の概要を述べ、そのなかでも誕生儀礼と死者儀礼をとりあげ、日常とは異なる仕方でニリンの関係が立ち現れることを示す。そして、ニリンのつながりは、情動だけでなく厄災をも共有しうるものであることを説明する。こうしたつながりが嫁盗り婚をめぐる対立を契機として不安定化する様子についても記述する。

第三部では、近隣の人びととの関わりとニリンの変容について検討する。第六章では、階層と親族をとりあげ、階層ごとにどのように親族を認識し、いかなるニリンの関係を築いているのかを明らかにする。その上で、政治的な場面では下層の人びとの政治的な地位や発言力が向上しているが、儀礼の宴会においてその反動ともとれるような中間層から下層の人への差別発言や暴力行為が顕著になっていることを記述する。第七章では、隣人と友人との関係に焦点をあて、どのような関係が築かれているのか、それがいかに表現されうるのかを明らかにする。そして、ニリンと隣人、友人との異同を考えることを通じて、親族とは何かについて再度検討する。

第八章では、上記の柔軟なニリンが、政治の文脈で利用され固定化される変容過程を明らかにする。インドの政治制度、選挙制度、政治動向を概観し、スピティにおける選挙の位置づけを歴史的に概観する。スピティにおける政党間の対立について概観した後、比較的近年導入された選挙制度において日々のニリンが票集めの資源として利用され、その過程で様々な方向から圧力をかけられ投票行動の決定が困難になる状況が生じていることを述べる。ときには政治的な対立を契機としてニリン関係が解消されることもある。ただし、立候補者次第で選挙における緊張の度合いが異なりうる。なかには政治的利益のために団体化したニリンも存在するなど、ニリンが選挙を通じて変容する様子を描く。

終章では序章で提起した先行研究とその問題点をとりあげ、本文の事例と照らし合わせながら検討をし、理論的考察を行いたい。

注

（1） 人類学において、人格（person）は自己（self）と区別される概念としてマルセル・モース［Mauss 1985, 1995］によって提唱された。それ以降人格論はさまざまに展開されてきている。人格という概念は様々な意味で用いられてきたが、本書では、自らや他者をどのような存在として認識するか、どのように関係すると考えるか、などに関する人のあり方として広く用いたい。

（2） キンドレッドまたは親類とは、「個人（自己）を起点として認識され……具体的な人々は、起点となる個人ごとに異なる」［日

本文化人類学会 二〇〇九：一二九］ような親族を指す。また、双系的にたどられる点にも特徴がある。

（3） トランザクショナリズムとは、バルト［Barth 1959, 1966］の提唱した、状況や役割に応じた制限を受けつつも、そのなかで個々人が自らの利益を追求、選択してやりとり（取引）を行う側面に注目する立場のことである。

（4） 人類学における初期の親族研究では、リネージ等の単系出自集団は政治の領域に属するものとしてみなされ、他方、個人間の親族の様相を呈する関係が親族の領域に属するものとしてみなされていた［エヴァンス＝プリチャード 一九四〇（一九七八）、一九五一（一九八五）、Fortes 1945、フォーテス 一九八一、フォーテス、エヴァンス＝プリチャード 一九七二］。その後、クロード・レヴィ＝ストロース［二〇〇〇］によって、集団間の婚姻連帯も親族の範疇に含めて考えられるようになった。彼の連帯論に影響を受けつつフォーテス批判をおこなったのが、エドマンド・リーチである。高地ビルマのカチン族の調査をおこなったリーチは、フォーテスが親族を個人間の関係のみに矮小化していることを批判し、出自に対して集団間の同盟の重要性を強調した［リーチ 一九七四：五一、一〇六―一七七］。しかし、道義と戦術に関する議論においては集団よりもむしろ個人の利益や戦術の視点からフォーテスを批判するに至っており［Leach 1961］、レヴィ＝ストロースとの立場の違いがみられる。

（5） レヴィ＝ストロースは自然と文化がどのように区別されうるのかについて関心をもっていた［レヴィ＝ストロース 二〇〇〇］。彼はすでに与えられた生物学的なものを経験の範囲外とし、親族の社会的な側面を経験可能な範囲として理解していた。この親族における生物学的なものと社会的なもの、つまり自然と文化のあいだの区別という前提を疑問視し、再検討する議論の地平を開いたのが、デヴィッド・シュナイダーである。彼は、親族理論における男女間の性的な生殖から引き出された関係の優位性は、欧米の人びとの思い込みに浸されているため、これらの前提は必然的に文化を超えて当てはまるわけではないと指摘した。そして、生物学的な関係も所与のものではなくトランザクションによって構築されると論じた［Schneider 1980］。

（6） 一九七〇年以降、リーチや分析概念の限界を示したニーダム、親族の分析概念自体が西洋のバイアスに基づくことを指摘したシュナイダーなどによって、親族を対象にすること自体に批判の目が向けられ、親族研究は衰退していくことになる［大川 二〇〇七］。しかし、最近の増加する移民や新たな生殖医療技術の進歩と関連して、新たな家族や親族にまつわる現象がみられるようになり、親族研究は再度注目され、新たな展開を迎えている。さらにこれらの研究は、単に新たな親族にまつわる現象を説明するだけではなく、同時に、従来の親族研究の問題を乗り越え、これまで記述されてきた親族を理解し直す必要があることも訴えかけている。つまり、従来の社会制度や構造ではなく、実践とプロセスへと焦点がシフトし、より流動的で不確実性を伴う親族に注目が集まっている［Levine 2008: 377］。

（7） シュナイダーは、ウェーバーの意味論を発展させて捉えたタルコット・パーソンズの行為論を基礎としている。

（8） シュナイダーは、サブスタンスとコードは両方とも文化的な象徴であるという。例えば、彼は「血」は生物学的サブスタンスの象徴であると述べる。しかし実際には、象徴として説明されておらず、科学的知識に依拠しているような記述がみられる［Carsten 2011］。

（9）しかし、マリオットは属性理論（attributional theory）が完全に相互作用論（interactional theory）に取って代わられたわけではなく、接続しうる可能性についても触れている。すなわち、属性が理念であるのに対し、相互関係は行為であるとし、両者は表裏一体であるとした。属性理論の余地を残しつつも、今後はより行為つまり相互性に目を向けるべきだと結論づけた。

（10）マリオットは、地位や立場を背負ってやりとりすることを想定していたわけではない。筆者の解釈では、初期のマリオットは象徴や認識、主観よりも、行為それ自体を重視していたからである。

（11）マインズによれば、この論文においてマリオットとインデンは、デュモンと同じく南アジアに「個人（individual）」は存在しないと主張する。しかし、その理由は両者で大きく異なる。デュモンは、南アジアの「個人」はあくまで主要な価値を担うより大きく包括的な社会全体（集合的なカーストのアイデンティティー）のなかに位置づけられる（合併される）ため、個人のほうが重んじられることはないと主張する。これに対し、マリオットが打ちだす民族社会学は、南アジアにおけるパーソンを「分割可能な人／分人（dividual）」であり、移動し分離と結合を繰り返すコード化されたサブスタンスの粒子の混合物であるとみなす。いくらかのサブスタンスは、出生前に両親によって提供される種や食物から独自に獲得される。他のサブスタンスは、食物の取り込み、性交渉、触れ合いを含むその他の受け取りの手段を通して、出生後の追加によって獲得される。それゆえ、パーソンは、移動し、変化し、流動的なコード化されたサブスタンスとして認識される。そのためデュモンとは異なる形で個人の存在を否定する。

（12）こうした前提のもと、本文ではジャーティについて検討がなされる。ジャーティは「カースト」という外来の用語で表されているが、それはあらゆる種類のカテゴリーのもの――色や音、種や水分、子宮から生まれる生き物、神や悪魔など――を含むため適切ではなく、代わりに「属（genera）」や「種（species）」に近いと指摘する。性の属、言語の属、職業の属、親族の属といったものが複雑な方法で交わり、相互作用する。こうした属のサブスタンスの交差は南アジアの粒子の理論として理解されうる。つまり、粒子はいかなる属の境界線も超えて、他の属と共有され、交換されるのである。こうした属には、その生成の瞬間からコードが埋め込まれている。この属のコードは行動を改善させる内なる形式である。

（13）シュナイダーがパーソンの身体に含まれている生まれつきのものを指していたサブスタンスは、マリオットたちによって南アジアにおいては身体間を通過するもの、やりとりの内容あるいは媒介として定義された。そして、シュナイダーが相互行為の規範にのみ言及した行動規範は、南アジアにおいてはあり方（ways of being）、つまりアクターの行為を通して獲得されるサブスタンスの内なる性質または価値としてみなされた。

(14)　上述したマリオットの方法論の変化は、一九七六年のデュモンへの応答論文である同年の Interpreting Indian society: A monistic alternative to Dumont's dualism においても明確に示されている。それ以前の一九六九年時点では、マリオットはデュモンの『ホモ・ヒエラルキクス』を主知主義的なモデル構築であると批判していた。マリオットはもともとインドの文化的な属性のみでカーストのランクづけ（ヒエラルキー）を理解しようとするアプローチを批判し、むしろ行為に注目するべきであるとするアプローチを主張していたにもかかわらず、どちらかといえば前者に位置づけられるデュモンを支持するようになったということである。マリオットの方法論の変化については、デュモンも自身の著書『ホモ・ヒエラルキクス』の「完全英語版へのまえがき」で一九六九年の『ホモ・ヒエラルキクス』への批判論文と一九七六年のデュモンへの応答論文に触れ、「方法の水準での根本的な変化を示している」［デュモン 二〇〇一：四二三］、具体的には「マリオットは行動（やりとり・取り引き：transaction）から意味へと直接移っている」［デュモン 二〇〇一：四三九］と言及している。

(15)　ダニエルは、マリオットの民族社会学を、いくら人類学的な理論を「民族化」したとしても、人類学が西洋の知識の象徴的なシステムの一部であることには変わりないと批判する［Daniel 1984: 53-54］。

(16)　分析手法は異なるが、ダニエルはマリオットとインデンと同じく、パーソンをコード化されたサブスタンスの粒子のやりとりを経て変化するものとみなしている。そしてジャーティやその他の様々なものを属とみなし、サブスタンスが属を超えて交換されると考える。またダニエルによれば、タミル人にとって家（house：*viṭu*）はパーソンのようなもの、そして所有者とその家族の身体と相同的につながっているものである。パーソンと同じく、家の中に入ってくる他のサブスタンスと混合し変化するだけでなく、それ自体人間のように生まれ、成長し、孤独や恐怖なども経験しうるような存在である［Daniel 1984: 109-115］。それゆえに家を孤独にさせるべきでないといった道義的な側面が垣間みられる。また、ダニエルは、人びとが戦術的に人と関わりサブスタンスをやりとりするような側面に言及するが、それはあくまで理想的なあり方（均衡状態）に到達するため、そして自らや家に不利益や不幸をもたらさないようにするために位置づけられた行為である。つまりダニエルのいうやりとりはあくまで全て理想のあり方に還元されてしまうため戦術とはいえない。ここには再度、マリオットたちと同じく文化的な認識を重視する立場がみてとれる。

(17)　マインズは、マリオットとインデンはインドの分人を古典的なヒンドゥーの原典の解釈に大きく基礎をおき、民族誌的な証拠を一切提供していないことも批判している［Mines 1994: 4-7］。この他、ダニエルについても、タミル人の信念について記号論的分析を行い、分人のアイデアを支持しているが、タミルのパーソン概念は、ダニエルがタミル人の目標として記述しているサブスタンス‐マインドの均衡に到達する努力という個人的な動機によってのみ説明できるのかと疑問を投げかけている。

(18)　マリオットたちとストラザーンのサブスタンス概念の比較については、中空、田口［二〇一六］を参照。

(19) そのため、ある行為をするということは、多くのありうる諸特性の中から一つがとりあげられ、それまで築かれてきた関係が想起されることで、特定の役割を担う存在になるということを意味する［Strathern 2005: 127］。所有権などの権利や資格といった諸特性は、常に表面化され作動しているものとして理解されるが、実際にはそうではない。それらの諸特性は、特定の文脈で関わる中で、それまでに築かれた関係性や行為が想起されることで表面化され、作動する（活性化される、または意味をもつ）ようになる。

(20) ストラザーンの分人概念の位置づけと可能性については、中空、田口［二〇一六］を参照。

(21) カーステンはこれまでの人類学における親族研究が、一部で成果をあげたことに言及しつつも、同じ問題を抱えていると指摘する［Carsten 2004］。カーステンは、親族が、ブロニスラフ・マリノフスキー、A・R・ラドクリフ＝ブラウン、E・E・エヴァンス＝プリチャード、メイヤー・フォーテスたちによって政治と親族に区別して論じられてきたこと、そして社会人類学者の関心は親族組織の可変性にあったことを指摘した。そのため親密な家庭の取り決めや、それらに結びついた行動や感情よりも、より制度的な単系出自に注意が払われた。またレヴィ＝ストロースの提唱した連帯論においても、集団間で女性を交換するのは男性とみなされ、女性は婚姻連帯の組織において重要な存在とは理解されなかった。カーステンは多くの地域で子供の養育と家庭内の活動に従事するのは女性であるため、女性は人類学的な対象から除外されてきたことを問題視する。女性だけでなくそこで描かれる男性も、「父」や「夫」の社会的役割にはほとんど多様性がないものとして仮定されていたと批判する。そしてカーステンは、二〇世紀半ばの人類学者が非西洋社会における社会的組織にとって中心的であるものとして親族をとりあげたのに対し、社会学者、歴史学者、そして人類学者による西洋社会の親族研究では、親族は社会組織にとって比較的重要ではないと仮定し、私的で家庭的で女性の領域を構成する家族に焦点があてられたことを指摘する。このように、人類学が親族をもつ非西洋と、家族をもつ西洋のあいだの境界を強化してきたことを批判し、私的と公的、家族の領域と国家の領域とのあいだに打ち立てられた区別を疑問視する必要性を説く。

(22) カーステン［2004］は、レヴィ＝ストロースと同じく自然と文化の区分について関心をもつ。しかし、レヴィ＝ストロースがすでに与えられた生物学的なものを経験の範囲外とし、親族の社会的な側面を理解しようとしたのに対し、カーステンはそこでいわれる生物学的なものも経験の範囲内に含めて議論しようとしている。つまり、親族を、「与えられた」ものから「つくられた」ものへと認識を変化させようと試みる。

(23) 親族と政治との関係については、後に出版された *After Kinship*［2004］において、日常的な感覚と政治的あるいは宗教的な権威との対立について論じている。例えば、イングランドにおける死亡した夫の精子を用いた受精を希望する女性と、本人の意思確認書の不在という理由でそれを拒否する裁判所とのやりとりや、イスラエルにおける人工授精に関するラビ教義をめぐる議論といった、日々の親密な関わり合いと法律あるいは教養といった大きな規範のあいだの緊張関係が描かれている。

(24) さらに、関わり合い概念は、集団でも個人でもなく、いわばその中間に位置づけられる関わりの総体を研究対象としたことによって、従来の集団と個人という二項対立的な図式を乗り越えているともいえるかもしれない。

(25) 第二章で述べるように、カンパとは、「家族をその一部として含むものの、共住や家計の共同を必ずしも条件としない、しかし政治的、経済的、イデオロギー的な機能をときに担いうる集団」[棚瀬　二〇〇八：一八]のことであり、共住を用件とする世帯概念とは異なるものとして位置づけられる。ラホールのカルダン村ではキュムと呼ばれ、スピティではカンパと呼ばれるが、どちらも同じものを指す。

●第一部　家族と親族

第一部では、調査地の概要と歴史的変遷について大まかに概観する。その後、親族ニリンがいかなる関係か、どのような特徴を有するのかを検討するにあたり、その手がかりとなるチベット系社会における親族に関する議論を整理し、それらとニリンとの異同を明確にすることを目指す。

第一章　調査地の説明

本章では、これからチベット系社会における親族ニリンを解明するにあたって必要となる基礎的な情報として、調査地の地理的、社会的特徴と歴史的変遷について概観したい。

一　地理的、社会的特徴

本書の調査地はインド、ヒマーチャル・プラデーシュ州ラホール・スピティ県スピティ渓谷に位置するC町である。ヒマラヤ山脈の標高約三六〇〇メートルの高所にあり、中国に接する地域である。あたり一面岩山に囲まれ、スピティ川沿いに約一五九キロに渡って村々が点在している。スピティ郡の人口は一万二四五七人である。中でも本書が対象とするC村落自治体にはC町、K村、Y村が含まれ、人口構成はそれぞれ一六九四人（四六〇世帯）、一三九人（二一世帯）、二七人（七世帯）である[1]［Census of India 2011］。

スピティ渓谷は高山気候に位置づけられ、一月にはマイナス三〇度に達する。夏期の観光客向けにコンクリート製の建築物も増えているが、住民は土壁でつくられた保温性の高い家屋に住み、冬には暖炉で薪木を燃やすことで

図１　調査地の位置

（出所：筆者作成）

寒さを凌ぐ。そのために必要な薪木を安く手に入れ、輸送費を押さえるために近隣住民同士でまとめて購入するといった工夫がとられる。一〜三月には雪が降り、ときに一日で五〇センチ程度の積雪があることから近隣同士で雪かきの手伝いも頻繁に行われる。

　またスピティは標高が高く水に乏しい地域である。冬には井戸水すら満足に出ないこともある。国境付近であることから現在では軍も水の供給を行っているが、それでも供給される水を近所同士で協調して分配しなくてはならない状況にある。農地ではオオムギ（*Hordeum vulgare*）とアオエンドウ豆（*Pisum sativum*）が育てられるが、水量の関係から生産量には限りがある。こうした冬の寒さや水の乏しさから、スピティの人びとは生活を送るために周りの人びとと協力せざるをえない環境に置かれているといえる。

　C町は、政府関連の役所や学校が集結し、銀行やATM、多数の店が集まる市場やカフェ、複数の宿泊所、バスの終着点があるなど、スピティ渓谷のなかの政治的、経済的な中心地であり、唯一町と呼べる場所である。他の村に役所や学校がほぼなく、店や宿泊所も少ないことを鑑みると、C町はスピティの中では特殊な場所だといえる。これはスピティがインド政府の管轄下に置かれて間もない頃からであり、当時は中等学校以上の学校や中心的な役所はC町にしか存在しなかった。そのため、当時の他村の人びとはC町に徒歩で買い物や役所での手続きにきた際、あるいは子どもの勉学のために、C町の親族や友人、知り合いの家に宿泊や居候をさせてもらうなどして頼っていた。こうした背景があるためか、C町では現在でも居候や来客に対して寛容な姿勢がみられる。

図2　C町地区1のモデル図

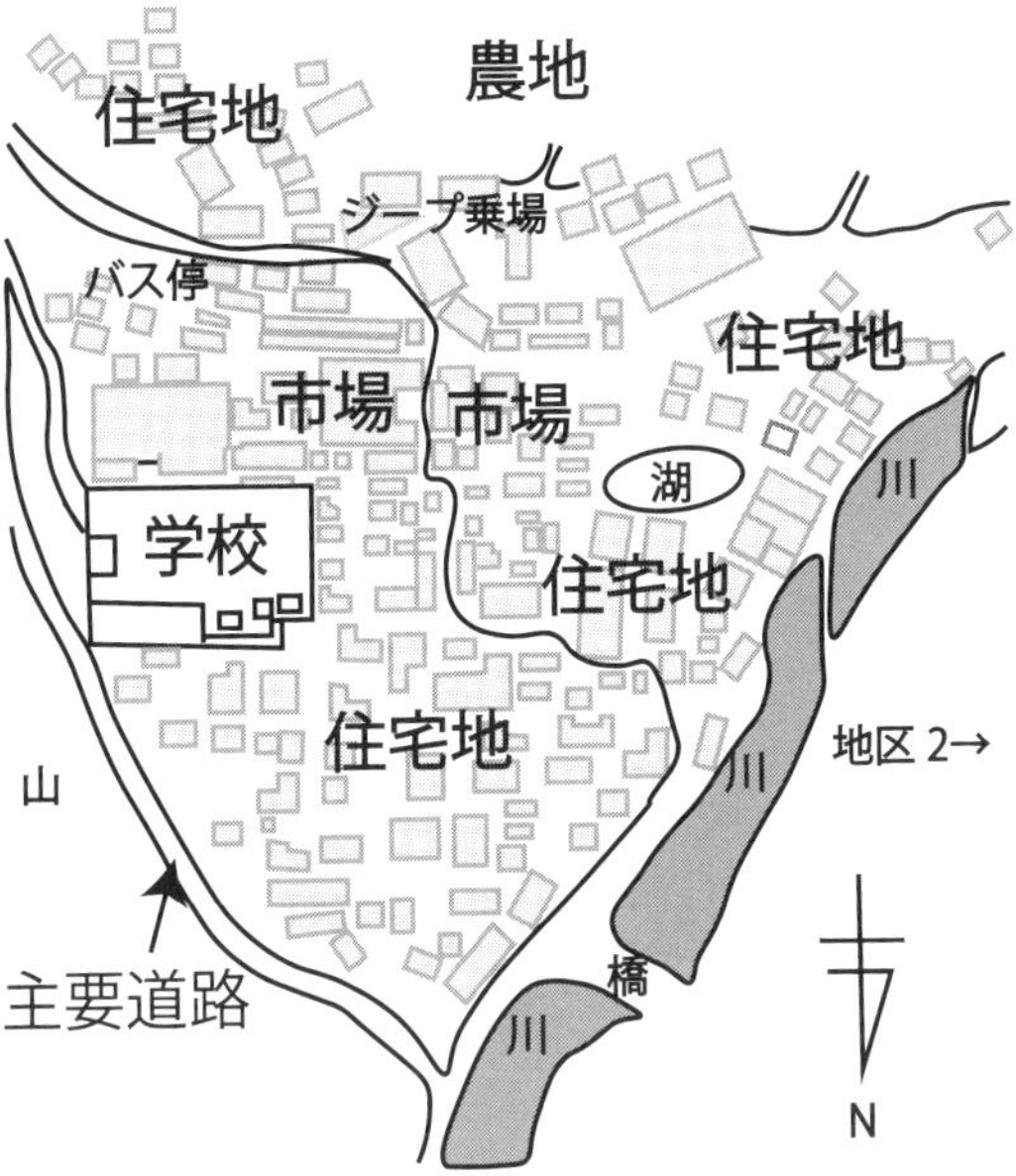

2019年1月（筆者作成）

地元住民のほとんどがチベット仏教徒であり、筆者が対象とした町や村はサキャ派寺院の管轄下に置かれていることから、サキャ派の信徒が多い。スピティの他の地域ではゲルク派やニンマ派（ピン渓谷）が信仰されている。言語はチベット語の西部方言が用いられる。

チベット系社会であるスピティには四つの社会階層リグ（*rigs*）がある。リグは、以前は多くのチベット系社会で存在したといわれるが、現在では存在しない地域も多い。現在はカーストとも呼ばれる。これには、スピティの下層の人びとが指定カースト（Scheduled Caste）に指定されたことが関係していると思われる。なお、ス

図3　C町地区2のモデル図

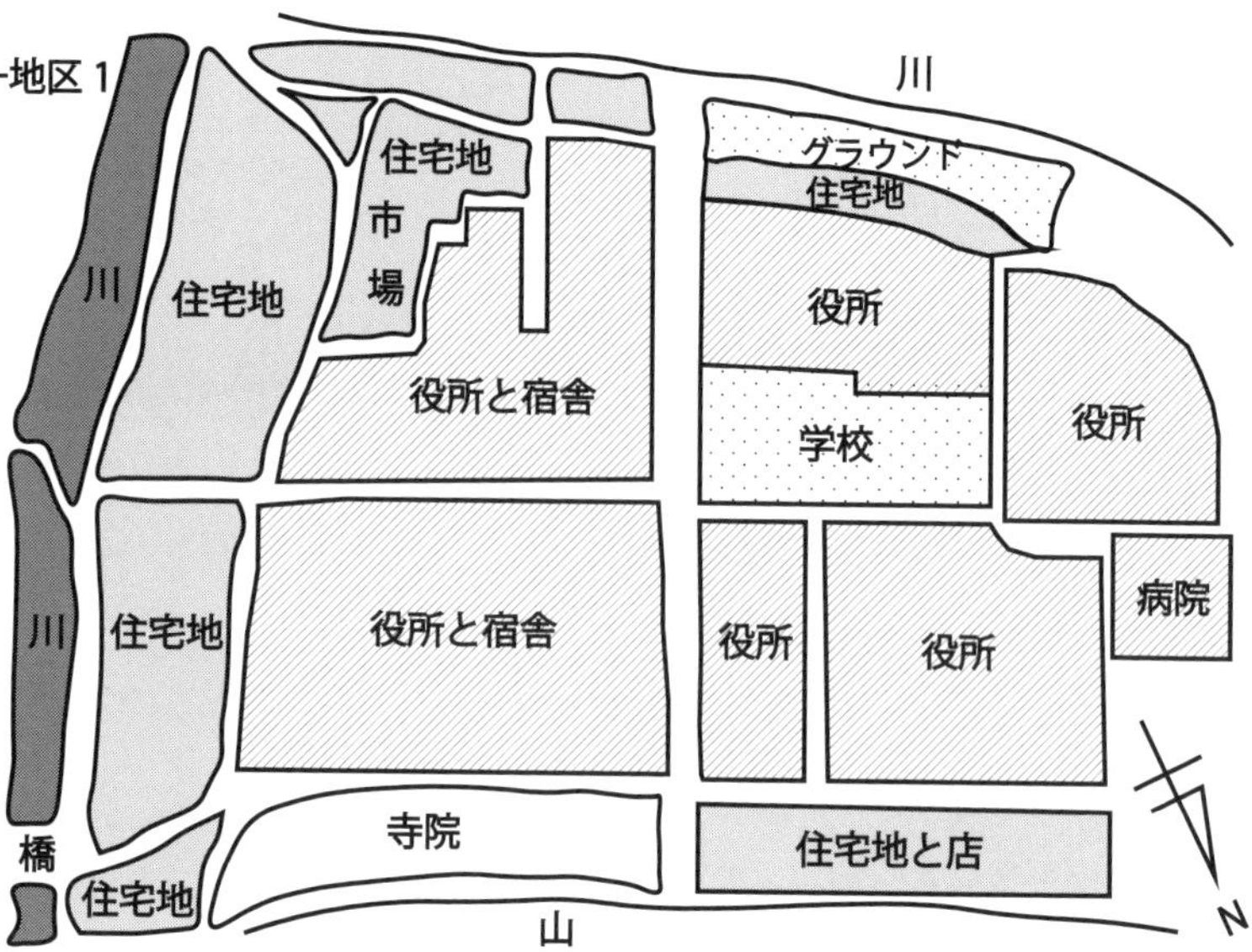

2019年1月（筆者作成）

ピティにおけるチベット仏教徒は指定部族（Scheduled Tribe）として指定されている。指定カーストとは主に不可触民、指定部族とは社会的に不利な状況におかれている少数民族のことを指し、選挙や就学、就職などにおいて一定の優遇措置が設けられている。

かつての領主の家系にあたるノノ（*no no*）を頂点として、中間層のチャチャン（チョザンともいう）、そして下層にゾとベタがある。C町の社会階層別の人口比率は、筆者の確認したところ、ノノ約六名（〇・五％）、チャチャン約九六〇名（九四％）、ゾ（*bzo*）とベタ約九三名（五・五％）である（二〇一一年時点）。中間層が圧倒的多数を占めている。

中間層はさらに三つ――カンチェン（*khang chen*）、キンチュン（*khang chung*）、インチュンまたはトゥドゥルマ――にわかれる。これは社会階層リグとは異なり、土地所有と水利権、寺院との関係に関連した区別である。筆者の確認したところ、それぞれ三つの区分の人口は、カンチェン約四五人（五％）、キンチュン約七七〇人（八〇％）、インチュン約一四五人（一五％）である（二〇一一年時点）。

広大な土地と水利権を有し、伝統的に地域全体の権限を握ってきたのはカンチェンである［棚瀬 二〇〇八］。C町でカンチェンは一三戸しか存在せず、代々長男のみがカンチェンの称号を引き継ぐ。そのため出生による区分でもあり、一三戸より増えることは無い。たとえカンチェンの家に生まれたとしても、次男以降は原則家を出なければならず、僧侶になるか、自らの家を持ちキンチュンまたはインチュンとなるか、あるいは婚姻とともに妻の家の婿養子となる。キンチュンの中にも両親から一部土地を分けてもらったり、政府に「ノトル」（土地を所有していない者に与えられる土地）を申請して自らの土地を持ち、農業を営む者も少数だが存在する。寺院や村における義務（寺院所有の農地での作業等）もこの区分ごとに定められ、カンチェンがもっとも寺院への寄付と労働による奉仕の義務が大きく、次にキンチュン、インチュンというように義務の程度が決められていた。現在では、寺院への寄付額は収入額に比例するようになっている。

二〇一一年のセンサスによれば、C町では九六一人が仕事を有する。筆者が確認できたのは一六九人であり、各職業の割合は、政府雇用三五・五％、自営業二三・三％、学校関連二三・六％、農業七・六％である。ごく一部の人が農業を営む一方、自営業や第三次産業に従事する人も多い。例えば雑貨店、観光業、レストラン、タクシードライバー、コントラクター（政府関連の仕事を請け負う建設業に関わる職業）がある。この背景には、二〇〇〇年以降の経済開放による市場経済の流入がある。政府雇用の職（公務員、警備員、労働者）に就いている者も多い。

階層別職業に関して、領主層の人びとは、公務員やＮＰＯの仕事に就くとともに農業を営む。中間層の人びとは、農業を営んだり、公務員、自営業などの職に就く。公務員とは、ＡＤＣ（Additional Deputy Commissioner）、ＩＰＨ（Irrigation Public Health：灌漑、公衆衛生局）、ＰＷＤ（Public Works Department：公共事業局）などの役所の職員である。ＡＤＣは、ＤＣ（Deputy Commitioner）の下位に位置づけられる。ＤＣとは、主に財政管理を行い、他にも下位に位置づけられる委員の管理、パンチャーヤト（農村部自治体）の管理、開発などを統括する。ＡＤＣは郡レベル（スピティ全域）の政府関連の役所を統括する役目を持ち、事務的な作業を行うとともに、とくに財政管理を行う（Deputy Commissioner Lahaul and Spiti、ＨＰ参照）。ＩＰＨは、飲料水の提供、下水道システムの設備、灌漑システムの設備、洪水からの保護など水と公衆衛生に関わるインフラ整備を行う部門である（Government of Himachal Pradesh Irrigation and Public Health Department、ＨＰ参照）。ＰＷＤは、州における道路、橋、ロープウェイ、そして建築物の建築計画、建築、維持を行う部門である（Himachal Pradesh Public Works Department、ＨＰ参照）。職員の他、道路上や建設現場での作業を行う労働者がおり、合わせて計六〇人程度であるといわれるが、筆者の観察した限り、それより多くの人が役所関係に勤めている印象をうけた[2]。そのうち半分以上は労働者であり、労働者の大半は中年女性である。学校の教師と事務員は合わせて四〇人程度である[3]。

自営業に関しては、Ｃ町には地元の人が営んでいる店は一一店舗ある（二〇一一年秋時点）。①レストラン一店舗、②車の修理店一店舗、③雑貨店、化粧用品店四店舗、④服屋一店舗、⑤靴屋三店舗、⑥旅行代理店一店舗、合計一一店舗である（筆者の調査より）。二〇一五年一一月に調査をおこなった際には、さらに多くの店舗が存在していたが、地元出身の人ではない他地域からきた商人が多く、彼らは夏季のみスピティに滞在し、冬は他地域へ移動し商売をする。その他、タクシードライバーについては確認がとれていないが、筆者の印象では二〇一一年の冬には三〇人程度だったが二〇一五年にはさらに増えている印象を受けた。他にコントラクター（建設業者）は二五人である（二〇一一年時点）。

下層に位置づけられるゾとベタはそれぞれ鍛冶屋と儀礼や宴会などで楽器演奏を行う楽師を伝統的職業とする。ただし、現在では伝統的職業を自ら辞め、政府雇用の職やタクシードライバーの職に就く人も増えている。

以上のように、スピティは、周囲の環境により人同士が関わらざるをえないような状況にあると同時に、社会的地位の変化や職業の多様化などさまざまな変容を遂げている。歴史的にどのような変化を経験してきたのかを次にとりあげたい。

二　歴史の概観

ここではスピティの歴史について簡単に説明したい。

スピティは一〇～一九世紀まではグゲ王朝やラダックのナムギャル王朝といったチベット系の王国により長く支配されてきた。一九世紀にラダック王国が滅んだ後、一八四六年に英領インドの直轄領となった。

領主制の時代、スピティではノノと呼ばれる領主が自治に関するあらゆる事柄を決定していた。ノノによってスピティの四地域から選出された各代表は、ノノ主催の会合に出席し、ノノが決定したことを村人に伝え管理し、貢物を徴収する役目を担っていた。英国の直轄下にあったときにも、監察にきた英国役員の配慮から複雑な司法と歳入制度は導入されなかった。代わりにシンプルな規則がノノの手引きのために持ち込まれたのみで、貢納や刑事、民事事情に関する実質的な権限は領主が有していた［Rubin 1960, Mehra 1966, Rahul 1969］。

スピティは一〇世紀に現在のジャンムー・カシミール州のラダックに支配されて以来、クル、シク族・ドグラ勢力、イギリス、と幾度となく他地域、他国から支配を受けてきた。しかし、実質的には、強制を伴う支配は他地域と比べてさほど受けてこなかった。例えば、シク族・ゾラワル将軍の軍からの襲撃に機転を利かせてやり過ごしたり、ラダックから襲撃されないよう自らすすんでラダックその他関連する地域に貢物を譲渡したり、高地という条件や中国側のチベットとの深い関わりのためか、植民地時代におけるイギリスからの抑圧も他地域と比べて軽いものだった。

領主以外の人の生活に目を向けると、以前は、スピティにおける水の絶対量が少なく、そのために耕せる土地には限りがあった。そのため、土地を細分化しすぎると生計が成り立たなくなるという自然環境も関連して、相続制度としては長子相続が行われ、長男のみに家屋や土地、家畜の相続が行われていた。次男以降は原則出家が義務付けられ、寺院の人員維持と関連していた（五一歳の領主層の男性からの聞き取り、二〇一一年一〇月九日）。

インド独立後、一九五九年にラホールとスピティはパンジャーブ州に編入された。一九六〇年には行政の根本的変更が行われた［Rahul 1969: 700］。同年にラホール&スピティ県（district）として一つに併合され、インド政府によって指定地域（Scheduled Area）に指定された。当時の様子を詳しく知る七二歳の男性によれば、一九五九年にＰＡＰ(4)（Punjab Armed Police）と呼ばれる警官が三〜四〇人ほど銃を持って国境を守りにやってきた。スピティの人はそれを見て脅え、為す術はないと感じたという。そして、後にやってきた政府役員とＩＴＢＰ（Indo-Tibetan Border Police）と領主が面会し交渉した結果、領主は反対することなく権限を政府に移譲することを受け入れた。この際、パンジャーブ政府は統治の権限と引き換えに領主にラホールの広大な土地を与えることを提案したが、当時の領主はそれを断り、代わりに公の会議を行なうためのテントを支給するよう頼んだ（七二歳の男性からの聞き取り、二〇一一年一〇月一一日）。また、その後の役人との関係は極めて良好で、スピティが一九六六年にヒマーチャル・プラデーシュ州に合併される際には、パンジャーブ政府の管轄下に留まることを求めデモが行われたほどだった（五一歳の領主層の男性からの聞きとり、二〇一一年一〇月九日）。

領主からインド政府に統治の権限が移譲されて以降、様々な開発プロジェクトが進められた。その中の一つが土地利用の拡大である。政府が新たな水路を整備したことでより多くの土地利用が可能となった。政府はこの新たに利用可能となった土地「ノトル」を、土地を持たない者に対して提供し始めた。これによって従来土地をもたなかった次男以降も農業のチャンスを得られるようになった。従来、カンチェンが主に農地と水利権、村での義務に関して決定権を握ってきたが、現在、キンチュンがカンチェンに対し自らの水利権を主張し抗議するといった状況も生まれている。

これは、以下のカンチェン自身の聞き取りからも明らかである。「キンチュンは水をいつでも使えるようにしろと要求しだした。僕たちカンチェンは拒否した。いつもはカンチェンが必要な分だけとってから残りをあげていた。でもキンチュンがあまりにうるさいから、今年、水をあげることを一切やめて、水を止めた。C町の地域にあるジン（池）はカンチェンのもの。一三人で共有しているんだ。カンチェンへの尊敬はなくなりつつある。前は絶対的だった。土地も限られ、仕事も責務も限られていた。でも今はリミット（制限）がない。だからテンション（争い、緊張関係）も絶えない。とくにキンチュンはマジョリティが強いとわかっているから、その論理を政治から農地に持ち込もうとした。〔水を自由に使う件について〕マジョリティで推そうとしたが失敗した。今はかなりテンションがある」（四〇歳前後の男性からの聞き取り、二〇一一年九月三〇日）。

以上の語りからは、以下で記述する民主制への移行により住民間の政治的地位が変化し、それが農地での水利権にまで適用され、住民同士が水利権をめぐって交渉するような状況が生まれている様子が伺える。

一九六六年にラホールとスピティはヒマーチャル・プラデーシュ州の管轄下に置かれることになった。当時をよく知る男性（七〇代前半）からの聞き取り（二〇一一年一〇月九日）では、一九六七年にパンチと呼ばれる自治組織が政府の規定の下につくられ、地域に関わる決定や寺院の修復、水路や道路の整備をおこなっていた。一九七五年にパンチからパンチャーヤトへと名称が変更され、同年に選挙制度が導入された。しかし当初、選挙は定着しなかった。

一九九二年に第七三次憲法改正が行われ、今まで明文化されていなかった地方自治制度が憲法で規定された［（財）自治体国際化協会 二〇〇七：九、一三］。インド憲法二四三G条および第一一附則において、農村部自治体に関して二九分野に関する業務の計画、遂行の権限が明記されている。そのうち村落自治体に関わるのはインフラ整備であり、村長はその計画と実施の権限を有する［（財）自治体国際化協会 二〇〇七］。農村部自治体のパンチャーヤトはそれによって三層構造の規定（第八章参照）や選挙の義務化などをおこなった。選挙の議席数については、各レベルで社会的弱者として指定されている指定カースト（不可触民）、指定少数部族、女性に対する留保制度に基づき議席数が定められた［総務省大臣官房企画課 二〇〇九：一九］。留保制度とは、社会的に不利な状況に置かれる者に対してある一定の議席数を確保する制度のことである［総務省大臣官房企画課 二〇〇九］。また、村落自治体の権限とその長である村長（プラダーン）の権限も拡大され、人びとの村長への関心が増大するきっかけとなった。それ以降立候補者が複数名出馬するようになり、選挙がスピティに根づき始めた。それと同時に、選挙時に票の獲得競争が激化し、親族が資源として活用される状況が生じている。

また、スピティ地域は中国と国境を接しているため、長らく入域制限地域に指定されていたが、一九九二年に制限が解かれ開放されるとともに、二〇〇〇年以降には自営業、観光関連の仕事などのビジネス機会や就労機会が増大している。このようにして、スピティは政治的にも経済的にも劇的な変容を遂げている。

三　一年の生活

家族と親族の内容に入る前に、スピティでの生活がどのようなものかを把握するために、季節ごとの人びとの生活について紹介したい。

春から夏にかけて

春から夏かけては最も忙しい時期である。農家は、四月に入ると耕起、播種、給水、除草を行い、七月には青エンドウ豆の収穫を行う。商人は店を開け始め、他地域からも商人が商売にやってくる。

七月にはそれまで雪で閉ざされていたクンザン・ラ（約四五五一メートルの山）が開通されるため外国人観光客が訪れ始め、観光シーズンの到来となる。(5) また冬に一定期間停止されていた役所業務も開始される。流通が円滑になるため、新鮮な野菜や肉（鶏肉、羊肉）、米や穀物のほか、果物やその他多様な商品が店頭に並ぶようになる。そのため市場を行き交う人の数も多くなる。

さまざまな高山植物が生え、岩肌の灰色と緑色が混じった景色となる。冬の間ほとんど姿をみせなかった虫たちが活動をはじめ、冬の間人間から与えられる餌に頼っていた鳥たちは人間の住む集落に寄り付かなくなる。雪溶水により水へのアクセスが容易になり、土に埋め込まれたプラスチック樹脂でつくられた直径約三センチのパイプを通して決められた時間に各地域に水が供給される。日差しは強くなり、日照時間も長くなるため、農作業はときに完全に暗くなる八時ごろまで行われ、商店もその時間までは開店している。家の中の生活も、朝は早く、夜は遅くなり、睡眠時間が短くなる。ラモ宅では、朝六時には目覚め、八時頃に朝食、一四時に昼食、二〇～二一時に夕食をとり、〇時頃に就寝する。気温が高くなってくると家屋の一階から二階へと移動する。しばしば屋根の上で寝ることもある。

写真1　夏のスピティ

秋

一年間のうち、大麦の収穫が終わる九月下旬から雪が降り始める一二月頭までの間にほとんどの誕生儀礼と婚姻儀礼が行われる。その他、村の行事であるダー・チャン（*mda'a chang*：弓の儀式）やジジェク（厄払いの儀礼）もこの時期に行われる。そのため、人びとは頻繁に儀礼や宴に参加することになり、出費がかさむ。

この時期になると、農家の人びとは収穫が終わり、家畜の世話と農地への定期的な給水を行うのみとなる。個人店を営む商人によっては、一〇月頭にはクンザン・ラが閉じ、観光シーズンが終わるため、店じまいをするか、人によっては冬に売れ行きが伸びる毛糸やジャケットなどの店を新たに出す。あるいは、デリーなどの都市に出稼ぎ（主に冬物の衣類販売）に行く者も少数だが存在する。政府雇用の公務員や労働者は積雪量が多くなる一二月中旬まで出勤し、一二月下旬から三月上旬までは他地域から仕事のためにきている上司がスピティを不在にすることが多いため、実質的に休みとなる場合が多い。

一〇月を過ぎると、ほとんどの家では約一メートル×二メートルの絨毯が織られる。ラモ宅の父親ワンドゥイは、三〇年以上前に絨毯の編み方を住民に教える政府雇用の仕事に就いていた。彼によれば、絨毯を織る習慣はもともとスピティにあったわけではなく、政府のプロジェクトの一環でもたらされたものである。親族や友人、隣人同士が声をかけあい、互いの絨毯製作を手伝い合う。

他にも、秋になると冬に飲んだり提供したり贈与したりするための自家製麦焼酎を作ったり、トゥクパ（スープ）に入れるためのチンドゥ（大麦を石臼に入れ、石で三〇分ほどついたものにバターなどを加え、鍋で熱し塊にして乾燥させたもの）を作ったり、防寒対策のために家屋の二階から一階へ移動したり、冬用に水を汲み、家にある三〇〇～四〇〇リットルのタンク三、四個を満たしたり、暖炉用の薪木を割ったりする。なお、絨毯製作と焼酎作り、チンドゥ作りは女性が行い、薪割りは男性が行う。水汲みと部屋の移動は男女ともに行う。

冬の生活

冬には、雪や寒さのため儀式や儀礼[6]はほとんど行われなくなり、役所も一定期間は休業状態となり、市場の店の数も減る。交通の便が悪くなるため、野菜の値段が高騰し、果物は滅多に手に入らなくなる。夏季に肉を販売して

1　調査地の説明

表1　2014年度冬の月別積雪日数

月	10月	11月	12月	1月	2月	3月
積雪日数（日）	1	1	6	9	13	6

※3月は1から12日までの間の積雪日数。

いた商人がスピティを離れるため、冬季に新鮮な肉を食べるためには羊やヤクを屠殺するしかない。あるいは夏季に乾燥させた肉をスープに入れて食べる。その他、穀物、米、豆が貯蔵庫に貯蔵されている。正確な量は確認できていないが、四～五人の家族が冬の間約四～五カ月は十分に食べて暮らせるだけの量が保存されている。

食料のほか、水に関しても、気温が低いときにはマイナス三〇度以下になり、直径約三センチのパイプの水が凍ってしまうため、各地域への水の供給が停止される。そのため、手動で地下水を汲みあげるか、軍が時間帯を決めて提供している直径約一〇センチのパイプから供給される水を汲みに行く。虫もほとんど見かけなくなり、その代わりに家の中で小さなネズミをしばしば見かけるようになる。

気温の低さだけでなく、湿度が低いことから体感温度はさらに低いと考えられる。マイナス三〇度になると、夜間に顔を布で覆わずに外に出ると、空気を吸った瞬間に肺に痛みが走り、咳き込む。昼間でも外に少しいると自分の吐息でまつ毛や鼻毛、髭に氷の粒ができる。また就寝時にコップに入れておいた水が朝には表面五ミリほど氷になっている。

このように気温が低いため、日々の細かい生活でも気をつけなければならないことが増える。自家製のヨーグルトを作るときは容器を布で巻いて保温し、イースト菌を入れたパン生地を発酵させるときは暖炉のすぐ隣に置いておかなければならない。他にも、庭に置いてある三〇〇～四〇〇リットルほどの貯水タンクを家の中に移動させ、移動させられない貯水タンク（直径二メートル以上）は中の水を完全に空にしなければならない。中の水が凍り、膨張してタンクを破壊しかねないためである。

生活も夏とは変わり、起床時間は遅くなり、就寝時間は早くなるため睡眠時間が長くなる。朝七時半から八時に起床、一三時から一四時に昼食、一九時から二〇時に夕食、そして二二時ごろに就寝する。(7)

写真2　冬のスピティ

写真3　雪かきの様子

また、冬の生活について説明する際に欠かせないのが、雪についてである。スピティでは一二月から三月の間に雪が降る。二〇一四年度の冬の月ごとの積雪日数は表1の通りである。

スピティの雪は手で触ってもすぐには溶けず、さらさらしていて軽い。乾燥しているためだと思われる。湿度が低い日は雪が軽くさらさらしており、高い日には重くざらつく。どちらにしろ日が昇ると雪が溶けて重くなるため、雪かきは日が出る一〇時前頃までに終わらせることが望ましい。しかし、積雪量や雪かきする人数によって昼過ぎまで雪かきをすることもある。一日の積雪量は、目測で五センチから五〇センチくらいまでだった。確認はとれていないが、平均すると二〇センチ前後降る日が多いような印象を受けた。

スピティの主要道路は一本であり、スピティ川沿いに走っている。おそらく全行程の半分以上は崖に面しガードレールもない。そのため、飲酒運転をした人や、運転中に飛び出してきた野生動物を避けようとした人の車が崖から転落し大怪我を負ったり亡くなったりすることも珍しくない[8]。冬はそこに雪が加わるため一層危なく、人びとはスピティ内であればなるべく徒歩で移動する。

冬、スピティで雪よりもさらに人びとの生活の懸念材料となるのは、野犬である。夏はおとなしく個別に行動する犬たちが、冬には四、五匹で群れとなり、しばしば人間を襲う。二〇一五年の二月には一人の男の子が複数の犬に襲われ、左耳の上半分を噛みちぎられる事件も起こった。犬に噛まれることは日常茶飯事で、筆者も一度、生まれたての子犬が一匹で近所の家の前で鳴いていたため近づいて撫でていたところ、母犬がでてきて噛まれそうになったことがある。この母犬は、筆者以外にも近所に住む五歳の男児の腕とふくらはぎを噛み、また寝床を提供し、毎日餌をやっていた家の女性（五〇代前半）が庭の掃き掃除をかがんだ状態でしているときにその女性の頭に噛みつき、家の前から追い払われた。噛み付かれた女性の頭には直径二センチほどの傷ができ、髪の毛も引きちぎられてしまっていた。

噛みつかれると狂犬病の注射を五回接種しなければならない。病院のワクチンの在庫が無いこともある。何より、複数の犬に一度に噛みつかれることは恐怖である。そのため、冬に雪が積もってからは、人びとは犬の情報に敏感になる。誰の家の前の何色の犬が危ないとか、名前を呼べば向かってこないなど、情報が交換される。また、冬は積雪のため、人や犬が歩く道は幅およそ二〇〜三〇センチと狭くなる。道で犬と鉢合わせたときには、様子を見て大丈夫そうであれば堂々とふるまって直進するとか、気にしていない様子で鼻歌を歌いながらすれ違うとか、目を合わせないとか、最悪の状況を避けるために出かけるときには直径三〜四センチ、長さ一メートル程度の棒をもっていくといった犬対策についての知識が村人間で共有される。

以上のように、スピティの人びとは、地理的、環境的な特徴から周囲の人びとと協力したり関わったりせざるをえない状況に置かれてきた。こうした助け合いや関わりは、政治的、経済的な体制の変化を経験してもなお続けられている。あるいは、選挙での親族への働きかけのように形を変えて継続されている。しかし、そもそもチベット系社会における家族や親族はどのようなものだろうか。近年の制度的変化を受け、いかに変容しているのだろうか。

注

（1）世帯は別の情報源によると、C村二八六世帯、K村二三世帯、Y村七〜一一世帯である。C村の世帯数は、Gram Panchayat, under Development Block Spiti, 2008, Details of Family register 参照。K村は Election Commission of Himachal Pradesh, Voter List of Gram Panchayat, Samiti and Jeera Parishad Members 2010 と、著者自身の世帯数の調査による。Y村は住民からの聞き取り（七世帯）と、ADCオフィス発行のY村の地図に書かれた世帯数（一一世帯）を記載した。

（2）政府雇用の全体の人数については二〇一一年一〇月八日の国民会議派の政党員かつ前プラダーンからの聞き取りによる。

（3）二〇一一年一〇月八日の国民会議派の政党員かつ前プラダーンからの聞き取りによる。

（4）七二歳の男性によると、警察というよりも軍隊に見えたとのことである（二〇一一年一〇月一一日）。

（5）デリーからスピティへの経路は主に二つある。一つはチャンディガルとシムラ市を経由して三日ほどかけていく東側のルートであり、もう一つはマナリを経由して二日ほどで到着する西側のルートである。東側のルートは長時間かつ落石と土砂崩れ、水害の危険性が高いが、冬の間も開通しているため、冬季に地元住民によって利用される。また東側のルートには中国との国境に近接する地域が含まれるため、外国人はシムラ市の役所で許可証を発行してもらう必要があるが、細かい条件が設定されているため取得には時間を要する。他方、西側のルートは夏季のみ開通しており、負担や危険性が比較的少なく、許可証も必要ないため、夏季に多くの観光客や地元住民によって利用される。

（6）デリー方面からスピティへの二つの経路のうち、西側のルートにはクンザン・ラと呼ばれる標高四五〇〇メートル以上の高山があり、毎年一〇月初旬には雪で閉鎖される。東側のルートは年間を通して開通しているが、雪や雪崩の影響で一ヶ月程閉鎖されることもある。

（7）就寝時間が早いことには、冬は積雪や雪崩の影響によりしばしば停電することも関係している。

（8）二〇〇九年から二〇一五年までの間、筆者がスピティ滞在時に転落事故があったのは三回である。

第二章　チベット系社会における婚姻、家族と親族

本章では、以降で親族ニリンがいかなる関係かを明らかにするにあたって、チベット系社会における親族や世帯などの諸観念におけるニリンの位置づけと特徴を明らかにするために、チベット系社会における親族がどのように理解されてきたのかを概観したい。

一　婚姻と家屋

この節では、家族や親族を成立させる要件である婚姻についてとりあげる。

1　婚姻

まず新たな世帯を成立させるために行われる婚姻について簡単に説明する。チベット系社会において一妻多夫婚が頻繁に行われてきたことはすでに述べたため、ここでは婚姻の手順について説明する。

アジズ［Aziz 1978］によれば、まず両家によって一連の会合が開かれ、初期にはビールやスカーフといった象徴的

なものが交換される。婚姻の話がまとまった際、婚資と持参金の交換が約束される。一般に、まず婚資が婚姻儀礼前に与えられる。相互の持参金は婚姻儀礼の際に持ち寄られる。婚資は家畜や現金である。これらは一度に与えられるわけではなく、年月をかけて渡されていく。持参金には衣類もあるが、金銭的、象徴的な価値をもつ宝石が、持参金の主要部分を占める。なお、ディングリでは土地が交換される財産として用いられることはない。

婚姻儀礼の理念的な順序としては、まず新婦とその親族が行進し、新郎の家の入り口で公的な承認を得た後、象徴的な食物を進呈し、儀式に精通した者（宗教的な存在ではない）が婚姻儀礼の詩を歌い（*mo lha*）、僧侶によってテキストが読みあげられ、そして集まった友人たちによって贈り物の贈呈がなされる。これらのやりとりは全て規則に厳密に従って行われる。

婚姻儀礼のはじめに持参金が贈呈された後、集まったすべての客人による贈呈がなされる。世帯の成員は受け手となり、他のすべての人びとは与え手となる。客人たちによって、初めに新郎新婦に、それから彼らの世帯の成員に、代わる代わる贈り物がなされる。塩や小麦、肉やビールといった象徴的な食物と衣類などが新郎新婦に贈られる。彼らへ直接贈呈されたものは注意深く記録され、新郎側の家にその一覧表が保管される。後の儀礼での返礼の際に参照するためである。この互恵関係は、世帯の財産の一部とされ、新郎新婦に引き継がれることになる。

そして、数日にわたって宴会が催され、酒を飲んだり踊ったりする。そして、集まったすべての人びとが外で神々に祈願し、大麦粉と香を捧げて終了となる。なお、婚姻後、子供を産むまでの最初の数年間は、夫婦関係は不安定で脆弱であり、とくに女性は夫の母の指導下におかれる［Aziz 1978: 168-177］。

以上では、家族と親族の成立と維持に欠かせない婚姻についてとりあげた。それでは、婚姻後の生活の拠点となる家屋はどのようなものだろうか。

2　家屋

次に、婚姻後の生活の拠点となる家屋について説明する。

ロルフ・ステインは、家は宇宙の縮図として、そして人間の身体の縮図として構成されていると述べる［Phylactou 1989: 67］。フィラクトウも、家屋と居住者の身体的なつながりについて述べる。フィラクトウによれば、人びとは、様々な工夫を凝らすことによって、その外縁を超えてやってくるさまざまな悪魔の脅威から家屋を守っている。なお、悪魔は、死んでから生まれ変わるまでの中間（中有）の世界に属する存在である。

例えば、以下のような家屋の一部のデザインや工夫によって悪魔の侵入を防ぐ実践がなされている。家屋の基本的な構図は、一階を家畜と貯蔵のための空間、二階を人びとの生活の拠点とするというものである。部屋のなかの重要なものとして、中心にある大黒柱と梁があげられる。大黒柱は男性に、梁は女性にたとえられることがある［Phylactou 1989: 70-73］。この梁は縁起を担ぐために、風変わりなデザインとなっている。また、世帯の成員を病気や麻痺、癲癇から守るために、主要な梁には羊の指関節が吊るされている。新年には梁にバターと小麦粉が塗られる。大黒柱は日常的にも女性が牛乳を攪拌させてバターを作る際に柱に革ひもを巻くなどして重要な位置づけとなっている。そのほか、悪意ある噂話をし悪魔の意思をもつ「*mi kha*（人の口）」と呼ばれる悪魔を締め出すために、男性器を模した木製の棒が吊るされることもある［Phylactou 1989: 68］。

家屋はそこに住む居住者と結びつけて考えられ、それゆえに家屋に悪魔が入り込み居住者に不幸が起こらないよう、さまざまな工夫がなされている。こうした家屋に居住する成員について、次にとりあげる。

二　世帯

次に、チベット系社会の親族理解において、父系出自の観念と並んで重視されている世帯（household）の概念について説明する。

チベット系社会における世帯をとりあげた研究者として、ゴールドステイン［Goldstein 1978］があげられる。ゴールドステインは、チベット人がおこなう一妻多夫婚と世帯の観念を関連させ、世帯内に二つ以上の婚姻が存在すると、子供の数や資源配分、家族内の不和などによって不安定になりうると述べる。そのため、世帯や財産の分裂を避けるために一妻多夫婚が選択されると述べる［Goldstein 1978: 326］。

この他、チベット系社会における居住規則のシステムと結びついた「世帯（household）」の連帯性の原理についての報告もある［Aziz 1978: 5］。アジズによれば、世帯は土地と結びついた居住集団、協業集団であり、貢納の義務の対象となる単位でもある。何より、男性の跡取りがいない場合、父系出自を共有しない男性を養子として受け入れることがあることから、出自の原理よりも世帯のほうが重要だと主張する。

アジズによれば、特定の地位をもつすべての家屋には名前がある。世帯の単位は居住の単位と同様であるため、世帯の名前はクラン（clan）あるいはリネージ（lineage）の名前とは異なる。同じ家屋を共有する者が用いる名前である。そのため、兄弟やイトコがもし別々に居住する場合には、同じ名前で認識することはない。逆に、同じ家屋に住んでいるのであれば、姻族も血族と同様、家の名前を使う権利をもつことになる。男性が養子となる場合には、妻方の家に住み、妻方の家の名前を名乗ることになり、出生の家の名前はキンドレッドを数えたり、外婚集団について考える際に用いられるのみとなる。また、母系出自をたどる際には、母方の家の名前が参照される。家の名前は社会的、経済的な地位を示すため、私的な事柄が関係する個人の名前よりも重視される［Aziz 1978: 117-128］。婚姻においても世帯が重要であるとし、婚姻は婚姻システムによるのではなく、世帯の取り決めであると述べる［Aziz 1978: 139］。

また、ヤホダによれば、スピティにおける家あるいは世帯は、アジズと同じく、居住、生産、消費の社会的な単位である。一九世紀において、これらの用語は、不可分の農地所有のサブユニット、あるいは徴税単位を指して用いられていた。土地所有と関係していることから、より多くの土地を所有するカンチェン、キンチュン、インチュンの順に世帯の序列が存在し、世帯間の位置づけが異なる。しかし、近年では農作物の収穫量以外の経済的な指標が存在するようになり、世帯間の関係は変化しつつある［Jahoda 2015: 178-181］。

以上のように、世帯は父系出自と並んでチベット系社会の家族や親族理解にとって重要な社会的単位として注目され、養取慣行や土地所有と関連づけて理解されてきた。しかし、チベット系社会における家族にまつわる関係は、必ずしも世帯によって十分に説明できるわけではない。

三　家の概念――キュムとカンパ

世帯のほか、棚瀬はチベット系社会に存在する家屋を意味する「キュム（*khyim*）」と「カンパ（*khang pa*）」をとりあげ、世帯とは異なるものとして位置づけている。

棚瀬によれば、キュムやカンパのメンバーは地域外にも居住しているため、共住を用件とする世帯概念[1]とは異なる［棚瀬　二〇〇八：一八］。その上で、ラホールやスピティにおけるキュムやカンパ概念は、「家族をその一部として含むものの、共住や家計の共同を必ずしも条件としない、しかし政治的、経済的、イデオロギー的な機能をときに担いうる集団を想定」［棚瀬　二〇〇八：一八］している。

そして棚瀬は清水昭俊［一九八五、一九八七、一九八九］の親族を外延とする「家」の概念にならい、キュムやカンパを家と措定している。棚瀬［二〇〇八：二九―三二］によれば、ラホールのカルダン村におけるキュムは、日本語のイエの観念に似ており、家屋自体を指すとともに、子孫に受け継がれていく一種の理念的な存在である。各キュムは屋号であるキュム・ミン（キュムの名前）をもつ。キュムは村運営の基本的な単位とされ、水利権や牧地の使用権、僧院を維持するための負担における単位となる。一つのキュムには一つの家族（ジンマ）が対応し、ジンマは父系をたどって認識され、父系親族とその配偶者、子供、未婚の女性が含まれる。キュムの男性メンバーは、分裂を要求しない限りは共住しなくとも出身のキュムの一員であるが、女性は婚出した時点で夫側のキュムに属することになる。

ここでいわれるキュムは、世帯よりも広い範囲の親族を含むため、父系出自集団内の最小単位のようなものだと考えられる。そのため、世帯とは大きく異なる用語であることがわかる。次に、世帯やキュム、カンパ、そして以下で説明するニリンと関連する父系出自の観念についてとりあげる。研究者によっては、世帯よりも父系出自の観念がチベット系社会の親族現象を貫く原理だと主張する。

四　父系出自の観念

本節では、チベット系社会の親族研究で長らく重要視されてきた、「骨（*rus pa*）」と「肉（*sha*）」で表される父系出自の観念の基本的な考えについて概観したい。

川喜田［一九九七］やアジズ［Aziz 1978］が記述しているように、チベット系社会の親族研究では、上述したような

図４　骨と肉の観念の概念図

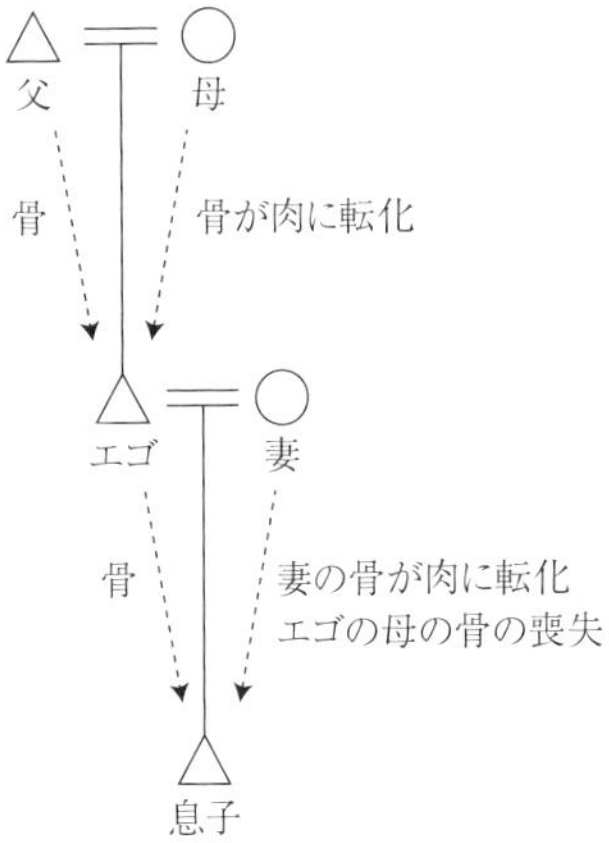

一妻多夫婚の他に、骨と肉で表される父系出自の観念が重視されてきた。

骨と肉は、子が親から引き継ぐ一種の観念上のものであり、子の骨は父の骨に由来し、子の肉は母の骨に由来する。母の骨は息子の肉となり、その次の世代では、息子の妻の骨が孫の肉になるため、子の世代で母の骨は失われる。他方、父の骨は息子の骨に継がれ、息子の骨は孫の骨となり受け継がれ続ける。つまり、骨と肉の観念は父系出自を意味する。地域によっては父系出自集団が今も存在し、骨の固有名称つまり父系出自集団の名称が存在する［棚瀬　二〇〇八］。

父系出自集団は婚姻集団でもある。そのため、同じ骨を共有する者同士の結婚や性交渉はインセストと同義とみなされる。インドのヒマーチャル・プラデーシュ州ラホール地域では、同じ骨を共有する者同士で結婚した場合には、骨の名称が失われてしまうとする報告もある［棚瀬　二〇〇八］。

川喜田［一九九七］は、『チベット文明研究』の中で、ネパールのドーラギリ峰の北方高原に位置するトルボ地域の一村を調査し、チベット人の婚姻形態について以下のように説明している。村の三五の家族は数個の父系血縁集団に分けることができる。この父系血縁集団はそれぞれ名称をもっており、社会的評価のランクの上下がある。これを川喜田はリネージあるいはクランと呼ぶ。この父系血縁集団は *rus pa* つまりチベット語で骨を意味する語で呼ばれる。*rus pa* は父系そのものを指す。

川喜田によれば、異なる骨の集団間で結婚することが望ましく、そこにはいくつかの婚姻形態が存在する。例えば、A集団が男一人でB集団が女一人ならば、一夫一妻婚になる。Aが兄弟でBが娘一人ならば、兄弟一妻婚となる。Aが男一人でBが姉妹ならば、姉妹一夫婚。婚姻形態として多いのは、一妻多夫婚であり、兄弟一妻婚がもっとも多いとされる。交換婚も多くなされる。

その他、交叉イトコ婚についても父系出自集団の論理によって説明している。骨が異なれば結婚可能であるから、父方交叉イトコ婚は可能ということになる。イトコは自らの父親の骨を継ぐため、エゴの父親の骨とは異なるためである。同じ理由から、母方交叉イトコ婚も可能である。さらに、肉（血）を共有する者同士の婚姻は禁止されていないことから、母方平行イトコ婚も可能である。

このように、川喜田が想定しているのは、父系出自をもとにした集団間の婚姻である。すなわち、同じ骨を共有する者同士が集まった集団が一つの単位となり、他の骨をもつ集団とのあいだで配偶者の交換がなされると考えている。確かに、一九世紀末のスピティに関する地誌では、後述のように骨の固有名称が存在したと書き記されているが集団間の婚姻については記されていない。

他方、父系出自の観念に関して、川喜田とは異なる見解を示す研究も存在する。例えば、父系出自は結婚できない人びとの集団を特定する際の指標として用いられるが、実際には、父系と母系双方の出自を通して人びとの親族関係は考えられているとする報告［Aziz 1978: 117-118］がある。あるいは父系出自の観念が近年のさまざまな変化の影響を受け希薄化しつつあるとする報告もある［棚瀬 二〇〇八］。

また、「中央と西チベット（ラダックとスピティ含む）の多くの地域では、パプン（*pha spun*）として知られる集団は、外婚制と共通の祖先から出自をたどる父系リネージに歴史的に基礎づけられており、それはさらに共住と共通の祖先の神と死者の崇拝によってつなげられている」［Jahoda 2015: 176］とする報告もある。ここでは父系出自集団は父系出自を共有する関係だけでなく、共住や祖先、死者の崇拝といった実践とも関連づけられている。

ここではチベット系社会における父系出自の観念とそれに基づく父系出自集団をとりあげ、それが婚姻の規則と禁止範囲において重要な役割を担っていること、地域によっては変化を遂げていることを明らかにした。以上のように、婚姻、家屋、世帯、キュムやカンパ、父系出自の観念といった側面から、チベット系社会における親族現象は理解されてきた。こうしたチベット系社会の婚姻、家族と親族に関する報告があるが、スピティにおけるそれらはどのようなものだろうか。

注

（1）　棚瀬は世帯概念自体の不明瞭さも指摘している。「householdの厳密な定義が不可能である以上、「キュム」や「カンパ」がhouseholdであるか否かを問うこと自体は無益」〔棚瀬　二〇〇八：一八〕であると記述している。

第三章　スピティにおける婚姻、家族と親族

前章では、チベット系社会における婚姻、世帯ないし家、親族に関する研究を概観し、キュムやカンパの概念が世帯に還元できないことや、父系出自の原理とそれに基づく父系出自集団が特に婚姻において重要な役割を担っていることを確認した。つづく本章では、ニリンの位置づけを従来の親族研究と照らし合わせ、明確化するために、スピティ渓谷における婚姻や家族、親族がどのようなものであり、いかなる特徴を有するのかを明らかにしたい。まず、スピティにおける婚姻と家族について概観したのち、父系出自の観念とニリンについて述べたい。

一　婚姻規則と実状

この節では、スピティにおける婚姻と家族について概観するにあたり、まず婚姻の規則と実状を概観したい。その後、家屋について簡単に説明した上で、既述した「カンパ」概念とカンパの構成員について概観する。カンパを人類学における家族概念と照らし合わせ、その定義にあてはまるわけではないことを確認する。そして、カンパと関連する相続と祖先祭祀を概観するなかでカンパ観念の理解に努めるとともに、スピティにおける婚姻と家族につ

いての理解を深めたい。これらはカンパ観念の理解のためだけでなく、後に説明するニリンを理解する際にも関連してくる重要な側面である。

通婚範囲

スピティの人びとの通婚範囲は、基本的にはスピティ渓谷内で行われ、隣接するラホールやキノール、あるいは多少離れるがマナリやラダックなどの似たような文化圏にある人びととの間でも行われる。稀に、本人の希望でヒンドゥー教徒と結婚をする場合もある。

スピティにおける社会階層は内婚クラスとして機能しており、領主層、中間層、下層（鍛冶屋、楽師）の三つの内婚クラスが存在する。鍛冶屋と楽師の間では通婚可能だが、それ以外の階層間での通婚は忌避される。そのため、ごく稀な例を除き、階層を超えて血縁、姻戚関係を有することはない。二〇一五年時点でC町で確認できたのは、ヒンドゥー教徒のバラモンの男性とスピティの楽師の女性の夫婦一件のみである。

父系出自集団は存在せず、内婚集団も存在しない。婚姻の忌避については父系出自を共有する者同士の結婚が固く禁じられてきたが、現在では父系出自を共有する者のなかでも認識可能である約三世代以内の者同士の結婚が禁じられるのみとなっている。

婚姻形態

次に、婚姻形態について述べたい。チベット系社会では一妻多夫婚に注目が集まる傾向にある。しかし、スピティでは一妻多夫婚はほぼ行われず、一夫一婦婚が基本である。一九世紀末のスピティに関しての詳しい地誌からも、一妻多夫婚ではなく、一夫一妻婚が原則的に行われていたことがわかる。「長子相続であり……カンチェンの次男以降は幼少時代に寺院に送られていた……一夫一婦婚がスピティにおける規則であり、例外的な状況下に置かれた場合にのみ二人目の妻をもつことがある」[Punjab Government 2012（1899）: 82-84]。また、棚瀬によれば、一八八三―一八八四年のカングラ地方に関する地誌には、こっそりと一妻多夫婚を行う者も存在したことが記述されている。

長子のみが結婚をし、弟達は出家するので一妻多夫婚は認められなかった。しかし、兄弟が妻を共有するという考え自体に対する抵抗はなく、実際出家者を出さない、かつ分け与える土地のない者達の中にはこっそりと一妻多夫婚をおこなう者もあった［棚瀬 二〇〇八：五六］

なお、スピティ地域のなかでもピン渓谷に関しては、現在でも一妻多夫婚が実施されている。ごくわずかだが、スピティでは、カンパ同士での交換婚とみられる結婚や、一妻多夫婚、レヴィレート婚[1]、交叉イトコ婚などもみられる。しかし、一妻多夫婚、交換婚、イトコ婚のいずれも現在は好ましくない婚姻形態として語られるようになっている。以下で、三つの婚姻形態それぞれの実践の現状について説明したい。以下の情報は全て筆者の聞き取りによる。

一妻多夫婚は、財産を拡散させないため、労働力を確保するため、子供が生まれないときに子供を確保するために好まれてなされる婚姻形態の一つだった。それに対し、今は、夫一人だと誰の子か分かるが、夫が二人だとだれの子かということが相続時に争点となるため好まれない。また、二人の夫と住むこと自体が困難であるとされる。さらに、兄弟間で問題が起こり別居したいときにも妻が一人しかいないため別居できず、難しい状況に置かれることが指摘される（二〇一二年一〇月一八日、五〇代前半の男性からの聞き取り）。

交換婚[2]（シャクデブ）は、世帯同士の関係を強化し継続させるために好まれる婚姻形態だった。今は、一方の夫婦関係が悪くなると、家族の圧力によってもう一方の夫婦関係も悪くなり、問題が二重になると考えられている（二〇一二年一〇月一八日、五〇代前半の男性からの聞き取り）。また、たとえ事件や問題が発生したとしても、兄弟姉妹同士であるため警察や裁判所に頼れず困るという話が聞かれた（二〇一二年一〇月一三日、四〇代後半の男性からの聞き取り）。このような理由から、交換婚は好まれない婚姻形態として言及されている。

イトコ婚（ミン（ラン）トゥック・シントゥック・パンマ）は、五〇数年前までは、家族間関係を強化し、財産を拡散させないために行われてきたと語られる。兄弟姉妹と呼び合う関係になる前、三～五歳くらいの早い時期に親同士が結婚を決定していた。兄弟姉妹と呼ぶ関係になって以降の結婚は不可能であるため、早い時期に結婚を決めるのだと語られる（二〇一二年一〇月一〇日、八〇歳の男性からの聞き取り）。

それに対し、現在のイトコ同士は、同じ「ギュッ（血統、血筋）」であるとみなされ、「兄弟姉妹同士は結婚できない」（二〇一二年一〇月一四日、三〇代後半の女性からの聞き取り）と言われ、兄弟姉妹と同等の関係としてみなされる。ギュッの観念については以下で詳述する。イトコ婚をすることは、（宗教的な意味での）罪（*sdig pa*）としてみなされる。もしイトコ婚を行えば、寿命が短くなる、賢くない子どもが生まれる、病気になる、見た目が悪くなる、災いがやってくる、幸せはやってこない、などと語られる（二〇一二年一〇月一四日、三〇代後半の女性からの聞き取り）。同じギュッであることや、兄弟姉妹同士だという語りからは、以前は好まれる婚姻形態だった可能性があるのと対照的に、現在イトコ婚はインセストとして認識されるようになっていることがわかる。ギュッについては後述する。

筆者が、「なぜ祖父の時代には〔イトコ婚を〕していたのに、いまはよくないのですか」と聞くと、八〇歳の男性は、「今はしない。正しい知識があるから、〔イトコ同士では〕結婚はしない。教育がなかったから〔イトコ婚をしていた〕」と語り、その隣にいた四〇歳の男性が、「山岳民族の住む地域だから、教育の普及が都市と比べて遅かった」と説明を付け足した（二〇一二年一〇月一〇日）。この語りからは、以下で検討するギュッと呼ばれる血統を意味する観念が強調され、

表2　婚姻形態別の婚姻実施数（カンチェン、キンチュン、インチュン別）［全241組中］

	一妻多夫婚（内兄弟一妻婚）	一夫多妻婚（内姉妹一夫婚）	交換婚	イトコ婚	全体
カンチェン	6（2）	2（0）	1	0	9
キンチュン	7（5）	2（1）	0	0	9
インチュン	0	0	0	0	0
全体（組）	13（7）	4（1）	1	0	18

※単位は「組」である。

表3　婚姻形態別の婚姻実施数（年代別）［全241組中］

	一妻多夫婚（内兄弟一妻婚）	一夫多妻婚（内姉妹一夫婚）	交換婚	イトコ婚	全体
90歳代	1（0）他界	0（0）	0	0	1
70歳代	2（2）他界	0（0）	1	0	3
60歳代	4（0）	3（0）	0	0	7
50歳代	5（4）	1（1）	0	0	6
40歳代	1（1）	0（0）	0	0	1
合計	13（7）	4（1）	1	0	18

※単位は「組」である。

それがニリンの台頭と関係するだけでなく、現在特定の婚姻形態が忌避される傾向にあることと関係していることが分かる。また、特定の婚姻形態をタブー視する理由として、学校教育の普及や「正しい知識」の習得という言説が持ち出されていることも分かる。

このように、一妻多夫婚、交換婚、イトコ婚のいずれも、現在は好ましくない婚姻形態として語られる。上述したように、実施されなくなった三つの婚姻形態のなかでも、とくにイトコ婚に関しては近親相姦とみなされるようになっており、イトコ婚を行うことは周囲から批判される要因となりうる。

表2・表3で、筆者が確認できた全婚姻二四一組中の、一夫一婦婚以外の婚姻形態の実施数について確認したい。なお、この結果はすべて中間層のものであり、領主層と下層の人びとの中には一夫一婦婚以外のどの形態の婚姻も存在していない。

以上からは、イトコ婚に関しては、近親相姦とみなされるようになっているという言説と違わず、現在は一組も存在しないことが分かる。この点は川喜田［一九九七］が述べた内容と異なる。八〇歳男性の聞き取りから、かつて彼の妻の祖父がイトコ婚をしたことが分かったが、詳しくは確認できていない（二〇一二年一〇月一〇日）。もう一件、隣村に一組イトコ婚をした夫婦がおり、今も健在だという話が聞かれたが、確認できていない（二〇一二年一〇月一七日、六四歳の女性からの聞き取り）。

一妻多夫婚や一夫多妻婚、交換婚についてはわずかながらに実施されているものの、筆者が調査した二四一組中一七組であり、七％程度に留まる。四〇歳代が一組、さらに三〇歳代と二〇歳代の世代には一組も見られない。以上から、上記の一夫一婦婚以外の婚姻形態の問題点や「正しい教育」言説の普及、以下で詳述するギュッ観念の強調などにより、今後ほとんど行われなくなる可能性もある。

以前は、エゴの父方交叉イトコは、原則的にエゴの祖先の父系出自集団には属さなかった。それは、子は父親の骨を受け継ぐため、交叉イトコの父はエゴの父とは異なる骨をもち、異なる集団に属していたからだと考えられる。しかし、現在は、父方交叉イトコもエゴにとってニリンに含められる可能性があり、同じ枠内にいるとみなされうる。そして父方交叉イトコ婚は不可能とされている。母方交叉イトコ婚についても同様である。

その要因の一つとして、骨と血の観念から、「ギュッ」の観念への重点の移行があると考えられる。骨と血の観念が重視されていたのに対し、骨も血も両方想起される、祖先から受け継がれてきた一続きのものの総称を意味する観念であるギュッが今はより認識されるようになっている。ギュッは父方と母方の両方を想起させる観念であることから、父方をたどる父系出自集団よりも広い範囲を指す。それゆえに、たとえば以前は父系出自の論理で同じ集団に含まれなかった父方交叉イトコが、ギュッ観念の強調によってウチに含まれるようになり、近親相姦としてみなされるようになったのかもしれない。このギュッとイトコ婚の禁止との間の因果関係については確認できていないため、この点は検討課題としておく。

結婚相手の選定

結婚相手の選定または結婚のあり方には二つのパターンがある。親同士が話し合いで決める見合い結婚（トゥージ：arranged marriage）と恋愛結婚（タッチ：love marriage）である。

二〇一二年一〇月に聞き取りを行った二九人中一三人が見合い結婚、一六人が恋愛結婚だった（表4を参照）。恋愛結婚は最近増えてきているといわれ、筆者がC町に滞在中、少なくとも五組が恋愛結婚をした。恋愛結婚のうち、親に相談しないまま村から都市へ相手と移動し、電話で、「結婚を許してくれなければ帰らない」といって家族から承諾を得ようとする結婚方法は「ショルジ・ドジェ」といわれる。いわゆる駆け落ちである。駆け落ちをする男女のことを年配の人びとはよく動物にたとえ、「動物（パラン）と一緒だ」と非難する。なお、たとえ恋愛結婚であれ、結婚前に親に相談して許してもらった結婚はショルジ・ドジェとは呼ばれない。

表4　見合い結婚の実施数

	カンチェン	キンチュン	全体
20 歳代	0	1	1
30 歳代	1	3	4
40 歳代	0	3	3
50 歳代	1	2	3
60 歳代	0	0	0
70 歳代	1	0	1
80 歳代	1	0	1
合計	4	9	13

※トゥドゥルマの人には聞き取りを行えなかった。
※ 2011 年の聞き取りから構成。

表5　恋愛結婚の実施数

	カンチェン	キンチュン	全体
20 歳代	0	2	2
30 歳代	0	3	3
40 歳代	0	1	1
50 歳代	4	5	9
60 歳代	0	1	1
70 歳代	0	0	0
80 歳代	0	0	0
合計	4	12	16

※うちショルジ・ドジェは 2 件。
※ 2011 年の聞き取りから構成。

母数の少なさから一般化することは難しいが、筆者の調査では、見合い結婚のほうが望ましいと語られるものの、実際には恋愛結婚のほうが三組ほど多い。また、恋愛結婚は最近増えてきたといわれるものの、恋愛結婚した年代をみると五〇代の人が九人と集中しているため、三〇年前にはすでに恋愛結婚が頻繁に行われていた可能性がある（表5を参照）。

婚姻の際には、内婚クラスである階層内であること、インセスト禁忌の範囲とされる近しいニリンでないこと、という条件をクリアした配偶者を選択しなければならない。結婚適齢期は男性、女性ともに二〇～三〇歳とされ、兄弟姉妹のなかで結婚の順番は年齢順に年長者から随時結婚をしていくことが多いが、特に決まりはない。

養取慣行が存在し、特に婿養子の慣行が頻繁に行われる。息子が生まれなかった場合には婿養子がとられることがほとんどである。しかし、統計的なデータは確認できていない。この点について、アジズもチベット系社会において養取が頻繁に行われることを指摘している。

経済力を表す指標の変化

次に、中間層の中の三つの区分、カンチェン、キンチュン、インチュンの結婚についてみていきたい。カンチェンの長男は、カンチェンの長女と結婚することが地位を保つために一番望ましいとされている。それは経済力が同等程度だからである。かつて男性にとって財産は、土地やカンパ、農地などを指していた。女性にとっては、ペラック（母から長女に受け継がれる頭につける宝石飾り）、ウルディック（トルコ石と珊瑚石でつくられたネックレス）、そのほか金や銀の宝石類を指していた。

しかし、筆者の調査から、カンチェンの長男と長女が他区分の者と結婚するケースがわずかながら確認できた。一三のカンチェンのうち、四組が異なる区分に属する配偶者と結婚している。以下の通りである。

①カンチェンの長男（五〇歳代）とカンチェンの次女の結婚

②カンチェンの長女（五〇歳代）とカンチェンの三男の結婚

③カンチェンの長男（五〇歳代）とカンチェンの三女の結婚
④カンチェンの長男（五〇歳代）と他地域のキンチュンの女性との結婚
※年齢は調査時のものである。

以上のうち、②のカンチェンの長女にあたる女性がカンチェンの三男（婚出後はキンチュンとなる）と結婚しようとしたとき、長女の家族は、男性がいい職業につき、アムチ（チベット医学の医者）のカンパの出だからという理由で結婚を許したと聞かれた（二〇一二年一〇月一一日、五〇歳代カンチェン男性からの聞き取り）。

この背景には、アムチが、階層とは異なるが一つの特権的地位を有していることの他に、社会的な富のあり方が大きく変わってきたことがあげられる。以前は上述したような土地や家屋、宝石などが財産とされ経済力の指標となっていた。それに対し、現在は、男性にとって財産や経済力は、農地と家屋、それに加え、仕事や給料によって決まる。さらに、性格や人柄も重要視されるようになってきている。つまり、以前はカンチェンであることは広い農地や水利権を有することを意味し、それらが裕福である証であったのに対し、経済力や経済的地位を決める基準が変化し多様化してきているのである。これには、市場経済の流入や、インド政府による役所設置とそれに伴う公務員職の増加が大きく関係している。

しかし他方で、次のような事例もある。③のケースでは、男性本人によると、彼が二〇代のとき、カンチェンの三女と恋愛結婚をしようとした際、ニリン中から反対され、それを振りきって無理に結婚した結果、二年間家を追い出されることになった。その間、部屋を借り、トラックのドライバーとして働いて生計を立てていた。最初に授かった娘は生まれてすぐに亡くなり、その後次女が生まれたときにやっと家族に許してもらい、カンパに戻ることができた。しかし、このような事情からカンチェンの結婚に必須とされる盛大な婚姻儀礼をあげていない。また、カンチェンの長女に受け継がれていく高価なペラックが無いため、彼の娘がカンチェンと結婚できないかもしれないという不安を抱えることになった。彼の結婚相手である女性はカンチェンの三女であるため、ペラックを母親から受け継いでいないのである（二〇一二年一〇月一三日に五〇歳代カンチェン男性本人からの聞き取り）。

この事例からは、カンチェンの長男長女同士の結婚が望ましいとする規範が依然として存在することが分かる。とはいえ、そこから外れるケースも四組確認できたため、厳格なものではなく、富のあり方の変化などの影響を受けて少しずつ変化してきているのかもしれない。

以上では、婚姻規則とその実状の変化が、父系出自の観念の希薄化と、ギュッ観念とそれと関連するニリンの強調、そして経済力の指標の変化と関連していることを検討し、ニリンに注目する重要性を確認した。では、婚姻後の生活の拠点となる家屋はどのようなものだろうか。

二　カンパ

1　家屋

以下でカンパの具体的な内容をとりあげるにあたり、まずチベット語のカンパ（*khang pa*）の直訳である「家屋」について簡単に説明したい。

家屋の周りはブロック塀か石塀に囲まれており、その中に家屋と庭がある。庭では春から夏にかけて家庭菜園がつくられるとともに、花や杏の木が植えられる。庭の一角には蒸留酒をつくるための空間が設けられ、簡易なかまどと蒸留酒をつくる為の土釜が置かれる。すぐ横にかまど用と暖炉用の薪が積み上げられている。家屋によっては

図5　家屋内の間取り

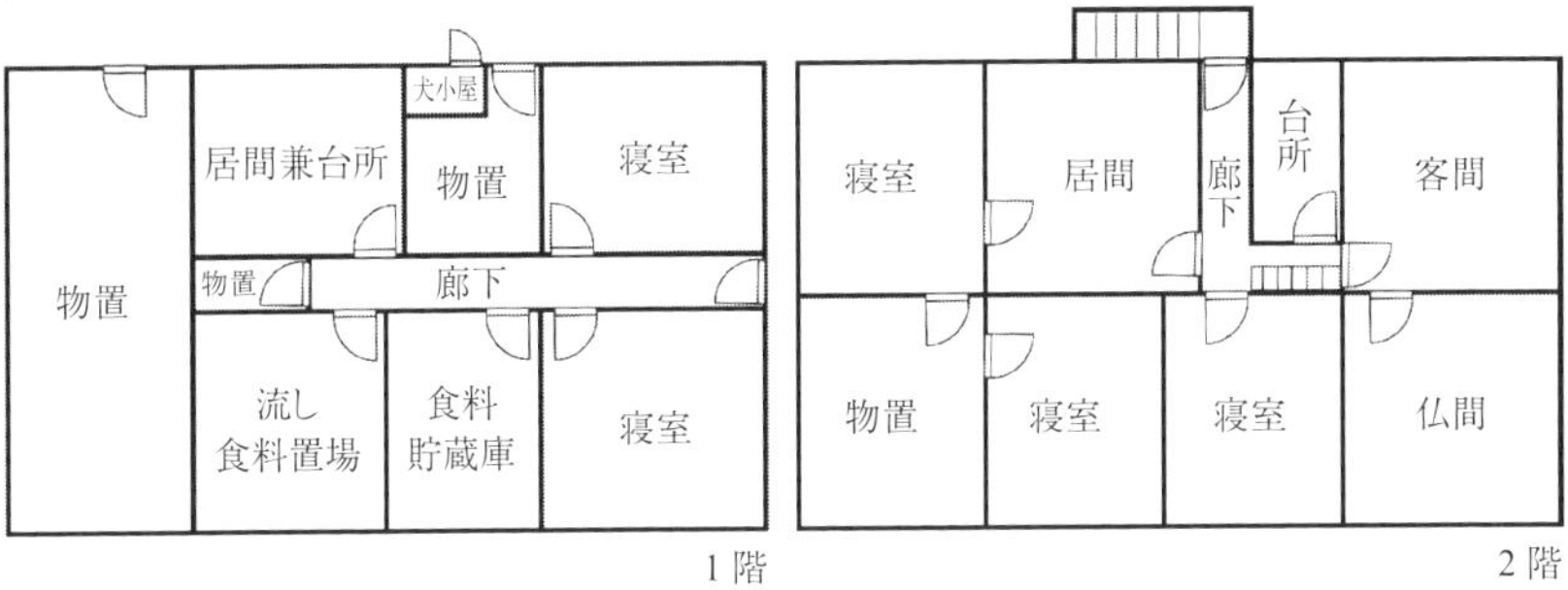

庭に通称グリーンハウスと呼ばれる、木枠に半透明のビニールを張り、地面をコンクリートで固めた風呂場がある。これは、寒冷な高地で、日中に日の光をあびながら少しでも暖かい空間で体を洗うための工夫である。

家屋は木枠と土壁でつくられる。土壁は保温性に優れるとされ、冬の寒さをしのぐために用いられる。筆者が滞在した家屋の大きさは、正確には測っていないが目測で横約一三メートル、奥行き約七メートル、高さ約六～七メートルである。屋上は平坦につくられ、家畜を飼うカンパでは屋上に冬用の干し草が貯蔵される。壁は白に塗られ、屋上や窓のふちは黒く塗られる。風の侵入を防ぐために窓や扉は小さめにつくられている。筆者が滞在した家屋の内装は、一階は居間兼キッチン一部屋、寝室兼貸部屋二部屋、水場と食料保管のための部屋一部屋、食料保管庫大小二部屋、商売の品物の保管庫一部屋である。一階の居間と寝室は主に冬に使用される。二階は居間一部屋、キッチンと水場一部屋、寝室三部屋、客間一部屋、仏間一部屋である。二階の居間、キッチン、寝室は主に夏季に使用される。一階と二階の居間には必ず暖炉が置かれている。二階建ての家屋の場合、仏間は二階の南側の方向に設けられる。仏間にはいくつもの仏像や仏画、祈りのために用いる仏具が置かれてある。毎朝夕、仏間で祈祷を行うことにより、家屋の居住者に平穏がもたらされる。居間には宗教的指導者であるサキャ・リンポチェやダライ・ラマ一四世の写真が飾られており、毎朝香をたいてはそれらの写真の前や部屋中に煙を対流させ、清める。貴重品は寝室に保管され、鍵がかけられる。

写真４　スピティにおける一般的な土壁の家屋１

写真５　スピティにおける一般的な土壁の家屋２

写真６　居間

なお、すべての部屋の中心部には直径約二〇センチ程度の柱と梁がある。この柱は家屋全体を支える存在であり、家長である男性に例えられる。新年にはバターと大麦粉を柱と梁の接続部分に三ヶ所塗りつけ、家の平穏を祈願する。

筆者が滞在していた家は比較的裕福であったため部屋数もそれなりにあるが、家屋によっては一階建ての四部屋からなるものもある。また、最近ではゲストハウスを営む人が増え、夏季の観光客向けにコンクリート製の建物を敷地内に建てる人もいる。政府関連の役所は全てコンクリートづくりである。夏の間コンクリート製の建物で過ごす分には問題ない。ただ、冬の寒さを乗り切ることは、可能ではあるが困難である。

同じ家屋に住む人びとは、基本的には寝食をともにする。男性が仕事を有する場合、女性が家事を担当し水汲みや掃除、食事作りを行う。逆に女性が仕事を有し男性に仕事がない場合は、男性が食事作りや掃除、水汲みを担当する。特に農業を営む家では女性が農地で働き、男性が食事を作るケースが多い。買い物はどちらかが行い、洗濯は各自で行う。男女の役割分担の詳細については後述する。次に、カンパ観念についてとりあげたい。

2　カンパの観念

ここでは、人類学における家族概念を簡単に説明し、その上でスピティにおける「カンパ」観念について検討したい。なお、辞書では「カンパ」であるが、スピティでは方言のために「カンバ」と発音される。

カンパは家族と近しい観念であるため、まず人類学における家族概念との異同を考えてみたい。家族概念について、『人類学の覚書と質疑』では、「家族とは夫婦と親子関係という生物学的な紐帯で結ばれた、ひとつの家屋あるいは屋敷に住む人びと」〔田中　一九九三：四二〕と書かれている。つまり、家族は生物学的なつながりをもつとともに、同居集団と同じものとして考えられていた。しかしその後、「一九五〇年代の後半から人類学の文献では、家族とは婚姻関係と親族体系の最小集団であり、世帯は居住集団であるという区別が一般的に受け入れられる」〔田中　一九九三：四三〕ようになった。その後、系譜的なつながりと婚姻の関係、居住の他に家内機能も区別して考えるべきだとする主張もでてきた〔田中　一九九三：四三〕。このように家族概念は細分化して捉えられるようになった。

しかし、田中が指摘するように、実際にはこのように明確に区分して対象地の人びとの家族を理解することは困難である。以下では、チベット系社会の親族研究で特に重視されてきた世帯が必ずしもチベット語のカンパと一致しないことを示す。その上で、スピティのカンパを様々な角度から考えてみたい。

チベット語のカンパは定義の困難な用語である。これまでチベット系社会に関する親族研究においては、アジズが父系出自ではなく居住集団としての「世帯」の重要性を指摘している。しかし、棚瀬によれば、チベット系社会において世帯にあたるカンパは必ずしも居住集団とは限らず、他村に住むこともあるため、スピティにおけるカンパの観念を厳密に世帯と翻訳することは困難である。また、カンパは必ずしも生計を共有することを要件としない。そして、カンパを父系出自の原理に基づいた世帯よりも広い範囲の親族を含む集団としている［棚瀬　二〇〇八：一八―一九］。

筆者が確認できた限りでは、スピティにおけるカンパは、棚瀬が指摘する通り、世帯よりも広い範囲での最小の親族の範囲を指すようにみえる。例えば、居住については、出稼ぎや就学のために別居する場合でもカンパに含められることは多々ある。また、ある程度生計を共有している場合もあるが、必ずしもそうとは限らないため、生計の共有はカンパの理解にとって不可欠というわけではない。基本的には夫婦と親子関係の総称を指す言葉として用いられる。後に説明するように、ニリンの下位区分としてカンパは位置づけられる。

とはいえ、カンパの中には、ごく少数だが、血縁、姻戚関係はないが家計を共有し共住する居候などの人びとを含むことがある。そのため、カンパを系譜的な関係のみで説明することは困難である。この点は要注意で、カンパに含まれた他人は文脈によっては含められなくなることもある。

家内機能は一般的に、「生産活動、蓄財と食事を含む消費活動、財の相続、性と生殖、子どもの養育および老人の介護など」［田中　一九九三：四五］とされる。家内機能の観点からカンパをみると、生産活動と消費活動（生計）に関しては、農業を営むカンパでは、カンパの構成員がともに農作業を行い、農産物によって得られた収入はカンパ全体で共有される。しかし、ほとんどのカンパでは、農業の他にカンパの構成員は役所での仕事や自営業を兼業している場合が多く、それらで得た収入の一部は個人が自由に使うことができる。自営業のみを営むカンパでは、売り上げはカンパの年長者にゆだねられ共有されるが、例えば筆者の滞在するカンパの息子アンジンが全ての売り上げを父親に預けることはなく、その多くは稼いだ本人が使う。出稼ぎのために別居している場合は家計が別になることもある。また食事なども別居の場合にはともにできない。性と生殖や養育に関しては、カンパの構成員が一人の場合も存在するため、必ずしもカンパを規定する用件とはならない。

このように、カンパは系譜的なつながりや共住、家内機能のどれか一つによって的確に説明できるものではない。そこで、以下ではカンパを理解するためにさまざまな方面から記述してみたい。

3　カンパの構成員と居住形態

スピティにおけるカンパは、棚瀬の報告したキュムのように、村運営の基本的な単位であり、水利権や農地の使用権、僧院維持のための労役の単位となる。カンパの成員はカンビジマックと呼ばれる。ここでいうカンビジマックは、チベット語のカンパ（*khang pa*）とジマックからなると考えられる。カンパとは、カンミグ（*khang mig*）と同じく家屋を指す用語である。ジマックは、家族や世帯、家庭を意味するジマッ（*gzhis mad*）のことだと思われる。ただし、カンビジマックは必ずしも居住と生計をともにする集団とは限らないため、世帯の用件を必ずしも満たさない。

また、一つのカンパに一つのカンビジマックが対応するかどうかは定かではない。それは、全てのカンパに屋号があるわけではなく、また次男以降は結婚後、自ら家を建て新たなカンパをつくるからである。その場合でも出身のカンパは変わらない。また婚出した女性は夫側のカンパに含められることになるが、出身のカンパが変わることはなく、選挙などの人員を必要とする状況では実家側のカンパにも含められ、一つの家族である、または同じ血を有することが強調されることも少なくない。また、スピティでは「カンバ・チクチック（一つの家屋）」という、一つのカンパに属する、あるいは特定のカンパの出身であることを意味する表現があり、これが婚出した女性や養子となった男性に対して用いられることから、婚出によって元のカンパから完全に外れるわけではなく、つながりは維持されることが分かる。カンパ・チクチックには「自分の来たところ」という意味もある。このように考えると、ラホールのカルダン村のキュムが父系出自集団とほぼ同じ意味をもつのに対し、スピティのカンパは父系だけでな

表6　居住形態別の件数

居住形態	件数
夫婦（あるいは片親）、子供	47
祖父母、夫婦、子供	18（うち妻の両親との居住2）
夫婦のみ	3
夫婦、夫のオジ、オバ、子供	3
一妻多夫、子供	3
祖父母、夫婦、夫の兄弟、子供	2
夫婦、夫の兄弟、子供	1
夫婦、夫の兄弟	1
一人暮らし	1

表7　同居人数別の件数［全体79件］

同居人数	4	6	5	3	2	7	1	8	9	10
件数	28	16	13	8	5	5	1	1	1	1

く母系もその中に含み込んでおり、より広い系譜的なつながりを包摂しているといえる。カンビジマックは厳密には定義の困難な概念であるが、ひとまず両親と子どもからなる最小の親族集団と仮定しておく。

ここで、居住は必ずしもカンパを構成する要件とはならないが、表6で同じ家屋に居住する成員に関する統計的な数値を見てみたい。筆者が確認できたのは全部で七九の家屋である。

その他、僧侶や尼僧として出家し寺院で暮らす人びともいるが、上記の件数には含まれていない。また、同じ家屋で暮らすが、完全に生活区域を分けて別々に生活をしている場合もある。その場合、同じカンパに居住しているが、カンビジマック（家族）が二つあることになる。このようなケースで、一人暮らしをする四〇代後半の女性が一人いる。これは上述の数字には含めていない。なお、スピティでは夫方居住が一般的である。

次に、筆者が確認できた七九件三七〇人のうち、同居人数は表7の通りである。この表からは、夫婦と子供からなる居住形態が多いことがみてとれる。子供は平均して二人ほどということになる。子供が増えると教育費用がかさむため、子供を多くつくらない傾向にあると考えられる。

また、前述したように、スピティでは従来、原則次男以降は寺院に出家させられていた。しかし現在、必ずしもそうとは限らない。出家するかどうかは、基本的に子供の選択による。これには、後に述べるように、市場経済の流入以降、職が多様化し、次男以降の男性も働き口をみつけることが比較的容易になったことが関係している。

4　関わりのカンパへの影響

次に、同じカンパに住み、カンパの成員と認識されている者であっても、関わり方次第で生計の援助や財産の贈与の程度が変わりうること、つまり一定の条件を満たせば自動的にカンパの成員になれるわけではないことを、事例を用いて示す。

【事例3―1】　よくしてくれなければ、あげない

二〇一五年二月八日午後四時ごろ、仕事が一段落ついてラモと筆者が居間でくつろいでいた時、ラモは、彼女の異母妹オプチュンとその義母リンチェンの関係について話し始めた。ラモの異母妹であり、オプチュンの姉であるチョモは、リンチェンばかり悪いというが、オプチュンも悪いと話した。「リンチェンは彼女（オプチュン）の母親同然で、歳もオプチュンのほうが若いのだから、水を汲んだり、服を洗ったり、ご飯を作ってあげたりすれば、リンチェンだって気づいてお金も〔援助して〕くれるはず。チョモはリンチェンばかり悪いと言って。私だってもし嫁が全くよくしてくれなくて、金や家屋だけとろうとしたら、絶対にあげない」といって不満そうな顔をしながら筆者に話した。

この事例の背景にある家庭事情について説明したい。オプチュン（嫁）はリンチェン（義母）と折り合いが悪かった。数年前には両者の関係悪化を原因とした離婚騒動に発展したが、親族の説得により離婚は行われなかった。話し合いの結果、同じ家屋の一階に義母が住み、二階に息子夫婦が住むという、スピティでは異例の生活形態をとることで両者は合意した。嫁側の言い分としては、第一に、義母が嫁のすることに一々口出しをしてくること、第二に、全くといっていいほど金銭的な援助をしていないにもかかわらず、近所の人や知り合いには援助をしていると誇張して話すこと、第三に、嫁が何もしてくれないと不満を言いふらされることに耐えられないというものだった。これにオプチュンの姉チョモが賛同する形だった。義母側の言い分としては、十分に援助しているにもかかわらず、嫁が家事を適切に行わず、気遣いもほとんどないというものだった。

この状況に対し、今まではラモも義母側を責めていたが、ラモは二〇一四年五月に嫁を迎えたことで、義母側の立場も考えるようになり、上記の発言を行ったのだと思われる。ラモの息子アンジンの嫁盗り婚については第五章を参照されたい。ラモの語りには、オプチュンがリンチェンに対し献身的に接しない限り協力関係にはならないという考えが示されている。結婚をしたからといって自動的に義母と嫁の関係になるわけではないこと、つまりカンパの成員になるわけではないことが窺える。

以上のように、カンパをめぐる実践は、従来注目されてきた系譜的なつながりや居住、家内機能といった側面だけから理解することはできず、多様な変化を背景として成立しているとともに、関わり方次第で結婚し共住していようとも同じカンパの成員とみなされない可能性があることが分かった。ここまでカンパのあり方をみてきたが、カンパはジェンダーの観点からみるとどのように理解できるだろうか。

5　ジェンダー観

ここではスピティにおけるジェンダー観について概観したい。ジェンダー観は、後のニリンを理解する際にも関連してくる重要な側面である。

識字率と就業率

識字率と就業率における男女の割合を示したい。まずラホール&スピティの識字率は、二〇〇一年のセンサスでは、男性八二・八二%、女性六〇・七〇%、二〇一一年のセンサスでは、男性八五・九六%、女性六六・八四%である。C町は二つの地区からなるが、二〇一一年のセンサスにおける地区1の識字率は、男性九〇・〇三%、女性七六・三四%、地区2は、男性八八・九七%、女性八三・二九%である。識字率からは、男性の方が高く、女性の方が低いために男性の方が教育を受けている人が多いことが伺える。ただし、C町の地区2の女性の識字率は、ラホール&スピティ全体と地区1のものに比べて格段に高い。それは、C町にはもともと地区1のみ存在していたが、パンジャーブ州そして後にヒマーチャル・プラデーシュ州に併合される中で、新たに地区2の土地に政府関連の役所や学校などを建設し、それ以降C町の地区2に移住してくる人が増えたためだと考えられる。つまり、地区1には、州に合併される以前からそこに居住し農家を営む人たちが多いのに対し、地区2には、子供を学校に通わせたり、役所関連の仕事をしたりするために移住してきた人が多いために、地区2の人びとの識字率のほうが高いと考えられる。

次に、C町で仕事を有しているのは、二〇一一年のセンサスによれば、男性五九三人、女性三六八人(Marginal Worker含む)である。人口が男性九二一人、女性七七三人であることから、それぞれの就業率は、男性六四・四%、女性四七・六%である(小数点第二位以下四捨五入)。仕事をもたない女性は基本的に家事を行うため、男性に比べると女性のほうが家庭内で働く人が多いことが分かる。これには、家屋の中の年長男性は家屋を支える中心となる大黒柱に例えられることが関連しているかもしれない。ただし、言説上は、男性であれ女性であれ、何らかの職業に就くほうが望ましいとされる。

職業については、タクシードライバーとコントラクターの仕事を有する人は全て男性であり、その他の個人店の経営（都市への買出し含む）や、役人、教師、労働者などの政府雇用に関しては男女どちらともあてはまる。下層の人びとの伝統的職業である鍛冶屋と楽師は男女どちらでも担いうる。

僧院と尼僧院

寺院に関しては、筆者が確認したところ、スピティには全部で九つの寺院が存在し、そのうち僧侶の寺院六つ、尼僧の寺院三つである。僧侶の寺院は一寺院につき少なくとも二〇〇人以上が所属しているのに対し、尼僧寺院は一寺院につき三〇人程度であり、多いところで五〇人ほどである。(3) しばしば、「尼僧（*jo mo*）は正式には存在しえない」と在家信者の男性から聞いた。

カンパ内の仕事分担

日々の家庭内の生活においては、男女間で概ね以下のような仕事の分担がみられる。なお、農作業における分担は第四章に、儀礼における分担は第五章に記述する通りであるが、儀礼における食事作りに関しては、男性が野菜と肉の調理と米炊き、女性がミルクティーとバターティー作り、チャパティーや揚げチャパティー作り、配膳を担当する。また村の弓矢を引く儀礼における弓矢を放つ役は男性のみが担い、誕生儀礼と死ぬ前に行われる儀礼の主役は男性のみである。

すべての作業は必ずしも男女どちらかがやらなければならないわけではなく、場合によって、あるいは家族構成や就業状況などによって変わりうる。例えば、薪割りや肉の調理を女性が担当したり、食事作りや水汲みを男性が

表8　男女別の家庭内の仕事分担

男性	薪割り、肉の購入、肉の切り分けと調理、役所での手続き、家屋の改修
女性	食事作り（とくにチャパティ作り）、野菜と果物の購入、ミルクティーやバターティー作り、食器洗い、掃除、水汲み
両方	仏間での祈祷、子守、雪かき、水管の管理、貯水タンクの手入れ、洗濯、暖炉の手入れ

担当したりすることはしばしばある。ただし、チャパティ作りに関しては、男性が行うことは恥ずべきこととされている。

カンパ内の関係

カンパ内の関係については、父親が家長とされ、カンパの生計を成り立たせ、存続させる義務を負う。次に長男が重視され、稼ぎ頭となり二〇代のうちに妻をとることが期待される。母親は家屋の中のことを管理する。娘は学歴を積み仕事――役人や教師、看護師――に就くか、家事を手伝うことが期待される。そして、二〇代の間に婚出するか、婚姻とともに男性を養子として迎えること――息子がいない場合――が望まれる。

家族内の上下関係は食事提供にみてとることができる。食事提供は、基本的に、父親、息子、母親、娘の順に行われ、配膳は年少者の女性が行う。座席も、年長者の男性が上座とされる一番高いマットトレスの上に座り、年少者の女性が暖炉の前の絨毯のみの場所に座る。

親子関係は、両親の立場が強く、子供たちに何かを命じたり叱責したり、あるいは結婚相手を決めたりする。それに対し、息子や娘は素直に応じることがあれば、無言でその場を立ち去るか言い争うなどして反抗したり、親が決めた結婚を断ったり、あるいは駆け落ちして両親の許可なく結婚したりすることもある。筆者が観察した限り、親子関係は実にさまざまであるが、多くの場合、父親が家屋や土地、金銭などの財産を有しており、それを将来的に長男が継ぐことになるためか、長男が追い出されるほど反抗をする場面をみたり聞いたりすることはほとんど無かった。

また、家族内では隣人や村人の噂話やニリンの話、政治的、経済的な話、今日どこに行っていたのかなどについては共有するが、子供は恋愛のこと、親は金銭の貸し借りのことを話さないようにしている。子供が都市で就学するか就業している場合には、しばしば電話で連絡をとりあい、様々な情報を交換するが、恋愛や揉め事などに関しては話さないようにしている。それは相手を不安にさせないためでもある。

家庭内の上下関係は明確であるが、常に子供が両親のいいなりであるわけではない。上述したカンチェンの長男であるにもかかわらず両親が反対する女性（カンチェンの長女でない）と結婚し、カンパを数年間追い出されたケースや（C町）、両親が決めた結婚に反対したがそれでも両親が折れず無理に結婚させられそうになった女性が自殺したケース（D村）、そして父親との相性が悪いために財産を継がせてもらえなかった長男が自殺したケースなどがある（C町）。そのため一概に親子関係が良好だともいえない。

こうした親子間の上下関係や不和のほか、両親のふるまいには子供への気遣いと情が感じられる。例えば、ラモが息子アンジンの靴下が破れているのを縫い合わせたり、貴重な羊の毛糸で息子の靴下を編んだり、娘ソナムのために家屋を改修したり、あるいは、子供が小さかったころの写真をみながら筆者に愛おしそうに子供のことを話したりする様子からは、親の子への愛情が感じられる。

兄弟姉妹関係についてもそれぞれであるが、筆者が観察できた限りでは、姉妹は互いに恋愛に関しても情報を共有し、ともに行動することが多いが、兄弟に関してはあまり関わっていないようにみえる。とくに、兄弟と姉妹の間では会話が少ない。

また、カンパ内では、異性間で性的な話をすることはタブー視されている。たとえば、二〇一一年九月七日にD村で起こったレイプ未遂事件について、ラモの娘ソナムが、弟アンジンに結局どうなったのかを聞いた際、彼は「チッ」と舌打ちをしてその場を立ち去った。すると彼女は、「しまった。こういう話は家族とはできないんだよね。

間違った」と筆者に話した（二〇一一年九月八日）。

彼女は家族とは話せないと言っているが、実際には母親とはこの件を話していたことから、家庭内でも異性である父親や兄弟とは性的な話ができないのだと思われる。これには父系出自を共有する者同士の性交渉と婚姻の禁止が関連していると考えられる。

町でのふるまいと交際

家庭内の仕事や関係の他、男性は一人で村のなかを移動しても問題ないが、女性に関してはできるだけ二人以上で行動することが望まれる(4)。実際、市場に買い物に行くときや病院に行くとき、役所に行くときは、女性同士で付き添いを頼み共に行動をすることが多い。とくに、夕方以降に自らの家の周辺を離れて移動する際は、女性はなるべく複数人で行動するようになる。未婚、既婚の女性ともにあらぬ噂――男性にまつわる――を立てられないようにするため、あるいは冬に危惧される野犬対策のためである。ただし、朝や昼間であれば、買い物や仕事場に行く際に一人で移動する女性も多い。

交際と結婚に関しては、男性が結婚前に複数の女性と交際し関係をもつことは笑い話にされるのに対し、女性が結婚前に男性と交際したり婚前交渉をしたりすることは町人の噂と批判の対象になる。とはいえ、実際には筆者が知る限り、未婚女性のほとんどが男性と交際していた。ここでの交際とは、多くの場合、携帯電話で夜に話し合い、SNSでやりとりをするような関係のことである。口頭上で交際していることを確認しあい、毎晩のように二時間以上会話する。筆者は度々、同世代の女性たちと同じ部屋で寝泊りしたが、その度に深夜一時ごろまで筆者のすぐ隣で携帯電話で会話しており、なかなか寝付けなかった。あるときには、付き合っている人はいないと断言していた二〇代前半の女性が、一緒に寝泊りした際、男性に電話をかけ、「愛している」や「さみしい」、「本当に愛している？」

や「結婚を約束してくれる？」と言うなど、普段人前では決して見せないような愛情表現をしており、驚かされた（二〇一二年一〇月一九日）。しかし、市場などで互いが鉢合わせた際には、女性は恥ずかしがり、目を合わそうとせず、顔を隠しながらそそくさとその場を通り過ぎようとする。こうした交際関係は数ヶ月と短期間で終わることが多く、親に知られることもほとんどない。

より深刻な事態として受け止められるのが、性交渉を伴う交際である。性交渉を行ったことが町人に知れ渡ってしまうと、その女性の社会的地位が下がり、結婚に影響するからである。実際に、他村の女性がC町の男性と性関係を伴う交際をしていたが別れた際、二〇一三年の夏に女性側の親族が男性に結婚するようにと詰め寄り、結婚しないならば慰謝料二ラック（当時約四〇万円）を支払うよう要求した。結局、その後女性は別の結婚相手を見つけることができたため、慰謝料の支払いは行われなかった（四〇歳の男性本人からの聞き取り：二〇一五年一月三一日）。ここからは、性交渉を行うことで女性の社会的地位が多少なりとも低下し、結婚に影響する可能性があることがわかる。

不倫についても、男性の場合は許され、女性の場合は批判される傾向にある。たとえば、C町に隣接するR村の四〇代の夫婦双方が不倫をし、離婚を経て再婚した件について、ラモは「男が彼女をつくるのはかまわないけど、女がつくるのはよくない」（二〇一五年一月二四日）と話し、ある男性（四〇歳）は、女性側が不倫した事実しか把握していなかった（二〇一五年一月二四日の聞き取りから）。女性の不倫情報のほうが広まりやすく、批判されやすいと考えられる。また、ラモや彼女の仕事仲間、近隣住民によれば、ラモの仕事仲間の男性（四〇代前半）夫婦はどちらとも不倫をしていたようだが、話題にされ批判されるのは、ほとんどの場合、女性側だった。以上のように、日々の生活においては、家庭内で仕事を行うことが多い点と、性関係に関する周囲の目が厳しい点は女性の特徴だといえる。

また、秋になると、C町では体育館でバドミントンをする人が増えるが、そのほとんどが男性であり、子供を除き女性がスポーツを行うことは、恥ずかしい「ンゴサル（*ngo tsha*）」こととして認識されている。このほか、女性による毎日の飲酒も恥ずべきこととして語られる。他方、男性にとっては、仕事を有していないこと、酒を飲みすぎること、チャパティ（ロティ）を作ること、ビスケットやスナックなどのお菓子や砂糖を用いた食事（チャイ除く）を好むことは恥ずべきこととされている。また、男性が全く家事を行わないことも批判される要因となりうる。

この他、現在は、マイラ・マンデルと呼ばれる女性の自治組織が存在し、女性たちが町の女性に関する事柄を会議で話し合ったり、あるいは役所主導の女性の生活と地位向上、家庭内暴力への対処等に関する催しがなされたりするなど、男女の地位や権利、位置づけは変化しつづけている。

以上では、スピティでは、カンパ内で男女の仕事分担がなされ、それぞれに望まれるものと望まれないものがあるが、状況に応じて柔軟に役割を変更する様子が窺える。ただし、性的な話に関してはカンパ内の異性同士ではタブー視されるなど厳密に規定されている。次に、カンパの存続と関わる相続慣行についてとりあげる。

三　相続と祖先祭祀

次に、相続と祖先祭祀について検討することで、カンパについての理解を深めたい。

1　相続慣行

長子相続

相続に関しては、長子相続が一般的であり、特にカンチェンの家では基本的に長子相続が行われる。この規則はイギリスの行政官による一九世紀の報告からもみられる［Jahoda 2015: 185-186］。ただし、息子の生まれなかったカンパでは、婚姻の際に婿を養子（*mag pa*）として迎え入れる婿養子の実践も積極的に行われ、最終的には生まれた長男に相続がなされることもある。また、Ｃ町では、長男ではなく次男に相続されたケースも二件ほどみられた。これらのケースからは、長子相続が基本ではあるが、必ずしも長子相続が厳密に行われるわけではないこと、状況に応じて柔軟に対応されることがわかる。

相続される財産として重要なものには、土地、家屋、店などの商売関連のもの、そして宝石類がある。土地と家屋、店などの商売道具は長男に、そして婚姻儀礼の際に女性が頭につけるトルコ石、サンゴ、銀からつくられる高価な飾り物であるペラックをはじめとした宝石類は女性に相続される。ペラックに関しては長女に相続される。

相続をめぐる言説の変化

しかし、最近では長子相続自体を行わないと主張する人びとも出てきた。学校職員であり娘一人（看護師）、息子二人（就学者）をもつ五〇代の男性は、「相続は長男だけでなく、三人に平等に行いたい」と筆者に語った（二〇一二年一〇月）。筆者が、農地（ノトル）も分けるのか聞いたところ、彼は、「あまり大きくはないが、彼らが分けたいと言えば分ければいい」と答えた（二〇一二年一〇月）。このように、子供たちに平等に相続させたいと考える人はこの男性以外にも数人いた。また、ラモの娘ソナムは、筆者が相続について聞いたところ、「スピティでは長男が全てを相続することが多いけど、今は法律が変わったから、もし私が欲しいといえば、財産もこの家屋（カンパ）も半分もらえるのよ」と意味ありげな表情で語った。

ここからは、相続に関連する法について人びとが認識しており、人によっては相続に対する考えを変えつつあること、それに伴い従来の長子相続の習慣にならうか否かはカンパごとに異なりうることがわかる。しかし、現時点で子供たちに平等に相続したケースは確認できていない。次に、一般的に家族の存続や相続とも関わる祖先祭祀をとりあげ、カンパや父系出自観念とどのように関係しているのかを検討したい。

2　祖先祭祀

人類学において家屋や家族と必ずセットで語られるのが祖先祭祀であるが、スピティでは祖先祭祀は存在しないと考えられる。

輪廻転生

チベット仏教における死生観について書かれた『チベットの死者の書』（川崎信定　一九九三年）によれば、チベット仏教では人びとの生のあり方を輪廻転生によって捉えるため、祖先祭祀は存在しない。人は死後、四九日間のバルド（中有）と呼ばれる再生まで彷徨《さまよ》う期間に入る。僧侶によってポワ（意識を体から抜け出させる）が行われ、当分の間その意識は家の周りをさまようが、その後光や幻影に出会い、そして再度空中を自由に飛び回った後、再生の光と出会い、四九日後に生まれ変わるとされる。そのため、死者がよりよい来世を迎えられるための読経が人の死後四九日間僧侶によって行われる。輪廻転生する世界は、地獄、餓鬼、畜生（動物）、修羅、人間、天の六つある。現世で教典に通じ、徳を積んだ人のなかには、死後まれに輪廻を繰り返すことなく解脱できる人も存在するとされる。

スピティの四二歳のサキャ派の僧侶（二〇一五年二月一〇日の聞き取り）の話によれば、人は亡くなってから四九日で心が浄化され、生まれ変わる。前世の宗教的な罪の度合いで五つの世界、下から地獄（*dmyal ba*）、餓鬼（*yi dwags*）、動物（パラン）、人間（*mi*）、神（*lha*）のいずれかで生まれ変わる。

死後の読経については、寺院によって手法が異なり、スピティのゲルク派寺院では一〇人から二〇人ほどの僧侶が三日間つづけて読経し終了となるのに対し、サキャ派では三人から四人の僧侶が四九日間読経する。

埋葬方法と墓地

死体は異常死を遂げたのでなければ、基本的に火葬され、遺骨は山か川に撒かれる。死に方によっては、親族が山で遺体を切り分け鳥に捧げる鳥葬、あるいは川に流す水葬が行われる。葬儀方法は占星術師チョワによって占星術に従って決定される。

北インド、ラダックのタール村では、遺骨は親族によって山に撒かれるとともに、死者への執着を断ち切るため、寺院に寄付された死者の遺品は僧侶によって競売にかけられる。遺骨を山や川に撒くため、もちろん墓地は存在せず、祖先を奉ることもない。

筆者の対象地であるスピティでは、僧侶による遺品の競売はなされないが、遺骨は川に撒かれ、墓地も存在しない。祖先のための儀礼も確認できていない。筆者の滞在先の母親ラモの異母妹オプチュンの三歳の息子が亡くなった際には、亡くなった後、両親は一度も遺体を目にすることなく庭で火葬され、火葬後に残った骨は橋から川に投げ入れられた（二〇一四年一一月二七日）。その後、墓地はつくられていない。

他方、ヤホダによれば、チベット系社会には共通の祖先の神と死者の崇拝の実践についての記述があり、死者の記念碑がつくられ、その管理をしなければならない地域も存在する。そして、それは父系出自集団を支える重要なものとなっている［Jahoda 2015: 176］。繰り返しになるが、スピティではヤホダの指摘するような実践は観察されなかった。このような理由から、祖先祭祀はカンパの構成や、以下で述べる父系出自の観念の希薄化とはあまり関連がないと考えられる。

こうしたカンパの観念やそれをめぐる諸実践については、従来の研究で重視されてきた系譜的なつながりや共住、家内機能といった側面だけからは理解できず、都市での就学、職業の多様化や出稼ぎといった経済的な状況、法的な相続のあり方、あるいは養取慣行などの背景を受けつつ柔軟にあり方を変化させている。ニリンだけでなくカンパも、何らかの条件や原則によって自動的に関係が規定されるようなものではなく、諸々の側面をみることで輪郭がみえてくるようなものであり、様々な変化の影響を受けながら成り立っているものであることを明らかにした。次に、以上で述べたカンパと関連するとともに、それより広い範囲を含む父系出自の観念とそれを共有する者同士の関係についてとりあげる。

四　父系出自の観念の変容

この節では、次節で扱う今まで注目されてこなかった親族ニリンの特徴を理解するために、これまで重要とされてきた父系出自の観念がどのように認識されているのか、どのような背景のもとで部分的に希薄化するに至っているのかを示したい。

1　父系出自の観念の希薄化

「骨」の固有名称

スピティでは、「肉」が「血」という観念と置き換えられてはいるが、[5]父系出自を表現する「骨」と「血」の観念が存在する。一八九七年の地誌*Gazetteer*では、かつてスピティには骨の固有名称が存在したことが報告されている。

スピティには、部族的区分（tribal division）あるいはクランが存在する。たとえば、①*Nandu*、②*Gyazhingpa*、③

Khyungpo、④ *Lonchhenpa*、⑤ *Henir*、⑥ *Nyekpa* などである。これらの部族内での結婚は禁止されているが、他の部族とは自由に通婚する。結婚した女性は夫の部族に属するとみなされ、子供は男女とも父親の部族に属する。部族（*ru-wa*）はローカルなものではなく、どの村にもメンバーが存在する。部族のメンバー（*phaibat*）は、どこに住んでいようが、本来の後継がいない場合には優先的に継ぐ［Punjab Government 2012（1899）: 93］。

以上の記述からは、スピティには骨の固有名称――ナンドゥ、ギャジンパ、キュンポ、ロンチェンパ、ヘニール、ニェクパ等――が存在していたことが推測される。また、それはクラン（clan）あるいは部族的区分（tribal division）という用語で記述されている［Punjab Government 2012（1897）: 93］。

ヤホダ［Jahoda 2015］によれば、ゲーガンとチャタジ［Gergan and Chatterji 1976］によって、一九世紀初めごろには父系出自をたどる集団のようなものが存在したことが報告されている。それらは、父と子（*pha spad*）あるいは父の血筋（*pha rus*）と呼ばれ、骨の固有名称として「*blon chen pa*、*tum bo ba pa*、*nil 'gro ba pa*、*gnam ru pa*、*rgyan shing pa*」［Jahoda 2015: 174］の五つが記述されている。また、ゲーガンとチャタジは、「ギュッパ（*(b)rgyud pa*：家族、リネージ、祖先）」についても言及し、これは骨の観念のサブカテゴリーに位置づけられ、父系出自をたどるローカルリネージとそのメンバーを指すと記述している［Jahoda 2015: 174］。

他方、アジズは、リネージやクランなどの父系出自集団はそもそもチベット系社会においては存在してこなかったと主張する［Aziz 1978: 5, 117-118］。確かに、集団としてのクランが実際に存在したかどうかは確認できないが、以上のような特定の骨の名称が存在したとする報告からは、父系出自集団のような集まりが存在していた可能性はある。そして、それが一部の地域で希薄化したのかもしれない。

父系出自観念の機能とその希薄化

現在のスピティでは、骨の固有名称は忘却され、父系出自は集団を組織する原理とはなっていない［棚瀬 二〇〇八：五八―六〇、六五、八七―八九］。棚瀬によれば、父系出自の最大の機能は、同じ骨を有する者、つまり父系出自を共有する者同士の性交渉と結婚の忌避にある［棚瀬 二〇〇八］。しかし、性交渉と婚姻の忌避に関しても、近年のスピティでは系譜上認識される約三世代に限定される傾向がある。そのため、父系出自の観念は、集団を組織する原理とはならず、また婚姻においても影響が希薄化しているといえる。夫方居住に関しては現在も継続されている。

なお、父系出自の観念が希薄化することで実質的に変化した点としては、父系出自集団間の婚姻が存在したかどうかは別として、婚姻の禁止範囲が厳密でなくなった点があげられる。ただし、上述したように、認識可能な約三世代に限られるものの、今でも父系出自は性交渉と婚姻の禁止範囲を決定する要因とはなっている。相続については、すでに上述した通りであり、長子相続が基本ではあるが、相続をめぐる言説が変化していることも確かである。その他、養育は、夫方居住であることから基本的に夫方のカンパでカンパ単位で行われてきており、現在も変わっていないため実質的に変化したとはいえない。なお、婚姻とともに男性が養子となる場合には妻方居住となる。祖先祭祀については、スピティでは観察できなかったため、変化を捉えることはできない。また、骨の固有名称の忘却や、骨と肉の観念が内包する意味を知る者の減少という現状からは、父系出自の観念に対する認識の変化が伺える。

このように考えると、父系出自が希薄化したことで実際に何の機能が変化したかといえば、婚姻が忌避される範囲が変化したことがあげられる。このほか、言説からは、相続に対する考えが変化してきていること、骨と肉の観念を知る人が減少していることがあげられる。それでは、父系出自観念はどのような背景のもとに希薄化したのだろうか。

父系出自観念の希薄化の背景

父系出自の観念の希薄化の背景として、一九五〇年代以降の政治の権力構造の変化が大きな要因としてあげられるのではないだろうか。一八九七年の地誌 *Gazetteer* では骨の固有名称が存在したことから、一九〇〇年ごろには父系出自集団も存在していた可能性がある。それ以降現在に至るまでの間に生じたもっとも大きな変化としてあげられるのが、領主制からパンチャーヤト制への移行である。このように考えると、父系出自の観念は領主制と関連しており、領主制の廃止に伴い父系出自が希薄化したということになる。

しかし、二〇一一年に七〇歳以上の人に骨の名称について聞いたところ、骨の名前について知っている人は一人もいなかった。つまり、一九五〇年ごろにはすでに骨の名称は失われていたと考えられる。そうすると、父系出自の観念の希薄化は、近年の政治制度や法制度が導入される以前にすでにはじまっていたことになる。何が要因となって骨の固有名称が用いられなくなったのか、父系出自の観念が希薄化したのかについては、別途検討する必要がある。ただし、相続に対する言説の変化や婚姻形態の認識の変化については、近年の法と教育の影響が大きいと考えられる。

他方、スピティでは、骨と肉の観念と関連する異なる観念が用いられるようになっている。

2　ギュッの観念

ギュッ観念の普及

現在スピティでは、骨と血という父系出自を表す観念はほとんど用いられず、むしろ「ギュッ（*rgyud*）」という観念がしばしば用いられている。筆者が二〇～四〇代の数人に骨と血の観念について尋ねたところ、生物学的な骨という言葉自体は知っているが、それに内包される父系出自の意味については把握していなかった。代わりに、ギュッと呼ばれる観念については理解していた。

辞書によると、ギュッは、ひも、糸、筋、一連のもの、紘、コードの意味がある［Jäschke 1985: 111-112］。なお、スピティの人がニリンの理解において重要である「血縁」という枠組みに言及する際、このギュッがもつような意味が想起されると考えられる。

ヤホダによれば、ゲーガンとチャタジは上述したように、ギュッ・パ（*(b)rgyud pa*）を骨の観念のサブカテゴリーであり、父系出自をたどるローカルリネージとそのメンバーを指すと述べる。具体的には、「ローカルの限られた系譜的な範囲の父系リネージに言及するために *brgyud* の用語が排他的に用いられる……血縁関係あるいは居住は *brgyud* と関連づけられうる……例えば、「主要な家から離れた者」あるいは「最も近い親族の集団」など」［Jahoda 2015: 177］と記述している。これはスピティにおいてはカンパに近いと考えられる。

他方、アジズ［Aziz 1978: 53］はギュー（*gyü*）という観念の存在を指摘し、注において、これは受け継がれた帰属のことを指すが、リネージとしての出自集団とは異なり、「エスニシティ」のような出自の質を指すのかもしれないと記述する。しかし、それ以上のことには言及していない。

血統または血筋としてのギュッ

こうした記述に対し、スピティにおけるギュッは少し異なる意味を有する。ギュッはさまざまな次元の対象に用いられるが、常にエスニシティほど広い範囲を指すわけではない。また、ヤホダの指摘する通り、たしかにギュッは居住や血縁関係と関連づけられるが、ギュッは父系リネージにのみ用いられるわけではなく、母系も含むより広い範囲を指す。そのため、ギュッは骨の観念のサブカテゴリーではなく、逆にギュッのサブカテゴリーに骨の観念があると考えられる。以下で、ギュッは骨の観念についてみていく。

ギュッとは、親から子に継がれる、骨と肉双方を想起させる観念である。つまり、それは骨と肉（血）というような別個のものではなく、ギュッという場合にはそれら両方が想起される。それは、「パルギュッ（*pha rgyud*：父のギュッ）」と「マルギュッ（*ma rgyud*：母のギュッ）」という言葉があることからも分かる。ギュッは「遺伝子（gene）」と翻訳されることもある（アムチの男性からの聞き取り：二〇一二年一〇月一三日）。ギュッは世代や人によって変わるものではなく、永遠に変わらず受け継がれる資質であると認識されている。

ギュッについて熟知していると言われる、伝統的医学の医者アムチの四〇代男性と話した際、筆者が、「母の骨から血（肉）がくるのですか」と聞くと、男性は「骨から血はこない」と顔を歪めて答えた（二〇一二年一〇月一三日）。また、私が「肉は母からくるのですか」と聞くと、「肉は食べ物からくる」という返事が返ってきた。川喜田が述べたような骨と血の観念とは異なり、母の骨が肉や血に転化するわけではないと考えられていることが分かる。

アムチの男性によれば、ギュッにはパルギュッとマルギュッが存在する。「一番重要なのは、パルギュッ。パルとは父親で、ギュッとは系譜。父の系譜ということ。父は母よりももっと重要……マルギュッ、マルとは母親のこと」であると述べた。

彼によれば、ギュッが用いられる文脈は、例えば次のような場合である。村の中で素晴らしい人がいると、人びとは、「［あの人は］誰のギュッか」と聞く。すると、必ず祖父や父といった男性の名前が伝えられる。結婚のときにも家族や親族によって考慮される対象となる。

以下でスピティの人びとのギュッに関する話を引用したい。

ギュッは、いいか、あるいは悪いかというだけでなく、多くの意味が含まれている。以前は結婚のことを決めるとき、ギュッもみていた。ギュッは大事。女にもギュッがある。賢い両親はギュッもみる。はじめから悪いギュッだと、盗んだり、嘘をついたりするかもしれない。もし誰かが盗人だったら、父や祖父が盗みを働いていたということ。祖父、祖母がよければ、父、母もいい。息子、娘もいい。たまに、彼の父のギュッは悪くて、と〔人は〕話す。今でも結婚のとき、相手について他の人にギュッについて聞いたりする。盲目もギュッからくる。体が臭う人もギュッからくる。病気をもっている人も。歯が悪いのもギュッからくる。賢いか賢くないかもギュッからくる。芸術家の気質もギュッからくる。みんながなれるわけではない。何年やっても〔芸術家に〕なれない人もいる。アムチもギュッによる。プジャンも[6]。世代から世代へと受け継がれやすいものはギュッに入っている（二〇一二年一〇月一八日七〇～八〇歳の男性からの聞き取り）。

パルギュッとは、父から息子に、そしてその息子に受け継がれるもの。血〔という意味〕も骨〔という意味〕もある。方法（手段）だ（二〇一二年一〇月一三日五〇歳代のアムチからの聞き取り）。

リ・ギュッ（*ri rgyud*）。ヒマラヤの地域。顔、宗教、見た目も一緒。チベット、モンゴル、ヒマラヤン。リ（「リ」は、山や文化を意味する）とは、私達が生まれたところ。来たところ。ギュッとは一つの意味。ヒマラヤン・リ・ギュッ。一つのジマックから〔私達は〕きたかもしれない。アメリカ、アフリカ、ネパール、チベットは認識しやすい。もしアメリカ、ヨーロッパなら、同じ見た目、同じギュッということ。ギュッは骨と血で考えられている（二〇一二年一〇月一八日五〇歳代の儀礼や祭事で司会を行う男性）。

以上の語りからは、ギュッは受け継がれる性質という意味から、エスニシティを意味するようなものまで、様々な次元で用いられる用語だということがわかる。また、ギュッという観念においては、どちらかというと父系が重視されることがわかる。それは、誰のギュッかは、父や祖父の名前で認識され、主に父から息子へと受け継がれ続けるものとして理解されていることから伺える。ただし、パルギュッ、マルギュッという表現からわかるように、ギュッといったときには父系のみではなく母系もそこに含まれる。そのため、ギュッは血統や血筋、あるいは系譜のような意味合いをもつと考えられる。

3　親族名称と呼称

ここで、スピティにおける親族名称と呼称について紹介しておく。

スピティでは、親族名称が用いられる場合と、個人の名前で呼ぶ場合とがある。年上の人を呼ぶ際には、親族名称のみを用いる場合があれば、その直後に個人の名前やニックネームをつけて用いる場合もある。例えば、ソナムという名前の祖父であれば、祖父を意味するメメと組み合わせて「メメ・ソナム」、カルザンという名前の母方オバ（母の妹）であれば親族名称ミチュンとあわせて「ミチュン・カルザン」、といった具合である。年下には、弟を意味するノ（*no*）や妹を意味するノモ（*nu mo*）が用いられ、これら名称の後に名前がつけられる――ノ・カルザン、ノモ・ラモなど――か、単にそれぞれ男の子と女の子という意味合いで使用される。

親族でない場合には、名前かニックネームが用いられるが、似たような名前をもつ人が多いことから、本人がいない場合に人物を特定するために「（親の名前）の娘〜」や「（勤め先）で働いている〜」といった具合で両親や勤め先などに言及されることもある。

また、父方オバを意味するアネという名称が年上の女性の呼称として一般的に用いられたり、兄を意味するアチョが年上男性に用いられたりもする。同い年であれば、基本的に名前で呼びあう。年下に対しても、一般的に、子供や若い男性に対してノ、若い女性に対してノモが用いられる。

以上のように、骨と肉で表されていた父系出自については、骨の集団の特定の名称が無くなり、集団間の婚姻は観察されなくなり、代わりに、ギュッという異なる形ではあるが、父系が重んじられる観念が存在している。ギュッは血縁と同様の意味を有することから、ニリンを理解する際にも関連すると考えられる。そして、居住と相続については実質的、機能的変化はみられず、夫方居住と長子相続が一般的である。ただし、骨や血の観念について把握していない人びとや、女性の発言権の上昇といった現状、そして平等相続の言説を考慮すると、父系出自の観念自体は、性交渉や婚姻の禁止範囲と、言説上では希薄化の傾向にあることが明らかとなった。

カンパや世帯、父系出自集団等は、チベット系諸社会やスピティの家族と親族を理解するにあたって欠かすことのできないものであるが、筆者が調査したところ、現在スピティには、上述した親族範疇に還元できないつながりが存在する。それこそがニリンである。ニリンは、血縁関係と姻戚関係を有する者の中でも日常的に親しい間柄にある人びとを指す言葉として用いられてきた。そのため、父系出自や世帯、カンパとは異なり、個人を起点とした血縁、姻戚関係のつながりであるとともに、その範囲が個人によって異なる。また、このニリンは婚姻の禁止範囲[7]や相続のあり方を規定する父系出自の観念とは異なり、日々の生活において頻繁に関わり、助けあう関係である。ニリンのような存在については、アジズがキンドレッドの存在と重要性を指摘するのみで詳しく言及されてこなかった。次に、このニリンがどのような関係かをとりあげたい。

五　日々の生活におけるニリン

父系出自集団や世帯、カンパなどの諸概念と照らし合わせ、本書が取り組む親族ニリンがどのような関係か、その特徴を浮き彫りにしたい。

ニリンという語は、血縁、姻戚関係を意味するチベット語ニェン（*nyen*）を語源としてこれが変化した形ではないかと思われるが、確認はできていない。また、親族用語としてのニリンという語は、選挙期間に入るとその語を聞かない日がないくらい頻繁に用いられ、あるいは儀礼の招待状が届くと急に用いられるようになる一方、それら以外の場面においてはほとんど用いられることがない。親族に言及する際には、ある個人との具体的な関係を表す個別の名称（母方オジなど）あるいは呼称が用いられる。生活の場面でニリンの言葉が用いられるのは、よそ者である筆者に対して、筆者の知らない特定の相手との関係を説明するときである。ニリンという言葉は、その関係が自明であるときには用いられないが、それが自明でないか意図的に用いる必要があるときには用いられると考えられる。

以下では、三つの事例を取り上げ、ニリンの語が表わす関係を示すとともに、その定義と範囲が個人によって異なることを示す。

１　親密な範囲としてのニリン

まずＣ町に住むラモの事例をみてみたい。図６はラモから教えてもらった彼女のニリンの範囲である。

【事例３―２】　親密さとしてのニリン

ラモは夫ワンドゥイと娘ソナム、息子アンジンと暮らしており、筆者は彼女の家に住まわせてもらっている。ラモの場合、ニリンには異父、異母兄妹とその子供たちまでが含まれている。ラモの世帯も含めた四世帯の人びとは親しい関係にあり、例えば生活の中で頻繁に家を行き来したり、人手が足りないときに手伝うよう頼みあったり、モノを贈りあったり、特に儀礼や儀式のときに率先して手伝いに来てくれる間柄である。

図6　ラモのニリン

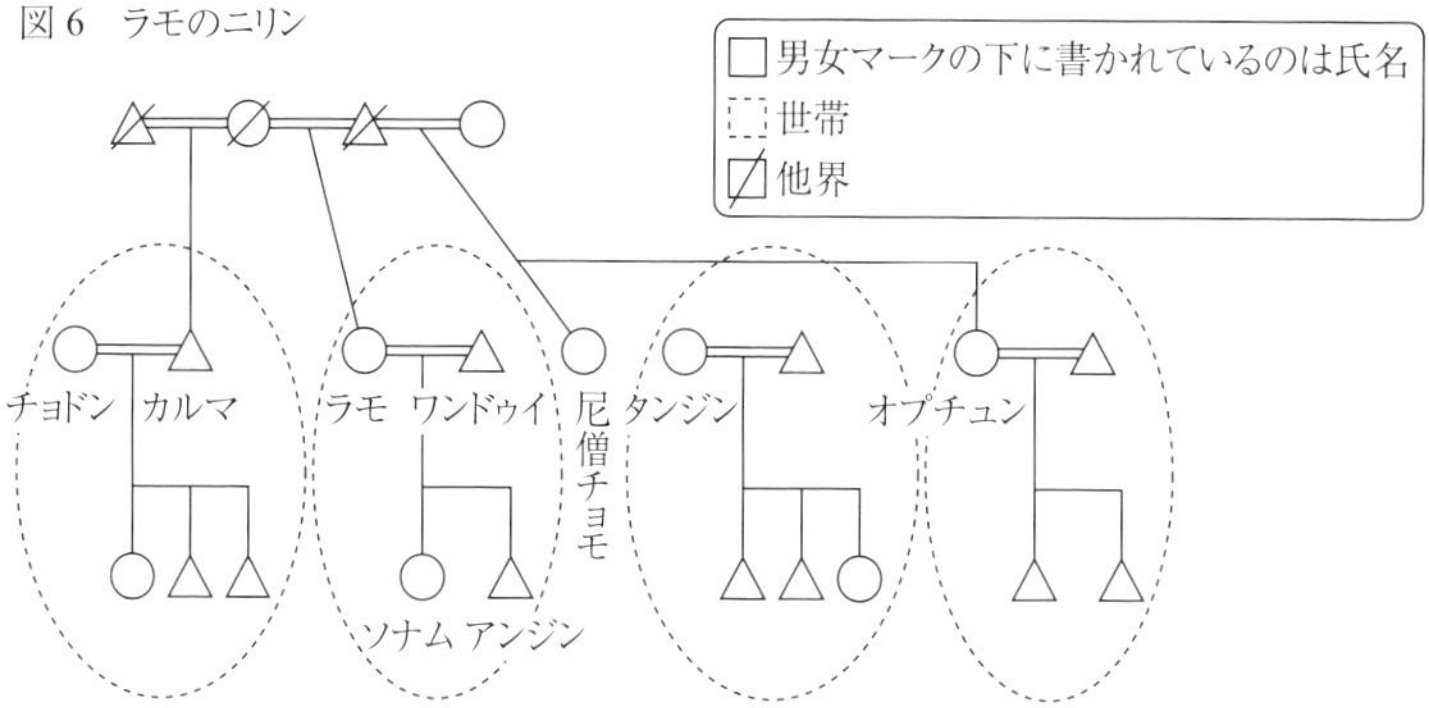

（ラモへのニリンに関する聞き取りから再構成：2011年10月23日）

例えば、異母妹であるオプチュンは、特に用事がなくとも毎日のように子供を連れてラモの家に来ては、世間話をしたり昼ごはんを一緒に食べたりする。ラモや娘ソナムもよくオプチュンの家に世間話をしに行く。

異父兄カルマ（五〇代後半）とその妻チョドン（五二歳）とも親交が深く、よく野菜を持ってきてくれる。逆にラモは雑貨店を営んでいるため、筆者がチョドン宅の近くに行くときには、店のクッキーの袋詰を彼女に渡すよう頼んでくる。

また、二〇一五年の一月九日から三月一二日（筆者がフィールドを離れた日）の間、カルマとチョドンは頻繁にラモ宅に水を届けに来た。積雪のため道が滑りやすく危ない状態になった一月九日から、二日に一度以上の頻度で水を運んできてくれた。

具体的には、一月九日から末日までの二三日間のうち、合計一五日間、回数にしてカルマ一一回（四〇リットルずつ）、チョドン一四回（二〇リットルずつ）。二月は二八日間のうち、合計一六日間、回数にしてカルマ一六回、チョドン一一回。三月一日から一二日までの一二日間のうち、合計八日間、回数にしてカルマ七回、チョドン五回である。なお、彼らはラモ宅の水だけでなく、自分たちが必要とする水も運ばなければならない。

冬は積雪のため足場が滑りやすく、重心のかかる後ろに転倒する危険性がある。スピティの女性はポリタンクの持ち手に幅三～四センチほどの紐を通してくくり、タンクを背負って紐を頭にくぐらせ、肩と胸の部分にあててタンクを支える。そのため、後ろに倒れると紐によって首が締まる危険性もある。

なぜここまでしてラモに水を運ぶのだろうか。スピティでは年上を敬う傾向にあることから、本来であればラモがカルマのために働いてもよさそうである。これには近しいニリンであることと、以前、カルマが水運びの仕事の最中に滑って大腿骨を骨折し入院した際、ラモたちが入院費用の援助や長期間の世話などで助けたことが関係している。それ以降、冬にはいつも水を持ってくるようになったとラモは教えてくれた。

他に、筆者を気遣っての行動でもあった。ラモの異父兄はもともと水を運んでいたかもしれないが、足場の悪い雪道で筆者が水を運ぶのをみて危ないと感じ、「チュキ・ドルマ（筆者のフィールドでの愛称）の分も自分が運ぶから、彼女に水を運ばせるな」とラモに言いつけていた。彼は自分が水運びの際に転倒し骨折した経験から、運び慣れていない筆者のことを気遣ってくれたのかもしれない。

チョドンの娘も、彼女が結婚する二〇一四年まではソナムと毎年一緒にデリーに出稼ぎに行っていた。異母妹のタンジンもよくラモに会いにやってくる。タンジンは二〇一一年に夫を亡くしており、追悼儀礼の際にはほぼ必ずラモかソナム、アンジンが手伝いに行く。タンジンの娘もよく学校帰りにラモの家に遊びにくる。

ラモの親族は図6に記載された人物のみではない。ラモは、周囲の人たちと日々関わるなかで親密な関係を築き、その親密な関わりの範囲をあえてニリンとしているのである。ここからは、ニリンは親密な関わりの範囲であり、個々人によってその範囲が異なることが伺える。

図7　サンタのニリン

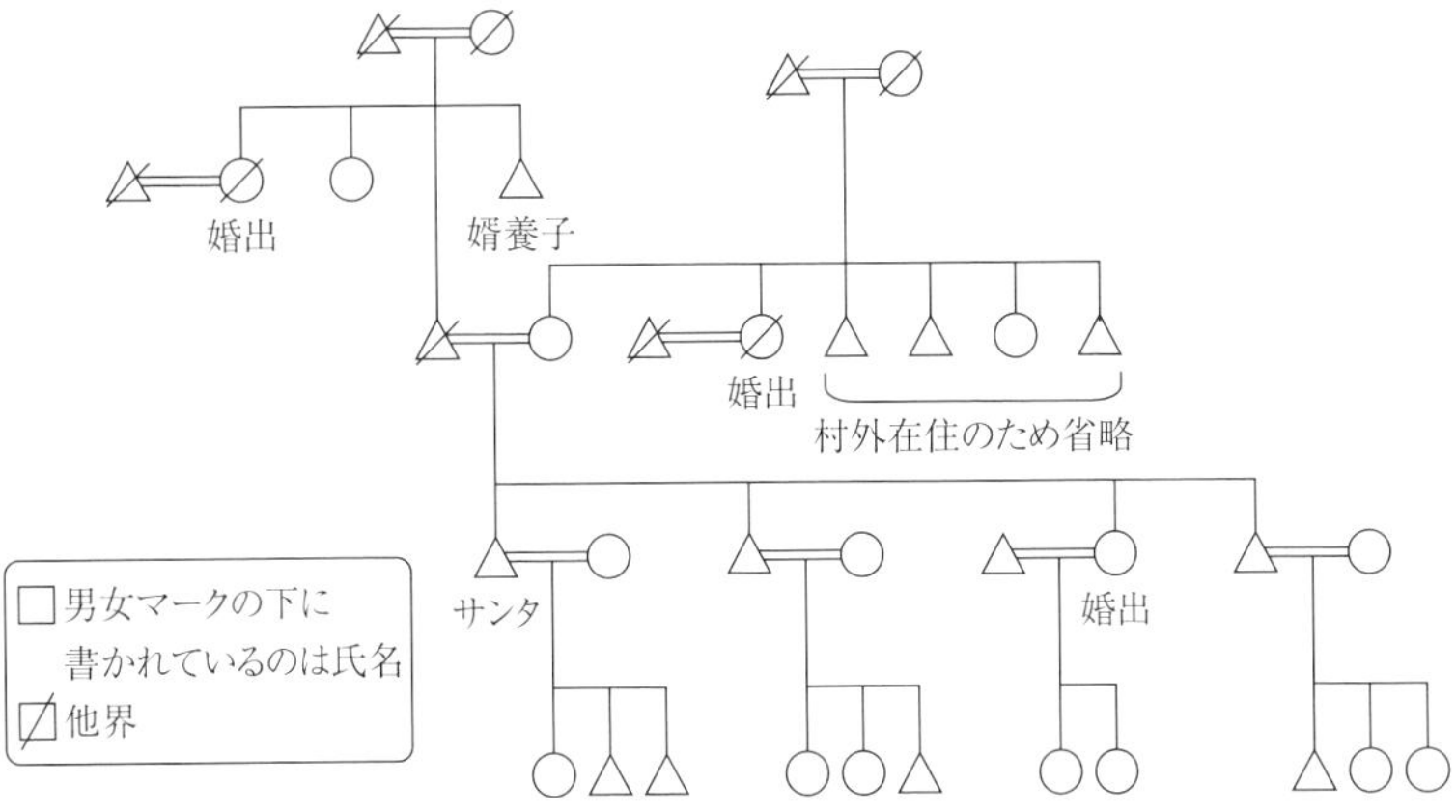

（サンタへのニリンに関する聞き取りから再構成：2011年9月22日）

2　個々人によって範囲が異なるニリン

C町のサンタ（男性五〇代前半）は、ラモよりも広い範囲の親族の人びとをニリンと呼んでいる。

【事例3―3】　3世代に広がるニリン

サンタのニリンをみてみると、兄妹とその子供だけでなく、彼の父親の兄妹、そして村外在住の彼の母親の兄妹も含めていることがわかる。つまり、ニリンはある個人を起点として一定の範囲に一律に設定されるわけではなく、誰を起点とするかによってその範囲自体が変わるため、集団ではなく、あくまで認識の範囲である。ラモとサンタのニリンはどちらも主に血縁関係をもとにしているが、他のニリンで妻側の姻戚関係をたどっている人もおり、ニリンがすなわち血縁関係を有する人というわけではない。

ラモと比べ、サンタはより広い範囲をニリンとみなしている。つまり、ニリンは、各々が親密な関係であると認識する範囲であることから、人によって範囲が異なる。ただし、親密な関係とは、単なる相互扶助関係を意味しない。

3　情動的なつながりとしてのニリン

夫を亡くした女性の事例を取り上げ、ニリン関係が単なる相互扶助関係ではなく、情動的なつながりでもあることを示す。

【事例3―4】　情動的な関係としてのニリン

ラモの家の近所に住む女性チョドン（四〇代後半）は、二〇一三年一〇月に夫を亡くして以来、外出ができなくなった。[8] 彼女は娘（二〇代前半）と二人暮らしである。筆者は娘と親交があり、頻繁に彼女の家を訪れるが、その際にはいつも誰かが家に来ていた。二〇一四年五月一四日から六月一三日の一ヶ月間に筆者がアネチョドンの家を訪れたのは合計一二日間である。その間にアネチョドンがニリンとして言及した訪問者の顔ぶれと回数は以下の通りである。その他に、具体的な関係を把握できていないがニリンとして言及された女性一人（三〇代前半）、近隣に住む女性一人（六〇代前半）も一回ずつ見かけた。

義理の妹であるガワンは毎日のようにチョドン宅を訪れ、稀に泊まることもある。家事を手伝うわけではないが、持参したお菓子を食べながら話し、靴下を編む。チョドンの娘が市場に買い物に行くときには、チョドンが一人きりにならないようにいつも家にきて彼女に付き添う。そして、雑談などをして彼女の気を紛らわそうとする。一度、現金が底をつき、どうしてもチョドン本人が銀行に行かなければならなくなったときには、ガワンが外出できない彼女を気遣い、夫の車で銀行まで連れて行った。[9] 逆に、チョドンはガワンにお菓子や食事を振るまい、帰り際に牛乳や自家製ヨーグルトを手渡そうとする。

図8　チョドンのニリン

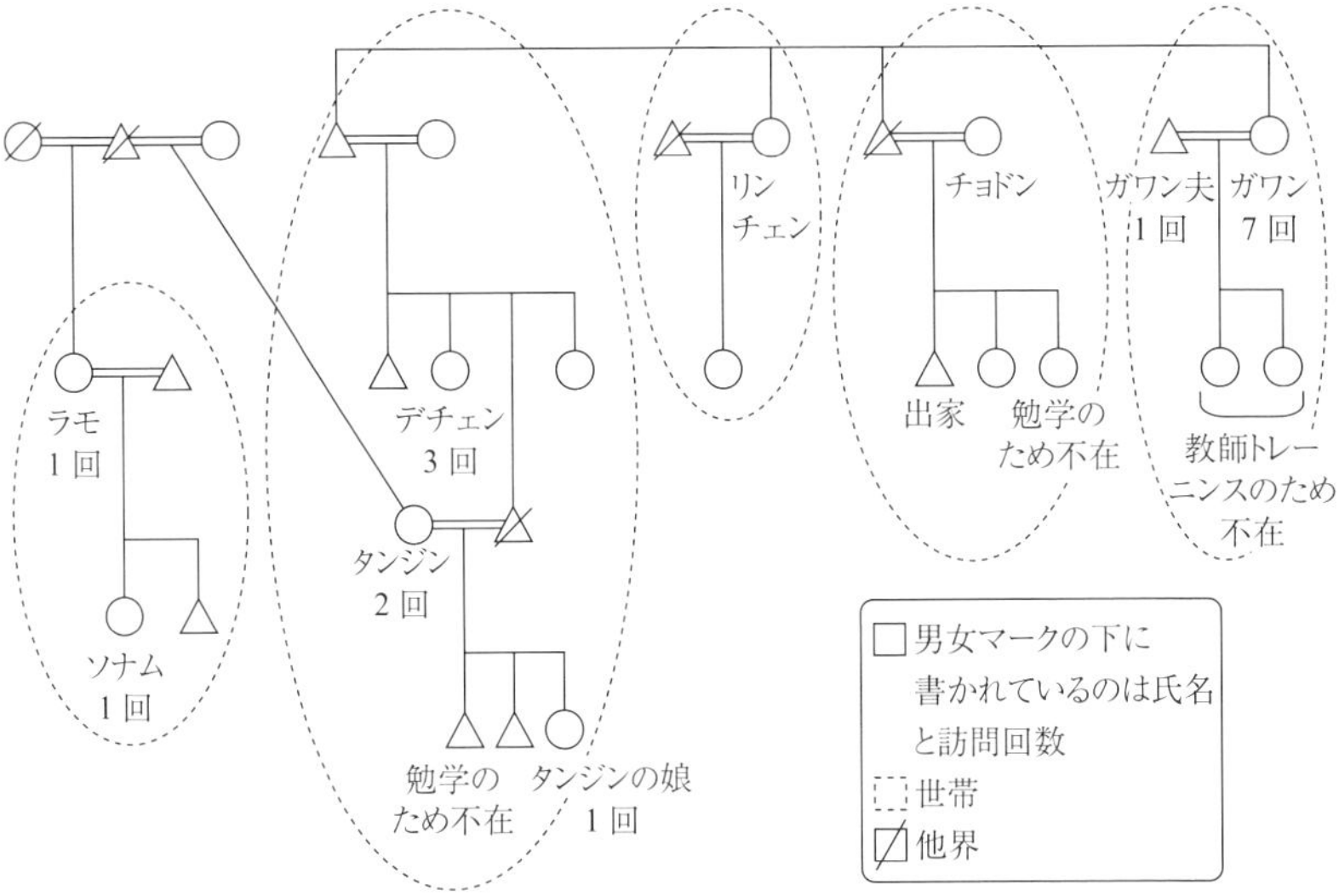

（筆者の観察と聞き取りから再構成）

他にも、筆者の把握できていない一家を除き、彼らの間では頻繁な家の行き来と牛乳や大麦粉などの授受、労働交換がなされる。儀礼の際には多くの来客があり、大量のミルクティーをつくるために牛乳が不足する。そのようなとき、チョドンは、娘に牛乳をニリンの人びとの家に届けさせ、娘にそこで食事作りなどの手伝いをさせる（二〇一四年五月一五日）。また、遠方で就学しているニリンの子供（例えば、チョドンの義理の弟や妹の子供）が帰省した際には、「お小遣い」として二〇〇～一〇〇〇ルピーが手渡される。なお、チョドンの夫、義理の姪デチェンの父（事例三―二に登場したタンジンの夫の父）、ガワン、リンチェンは同じ家の出（兄妹）であるが、現在は同居しておらず、生計もともにしていない。

以上からは、ニリンは、系譜や親族規範のみによって規定されるような関係ではなく、血縁関係と姻戚関係を有する者の中でも、日々の関わりを通して親密な関係にある人びとが父方、母方関係なく含まれる関係であること、日々の贈与交換や儀礼での労働交換が行われ、そしてともに時間をすごす中でニリンは醸成され、そこには道義が働くことが明らかとなった。それゆえ、個人を起点としてニリンの範囲は異なる。また、ニリンの関わりの内実をみると、相互扶助関係を築いているだけでなく、感情的または情動的なつながりもみてとれる。この過程は、カーステンの指摘する関わり合いによって親族が構成されるとする構成的な視点から説明でき、構成的な視点に立った上で道義を位置づけることは可能であることがわかった。

他の親族観念との違いに注目すると、父系出自集団とは異なり、ニリンは母方もたどるため、より広いつながりである。世帯とも異なり、必ずしも居住と生計を共にしていない場合がある。カンパはニリンと一番近い観念ではあるが、基本的に系譜的にたどられる関係であり、かつ最小の単位である点で、ニリンと異なる。ニリンは、系譜的なつながりがあれど親しい関係を築いていなければその内部に含められず、またカンパより広い範囲を含む可能性があるからである。しかし、ニリンは常に以上で述べたような形であるわけではない。文脈や場面によって、さまざまな形で立ち現れる。次にこの点について検討したい。

注

(1) レヴィレート婚とは、寡婦が他界した夫の兄弟の一人と再婚する婚姻形態のことである。
(2) 男性が妻を娶る際、妻の兄弟に男性の姉妹を嫁がせる婚姻形態である。
(3) 三つの尼僧院のうちの一つにおいて、二〇一五年に新しく尼僧院が建設された。確認はとれていないが、筆者が見た限りでは、収容人数は一〇〇人以上である。
(4) スピティでは男女ともに「一人で散歩をする」という習慣や考えはあまりない。そのため、観光客や筆者のような調査者といったよそ者であっても、一人で村のなかを目的もなく歩いていると、「気が狂っている(ニョンバ(男性)/ニョエマ(女性))」と言われる。
(5) 「肉」が「血」とも表現されうることは川喜田[一九九七:三四三]によって指摘されている。

（6）おそらくヒンディー語のプージャーリ（宗教的職能者）のことだと思われる。

（7）ただし、既述したように、婚姻の禁止範囲または特定の婚姻形態の忌避にギュッ観念やニリンの存在が関係している可能性はある。

（8）チョドンは約一年間自宅に引きこもっていたが、二〇一四年一一月にラモの異母妹オプチュンの息子が亡くなった際にオプチュン宅で毎日手助けを行ったことを機に、少しずつ外出できるようになった。

（9）チョドン宅から銀行までは、歩いて一〇分もかからない距離にある。

●第二部　ニリンをめぐる関わり

第一部では、調査地の基礎的な情報と、スピティにおける親族について、チベット系諸社会の親族研究と照らし合わせながらニリンの特徴をみてきた。第二部では、スピティ渓谷についての理解を深めると同時に、第一部で紹介した日々の生活におけるニリンが、農作業や儀礼において異なる形で立ち現れる様子を描き、全体像をつかみにくいニリンのつながりを多角的に理解するよう試みたい。これを通して、ニリンが固定的な関係ではなく、より文脈依存的で、環境の影響を受け変化しつづける柔軟な関係であることを示す。

第四章　農作業におけるニリン関係

本章では、スピティにおける経済活動を概観した後、なかでも農家をとりあげ、農作業がどのように行われるか、そこではいかなるニリン関係が結ばれているのかをみていく。

一　経済活動

スピティにおいて人びとがどのような職業に就き、生計を成り立たせているのかを概観したい。

まず、公務員があげられる。第一章で触れた、ADCやIPH、PWDといった財政管理や、灌漑整備や公衆衛生、道路や橋などのインフラ整備を行う部署で職員として勤める人びとがいる。職員の他、建設現場での作業を行う労働者も多い。この他、学校教師や事務職員もあげられる。

NGOやNPOについては、スピティの人が立ち上げた、伝統保存を目的としたスピティの行事等のテレビ放送を行うものや、他地域からきたヒンドゥー教徒が立ち上げた雪豹をはじめとした動物保護を目的としたもの、あるいは、海外の人が立ち上げた文化保護を目的とした団体や、地域医療を提供する病院を建設、運営するプロジェク

表９　職業ごとの収入額（2011 年時点）

職業	月収（ルピー）	年収（ルピー）
旅行代理店	120,000	600,000 （シーズンの約６ヶ月間）
靴屋	金額不明	300,000
出稼ぎ（デリーで衣類販売）	金額不明	400,000 ～ 500,000 （冬の４ヶ月間）
教師	28,000 とボーナス	336,000
役所の職員	20,000 ～ 25,000 とボーナス	300,000 以上
役所間の書類配達、深夜の見回り	10,000	120,000
道路上で働く労働者（石を退ける等）	5,000	50,000（10 ヶ月間）
楽師	一晩に 250 ～ 5000 ルピー	不明（10 月～ 12 月）
トラックの運転	5,000	不明
塗装業	900 ～ 1,500	不明

※ 2011 年８～ 10 月当時のインドルピーと日本円の為替レートは、１ルピー＝約２円である。
※収入額については全てその仕事に就く本人からの聞き取りによる。そのため、実際には個人差があることを断っておきたい。筆者の観察では、靴屋に関しては記載した金額の倍以上は収入があると思われるが確認できていない。楽師、トラックの運転、塗装業は下層の人からの聞き取りである。

トなどが存在する。これらの団体には必ずスピティの人びとも数人所属し給料を得ており、重要な雇用先の一つとなっている。

自営業に関しては、C町には地元の人が営んでいる店は一一店舗――レストラン、車の修理店、雑貨店、化粧用品店、衣類販売店、靴屋、旅行代理店、ゲストハウス――あった（二〇一一年秋時点）。二〇一五年にはさらにCDショップ、インターネットカフェなどが増えていた。C町にあるサキャ派寺院も雑貨店を併設しており、そこでは香（*shug pa* または *spos*）や数珠（ター）、祈祷旗（*dar lcog*）などの宗教関連の品物や、バターやビスケット、水、ペンといった生活用品が売られている。

その他、夏季（五月から九月）には高山クンザン・ラの道が開通するため、スピティ外から商人が多く集まり、推定五〇店舗以上が軒を連ねる。八百屋、精肉店、菓子店、縫製店、印刷関連の店、電子機器関連の店、カフェ、インターネットカフェなどがあげられる。店舗のうちのほとんどがC町の地区一のバス停近くにある。その他の場所には、ゲストハウス、カフェ、雑貨店、印刷関連の店、自動車整備店などが点在する。観光客も頻繁に訪れるようになるため、ゲストハウスや民宿、カフェやインターネットカフェ、レストランが多く開かれる。

表10　職業ごとの収入額（2014年時点）

職業	月収（ルピー）
出稼ぎ（デリーで衣類販売）	500,000 ～ 600,000(冬の4ヶ月間)
教師を監督する教育部門の役人	60,000
土地関連の役所の職員（ポトワリ）	40,000
学校の事務職員	40,000
看護師（ベテラン）	30,000 ～ 40,000
学校で体操を教える仕事（新人）	10,000
PWDの水運びの仕事（労働者）	9,000
6歳までの子供の体重管理、子供関連の物資支給（月数回）	1,100 ～ 2,000

※2014年11月26日、ワンドゥイからの聞き取り。主に隣人の収入について。
※出稼ぎの収入についてはソナムからの聞き取り。
※当時のインドルピーと日本円の為替レートは、1ルピー、約2円である。

冬季（一〇月から四月）には、観光客はほとんど来なくなり、夏季にスピティ外からきていた商人の店もほとんど閉まるが、八百屋や電子機器関連の店、縫製店は需要があり冬の間も開いている。八百屋については、雪で流通が滞るために、野菜がまともにスピティに入ってこなくなることがあるため、夏と冬とでは値段が倍以上変わることがある。人びとは、特に米や小麦粉、豆類、ニンニクなど長期間保存できるものを大量に貯蔵し、その他ホウレンソウやチーズを乾燥させて貯蔵している。また、冬になると女性が絨毯織りや靴下編みを行うことから、地元の人によって毛糸店が開かれる。二〇一四年の冬に筆者が確認できた毛糸店は三店舗だった。

下層に位置づけられるゾとベタは、それぞれ鍛冶屋と婚姻儀礼などで楽器演奏を行う楽師である。ただし、現在では伝統的職業を自ら辞め、政府雇用の職やタクシードライバー、塗装業の職に就く人も増えている。下層の人びとの職業について、詳しくは第六章を参照されたい。

ここで、職業ごとの収入額をみてみたい。個人店については三つのみ聞き取りができた（表9、10を参照）。靴屋と出稼ぎはどちらもラモ宅の収入額である。聞き取りであるため正確な数字ではないが、このようにみると、個人店を営むことで得られる収入は公務員と比べても同じか、それ以上であることが分かる。しかし、自営業の場合、都市に赴き、自ら商品の仕入れ先を見つけ、品物を見定め、交渉し、まとまった金額を支払い、輸送手段を確保し、輸送中の損失

表 11　項目別の物価一覧

項目	2011 年時点の値段（ルピー）	2015 年時点の値段（ルピー）
外食	20 ～ 30	40 ～ 50
じゃがいも、人参（1kg）	20 ～ 25	25 ～ 45
オクラ（1kg）	20 ～ 25	60
トマト（1kg）	30	40 ～ 60
にんにく、生姜（100g）	10	20
ビスケット（15 枚入り）	5	10
ラム酒（400ml）	100 ～ 150	150 ～ 200
ウイスキー（400ml）	—	250
パンジャビスーツと呼ばれる服の生地（1 着）	400 ～ 800	600 ～ 2,000
衣類の仕立代（1 着）	150	200
女性用の冬物セーター（1 着）	700 ～ 900	1,300 ～ 2,000
ガソリン（1L）	56 ～ 60	—
サンダル	100	—
子供用の靴	200 ～ 300	—
大人用の冬物の靴	700 ～ 1300	—
観光客向けの登山靴	7,000 ～ 9,000	—

※野菜の価格は季節や道路状況によって変化する。
※価格は確認できていないが、ラモによれば、豆類の値段が高騰しており、種類によっては 3 倍の値段になっている。

のリスクを負い、店頭で販売するといった労力と時間がかかる。収入は不確実性が高く、また地元の人が何を求めているのかを予測するセンスのようなものが求められる。そのため、スピティではよほど商売のセンスがない限りは公務員になることが好まれる。なお、二〇一一年時点で、一人で生活していく最低限の月額は五〇〇〇ルピーであると聞かれたが、現在は物価の上昇からそれ以上必要になると考えられる。

スピティの物価は表11の通りである。時期によって変動があるが、参考までに示したい。物価は全て筆者自身の観察による。筆者が二〇一五年に調査に赴いた際には、二〇一一年時より物価が上がっていた。詳しくは表11の通りである。

正確な収入額の変化や物価の変化を把握できているわけではないが、不可欠な野菜の価格が上がっているのに対し、収入額にはそこまでの上昇がみられないことから、二〇一一年とそれ以降とでは、比較的現在の方が生活が苦しくなっていることが予想される。

以上では、スピティにおける経済活動を概観した。スピティがインド政府の管轄下に置かれ、市場経済が流入して以降、職業が多様化し、下層の人も中間層の人と同じ職に就くといった状況に直面している。このように職のあり方が変化しているわけだが、経済活動をめぐる人びとの関係はいかなるものだろうか。

二　商人同士の関係

次に、さまざまな職業のなかでも筆者がラモとアンジンを中心として観察することができた商人同士の関係について概観したい。ニリンと直接関わるわけではないが、ニリンの特徴を理解する上での比較材料になりうる。

個人店を営む商人は互助的なリスク回避の仕組みを作っている。毎年すべての店主が一定の金額を出し合い、その中の誰かが不幸ごとに見舞われたり、あるいは警察の抜き打ち調査が入り罰金をとられたりした場合には、積立金の中から見舞金が支出される。靴屋と雑貨店を営むラモは負担金を回収した経験があり、支払わない店主の店には毎日のように訪れ、払うように促すのだといった。

また、商売仲間が亡くなった際には、慣習として、その日一日、店を閉めることになっている。ただ、店によっては、店に待機し、客が来たときのみシャッターを開ける。人によっては、故人の家を訪れ、長時間遺族に付き添うこともある。

例えば、二〇一四年五月一二日に雑貨店を営む女性（五〇歳前後）の息子が亡くなった際、ラモは五日間毎日、朝から夕方まで彼女に付き添った。一四日に筆者が女性宅を訪れた際には、女性はマネ（数珠を指で一つずつ回していく）をしており、訪問客があるたびに涙を流し、それをラモや周りの人びとが励ましていた。遺族の女性は未婚で息子を産み、息子は家庭をもったが、その息子は妻と離婚したため、今後亡くなった息子の娘（孫娘）と二人で暮らさなければならないとのことで、ラモは彼女の身の上を心配していた。

このほか、店主同士の個人的な関係は、女性と男性とで大きく異なる。女性の場合は、筆者が確認できたラモの周辺では、店にいるときには近くに座ってしゃべるが、日常生活ではほとんど関わりがないか、あるいは関わる際には、うっかり商売につながる情報（商品の仕入先や仕入値など）を漏らさないよう細心の注意を払っている。

他方、男性の場合、筆者が確認できたアンジンに関しては、仕事中の空いた時間に話すことはもちろん、近接する個人店の店主たち約五―六人と頻繁に飲み、週に二、三日の頻度で帰宅が遅くなる。食事のほか、休日に一緒にテレビでクリケットを見たり、近隣の村に車でドライブに行ったり、バドミントンをしたり、あるいはパソコンやテレビなどの物の貸し借りも頻繁に行っている。ただし、商売に関しては互いに神経を尖らせており、商売敵になるような行為は批判される。例えば以下のような具合である。

【事例4―1】　商売をめぐる緊張関係

二〇一四年一一月一五日、ラモの嫁の母方オジにあたる僧侶（三七歳）がラモの店のすぐ近くに冬物のジャケットを扱う店を出すことになり、筆者はその手伝いに行った。なお、僧侶が店を出す理由は、冬物のジャケットを都市で仕入れC町で住民に売り、その収益でカルナータカ州のゲルク派僧侶のための寄宿舎を建設するためである。ラモ、アンジン、僧侶、筆者でセッティングを行った。その際、近くに店をもつ男性五―六人ほどが集まってきた。なかでも、同じくジャケットを売る男性二人のうちの一人（四〇歳前後）は、腕を組んで険しい顔つきでジャケットを睨むように見ていた。もう一人の男性（三〇代後半）は心配そうな表情でこちらを眺めていた。その不穏な雰囲気は、筆者にとっても居心地が悪いものだった。アンジンがラモから少し離れた場所に移動した際、険しい顔つきをしていた男性がアンジンに近寄り、不満そうに何か小声で言っていた。後で聞くと、

「なんでラマ（僧侶）を手伝っているんだ」と言われたようだ。この発言には、その日に店のセッティングを手伝っていたことに対してだけでなく、店を開くにあたってアンジンが僧侶を色々と手伝ったこと自体に対して向けられた言葉だったようだ。アンジンは、「〔その僧侶が〕妻の母方オジだから」と伝えたが、相手は納得していなかったようだ。

以上からは、商店主同士の間には、積立金によるリスク回避の仕組みや誰かが亡くなった際の手助けにみられるように、いざというときに助け合うような相互扶助の仕組みと慣習が築かれていることがわかる。個人的な関わりについては、男性の場合には、仕事のみならずそれ以外の場面でも親密な関係を築いてるが、商売に関しては互いの商売を妨げないことが暗黙の決まりとなっており、そこから逸脱するような行動をとった場合には批判の対象となりうる。女性の場合には、仕事以外の場面でほとんど関わりがなく、関わる場合にも自らの商売に影響が出ない形で接するよう注意を払っていた。これらから、ニリンと対照的に、商人同士のあいだでは、基本的に商売という明確な共通の目的の下で相互扶助の仕組みや慣習、個人的な関係が築かれていることがわかる。

三　農作業概要

この節では、農作業におけるニリン関係をとりあげるにあたって、農作業がどのように行われるのかを大まかに時系列的に述べたい。

農作業については、農作業についての聞き取りと、筆者自身の参与観察に基づく。筆者は二〇一四年六月一〇日から六月二九日のあいだの一四日間、筆者の受け入れ先の母親ラモの異母妹タンジン（三五歳）に付き添う形で農作業をおこなった。タンジンは婚出し、カンチェンの家に嫁いでいる。彼女の家族構成は、タンジンの義理の父母（七〇代前半）、義姉（独身、四〇代前半）、義弟（独身、三〇代後半）、タンジンの息子二人と娘一人である。タンジンの夫は二〇〇九年に自宅の階段から転落、頭を強打し、脳内出血のために同年に亡くなった。そのほか、婚出した義理の父母の息子（三〇代後半）とその妻と娘、婚出した娘（三〇代前半）とその娘が頻繁に実家を訪れる。筆者はラモ宅に滞在しながら、タンジンが農地に出向く際に彼女に同行する形で農作業を手伝った。

農作業の年間のスケジュールは以下の通りである。四月に耕起、土づくり、そして播種が行われる。農地を耕すには、これまでヤクが用いられてきたが、最近では農業機械を用いる農家も存在する。農地ではネと呼ばれるオオムギ（Hordeum vulgare）と、グリーンピースと呼ばれる青エンドウ（Pisum sativum）の二種類のみがつくられる。青エンドウは換金作物である。五月は肥料の散布と給水が行われる。六月と七月は給水と除草を行う。先に青エンドウの農地から除草が行われる。それは青エンドウのほうが大麦より成長が早く、収穫時期が早いためである。七月中旬に青エンドウが収穫され、九月中旬に大麦の収穫が行われる。一〇月には、翌年のために農地に乾燥させた家畜の糞が散布され、それをもって農地が一旦「閉じ」られる。とはいえ、その後も水が凍らない限りは定期的に農地に給水が行われる。あわせて牛糞が集められ乾燥され、燃料用に保管される。一一月下旬以降、水が凍結し、農地に雪が積もった時点で農作業は終了となる。表12と表13は、農暦と、農作業における男女間の分業についてのものである。なお、C町では農作業はほとんど女性によって行われる。

給水に関しては、C町の農業用水は、一旦溜池（ジン）に貯水される。これは一三戸のカンチェンの共同所有物であり、共同管理されている。主に夜間に貯水される。朝になると溜池の水量調節の箇所が開かれ、水路を通って農地まで水が送られる。農作業が終わる夜になると、その日の担当者が溜池からの放水を止める。カンチェンはいくつかの農家ごとに二、三日に一度の割合で順番に給水を行う。キンチュンはカンチェンから適宜水を分けてもら

4　農作業におけるニリン関係

表12　農暦

時期	作業内容
11月下旬～3月下旬	休み
4月	耕起、土作り、播種
5月	給水、肥料の散布
6月	給水、青エンドウの農地の除草
7月	給水、青エンドウ収穫、大麦の農地の除草
8月	給水、大麦の農地の除草
9月	中旬までに大麦の収穫
10月	乾燥させた家畜の糞を粉末にしたものを農地に散布、水が凍るまで給水

表13　農作業における男女間の分業

性別	作業内容
男性	耕起、畑の外壁づくり、収穫物の運搬
女性	鋤を使った畑ならし、石の除去、除草、給水、水路の整備、脱穀、飼料収集
両方	播種、収穫

※内山［2007］参照。

う。しかし、両者は水量に関して常に対立しあっている。二〇一一年には、カンチェンたちが、水量を増やすよう求めるキンチュンたちに対して怒り、今後一切水を提供しないと公言したこともあった（二〇一一年八月一〇日、カンチェンの五〇代男性からの聞き取り）。その後も、ある程度の水量は供給されつづけているようである。なお、水量に関して上記のような対立が生じる背景には、高山ゆえの水不足という環境が関係している。

その他、農地を有する人は、同時に家畜も飼っているため、家畜の飼料収集が行われる。家畜の餌としてもっとも集められるのが「ブス」と呼ばれる草である。高さ約三〇～五〇センチ程度の緑の茎に小さな丸い葉が等間隔についている、黄色い花を咲かせる高山植物である。植物名は確認できていない。他にもいくつかの種類の植物（「パシー・サ（家畜の草）」と呼ばれる、ちぎると白い液体が出る草など）が餌として与えられる。その他、植物のなかには家畜の餌にできず人にとっても危険な細いトゲを持つ約一〇センチほどの緑色の植物もある。農家の人によれば、一度に多くのトゲが刺さると高熱が出ることがあるため、除草の際には気をつけなければならない。筆者は作業中にゴム手袋をしていたが、トゲがゴムを貫通して指に刺さり、約三週間指がしびれ、感覚がなかったことがある。農地以外でも、トゲをもつ高山植物には毒をもつものもあるため、植物が生えている場所を歩くときには気をつけなければならない。大麦と青エンドウの種は農業部門の役所で入手することができる。それぞれ、高地での生産に適した種類の種が用いられている。この役所では、大麦と青エンドウ以外に、高山に適した品種の野菜や果物の種も配布しているというが、Ｃ町でそれらを作っている人を見たことは一度もない。スピティの中でも標高三〇〇〇メートル付近の村ではリンゴも栽培されている。

筆者は確認できていないが、農地の使用について以下のような報告もある。

「連作は避けられ、大麦を作った翌年はエンドウが、その次の年にはテンマ・ナクポと呼ばれる在来種の豆や、油料作物としてアブラナを作ることが多い。休耕させることもあるが、その場合でも施肥、耕起をおこなう」［棚瀬　二〇〇八：五七］。

農業はチベット仏教としばしば関連づけられて農家の人によって話される。農家であるタンジンやその他の人びとによれば、チベット仏教では農作業は宗教的な罪としてみなされる。それは、農作業中に鍬を入れたり水を入れたりすることで土の中の微生物や虫たちを殺してしまうからである。農作業中には虫たちへの謝罪の歌が歌われることもある。筆者は農作業中、タンジンが自分の鍬でミミズを切ってしまったとき、他の人の鍬と自分の鍬を交差させて短い文言を唱え、息を吹きかけるところを二度ほど見かけた。また、筆者の鍬とある女性の鍬がたまたま引っかかった際、その女性は、「来世でまた会おうね（ナンモ・トグイン・ヨオ）」と筆者に言った。これは、本来は農作業で虫などを殺してしまった際に文言を唱える際には、鍬を交差させなければならないと考えられるが、後者のように、偶然交差した際にも文言をいうのだとおもわれる。

これらも関係してか、農地では毎年、農地を「綺麗／清潔[2]（gtsang ma または dag pa）」にし、野菜をよく育つようにするための儀礼が行われる。儀礼は次のようなものである。

二〇一四年六月一三日にC町の農地で儀礼が行われた。寺院の大講堂の最上階にしまわれてある大量の経典すべてが人びとによって外に運び出され、町を通って農地へと運ばれた。主に二〇代以下の人びとによって運ばれた。農地で僧侶たちによる儀礼（楽器の演奏と一連の手続き）が行われた。農地では、カンチェンの人びとが、飲み物やクッキーを参加者にふるまった。そして、寺院へと経典を持ち帰って終了となった。

この他、牧畜も行われるが、C町では、ヤク、ロバ、馬、羊、山羊といった他村で一般的に飼われているような家畜はほとんど飼われていない。家畜のうちのほとんどは、ゾモ（雌牛）とゾポ（雄牛）と呼ばれる牛類である。これらはヤクとウシの混交種であり、多くの場合、雄ヤクと雌牛が交配される。ほとんどの農家が一〜三頭所有している。ゾモの乳は、飲用か、ヨーグルトやバター、チーズを作るために用いられる。C町では確認できていないが、冬の宴会のためにヤクや羊、牛類が屠殺され、食肉用として調理され客人にふるまわれることもある。ただし、棚瀬［二〇〇八：五七—五八］によれば、屠殺される家畜は村で飼育されているものではなく、牧民が北部高原（チャンタン）から連れてきたものである。

ここからは、高山であることや水量の制限により農作物の栽培に制限があること、農作業が宗教的な言説や儀礼と関連づけられていることがわかる。それでは、農作業における人びとの関係はいかなるものだろうか。

四　農作業における相互扶助関係

農家の人にとっては日々の生活の大半を占める農作業における関係をとりあげたい。農作業はごく少数の女性によって営まれており、必ずしも普段親しくしているニリンが手伝いに来るわけではなく、農地を有するニリンあるいは隣人や友人同士が相互扶助関係を築いている。

筆者が観察できたのは、六月の農地への給水と水路の整備、除草の作業である。農地への給水は、土を高く盛ったり崩したりして水路を開け閉じする作業によって行われる。これには労働力をあまり必要としないことから、一人あるいは二人で行われる。その場合、農地を所有するカンパの女性のみで行われる（図9、10参照）。

除草時には、大量の雑草を引き抜かなくてはならず、一人や二人では到底終わらせられないため、しばしばカンパの二人に加え、ニリンあるいは近隣の人が二、三人呼ばれる。会わせて四、五人程度で行われる。手伝いにくる人は、カンパの成員以外では、図9に示した通りである。ごく稀に近隣の女性とも助け合う（図11、12参照）。その場合、農地の所有者側は、労働力を提供してくれた人に昼食やミルクティーなどの飲食を提供するとともに、後日、手伝ってくれた人の農地に手伝いに行く様子が観察された。

筆者は、給水にしても除草にしても、農作業がごく少人数によって営まれているという印象を受けた。スピティの農地は整っていない棚田のような形をしている。そのため、小さい面積のものから大きなものまで様々な農地があり、それぞれに名前がつけられている。正確な農地面積は測れていないが、小さい面積の農地でも草引きに最低五時間はかかる。大きなものだと一日（朝六時過ぎから夜八時までの作業）で四分の一を終えることが難しいほどである。タンジンによれば、彼女のカンパは農地を大小あわせて合計一五枚前後所有している。給水は、流れてくる水量が多ければ一～二人でも問題ないが、たいてい水量が少ない。その場合、土のデコボコをいちいち均一になるよう土をならしながら給水しなくてはならず、手間がかかるのである。また、除草は、雑草がある程度育った六月からでないと開始できず、さらに青エンドウに関して言えば、七月の収穫より前に終わらせなければならないため、きわめて限られた時間内で除草を終わらせなければならない。給水の関係で毎日はできないことなどを考えると、四、

4　農作業におけるニリン関係

図9　農作業時のタンジンのニリン

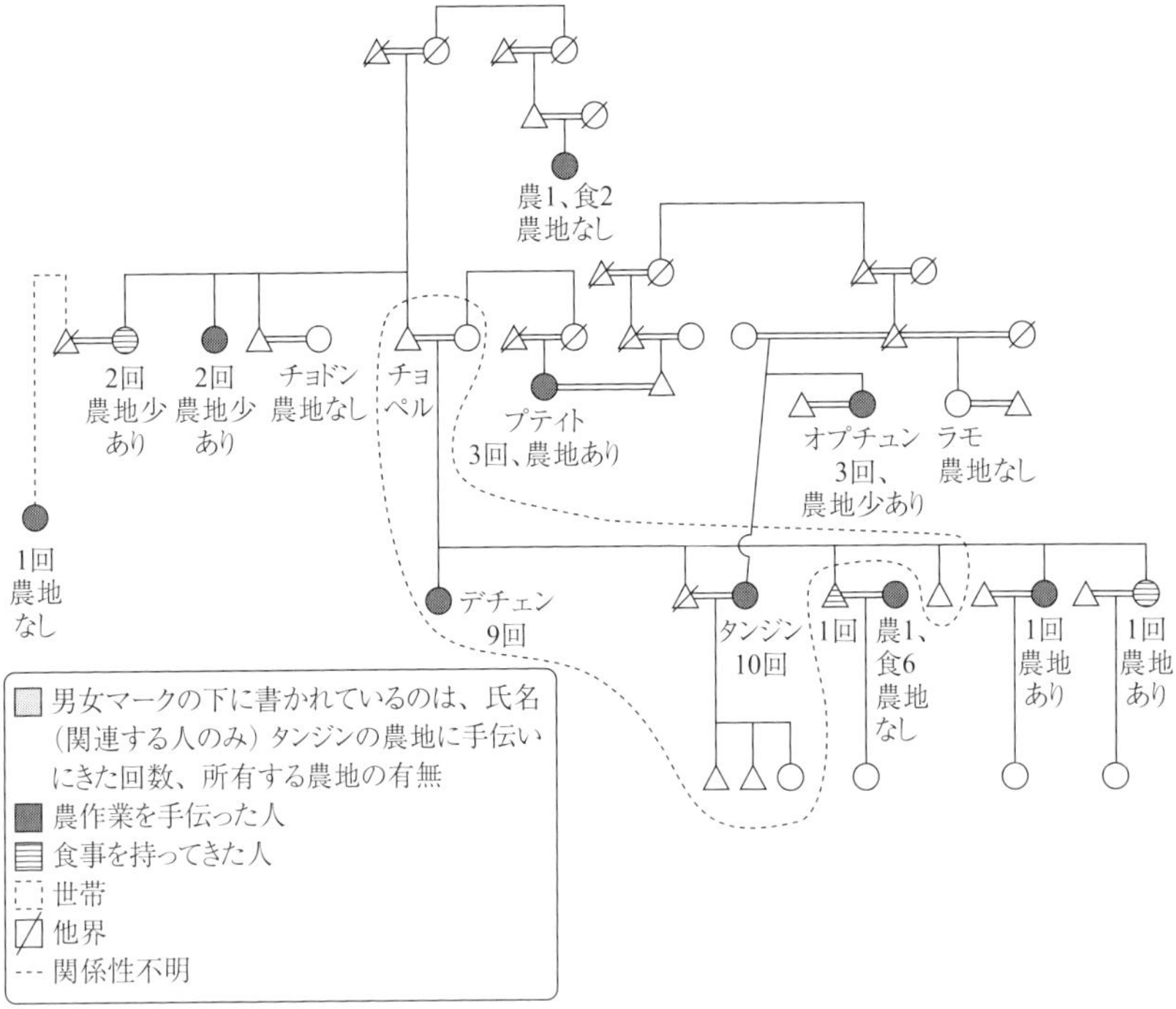

（2014年6月10日から29日までの間の観察から再構成）

五人という労働力はきわめて少なく、骨の折れる作業だといえる。

　では、なぜもっと多くの人に手助けを求めないのかだろうか。それは、手伝ってもらえば手伝わなくてはならず、機械なしのすべて手作業という非常に労働力を必要とする状況下では、多くの人に手伝いを求めることができない、つまり後々返礼として手伝えないという理由からである。筆者自身も手伝うと決めてから二週間ほとんど毎日手伝いに行ったが、とてもではないが毎日除草をすることは体力的に無理である。一二時間以上、中腰や座り込んだ状態で草を引かなければならず、日差しが強いときには暑さで意識が朦朧としてくることが何度もあった。こまめに休みをとるが、五分から一〇分ほどですぐに作業に戻る。農作業の大変さは、体力にそれなりの自信をもっていた筆者でも、たった一四日間の農

図 10　農作業時のプティトのニリン

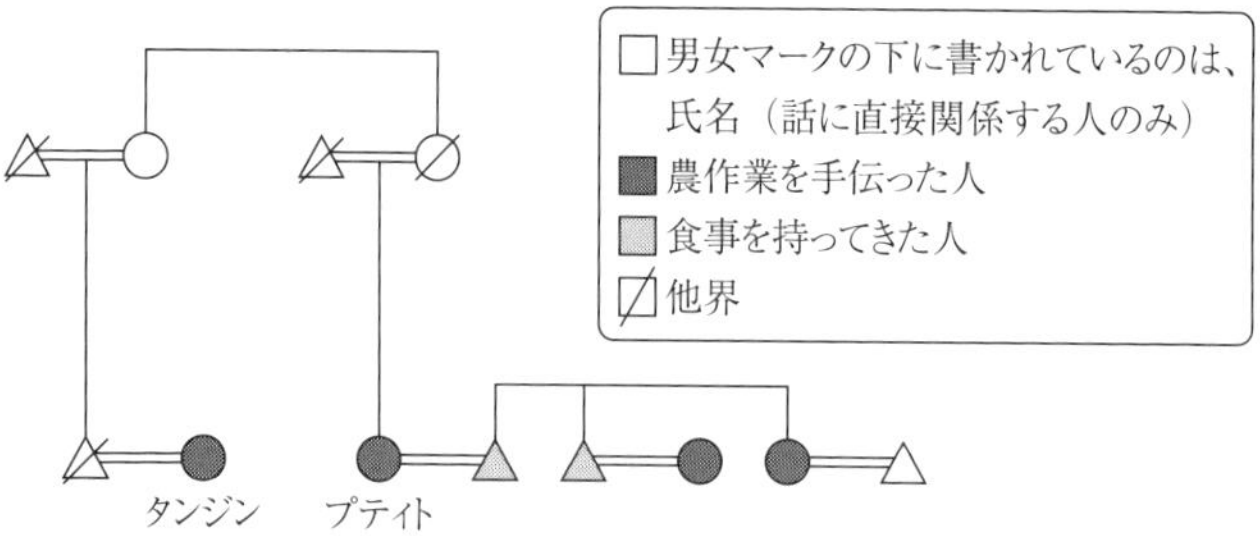

（2014 年 6 月 12 日の観察から再構成）

作業によって腰痛ヘルニアになってしまうほどである。

一日手伝ってもらえば、一日相手の農地で手伝わなければならないという義務が発生する相互扶助関係の中、多くの人に頼めば、それだけ休みが減り、休めなくなってしまうのである。筆者がなぜもっと多くの人に手伝いをお願いしないのかタンジンに聞いたところ、「そうすると農地（*zhing kha*）にたくさん行かないといけなくなる」（二〇一四年六月）という答えが返ってきたことからもわかる。また、タンジンも、彼女とともに農作業を行う義理の姉デチェンも、農作業だけが収入源であるわけではなく、役所内を掃除する仕事にも就いている上、日々の養育や家事もこなさなくてはならず、多忙な日々を送っている。このような状況下では、負担を増やすことは極力避けなければならない。

ここで、農作業におけるニリンとそれ以外の場面でのニリン関係が異なることについて考えてみたい。筆者の観察では、図9のなかでタンジンの家に頻繁に出入りしているのは、農作業を手伝っている人びとだけではない。チョペルの娘デチェンはしばしばチョペルの弟の妻チョドンの家を訪れる。チョドンの娘たちもチョペル家に遊びに行ったり、儀礼の手伝いをしにいく。タンジンは姉ラモの家をほぼ毎日のように訪れる。しかし、筆者が農作業を観察している間、チョドンやラモが農作業の手伝いに呼ばれたり来たりしたことは一度もなかった。

農作業で相互扶助関係を築いている人をみてみると、ほぼ全員農地を有している人であることが分かる。それに対して、毎日のように関わりがあるが農作業の

4　農作業におけるニリン関係

図 11　ドルマの農作業を手伝った人

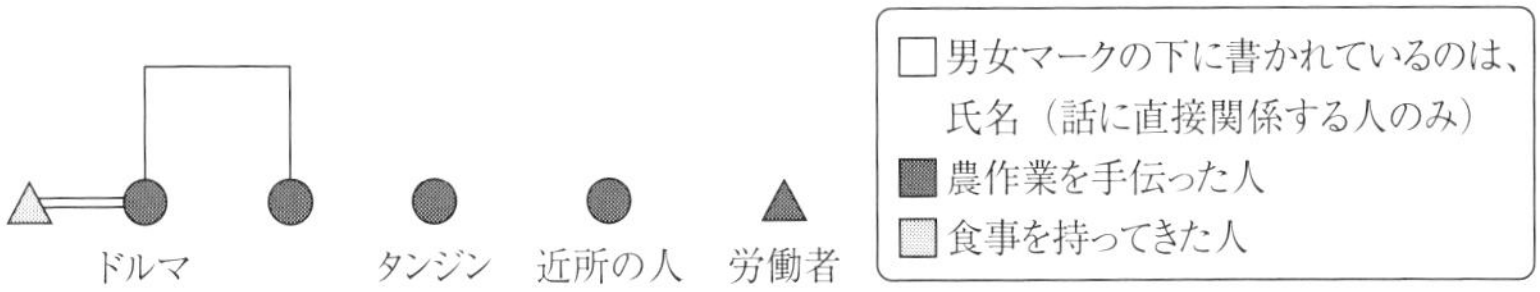

（2014 年 6 月 26 日の観察から再構成）

図 12　カルザンの農作業を手伝った人

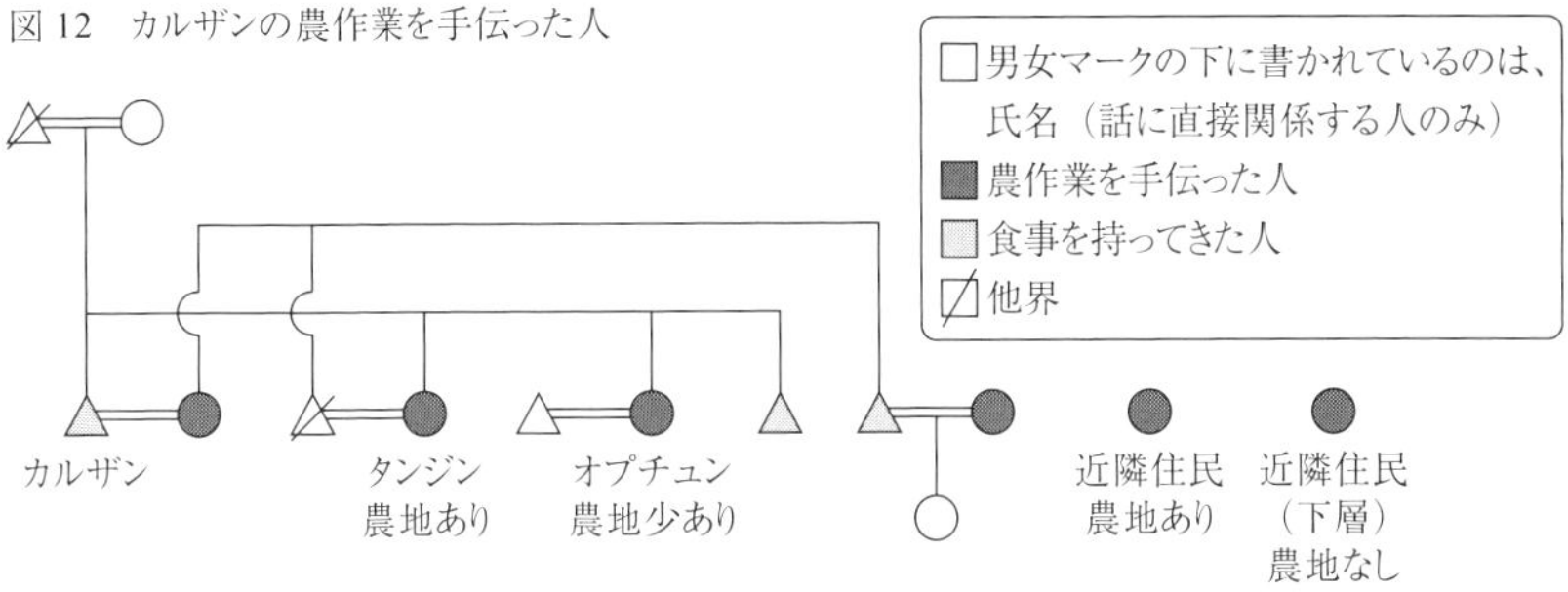

（2014 年 6 月 28〜30 日の観察から再構成）

手伝いには来ないチョドンやラモは農地を有していない。これには、収穫量が少なく収穫物の提供によって労働力への対価を支払うことが困難であるというC町あるいはスピティ独自の状況が関係していると考えられる。すなわち、農作業においては、労働力に対して労働力で返すことができる人たちに限定して、助け合える範囲内で相互扶助関係を結んでいるといえる。

以上からは、農作業においては、手伝ってもらえば手伝わなくてはならないという明確な義務が生じることが分かる。そのため、農作業の場面では、単に普段ニリンにあたる人や身近にいる人ではなく、相互扶助関係を築きやすい、互いに農地を所有しており労働力によって返礼可能であるという条件にあてはまる人に手助けを求めることが分かった。さらに、最低限の手伝いを求める理由は、上記の義務の存在から、農作業の内容と自らの体力との兼ね合いを考慮してのことだった。

ここから、ニリンは、ニリンという実体が存在する訳ではなく、農作業や仕事、それ以外の場面などの状況に応じて、一時的に出現ないし可視化される関係であることがわかる。さらに、農作業における手伝いには道義が働き、明確な義務関係がみられるとともに、それゆえに手伝ってもらう相手を慎重に、戦術的に選択していることが明らかとなった。ここにはブロックがいうような道義と戦術の側面がみられる。ただし、それらは、関わるなかで築かれた道義であるとともに、あくまで周りの環境や自らの体力、そして相手との関係といった制限のなかでの戦術的なふるまいである。再度、構成的な視点に立った上でブロックのいう道義と戦術を位置づけ直すことは可能だと考える。

五　農地で築かれる親密な関係

この節では、以上で述べてきたような農作業における義務関係や戦術的なふるまいとは異なり、農作業中の場の雰囲気や会話が親密な関係をつくりだすことについて説明したい。

農作業は骨の折れる単調な作業であり、終わりがない作業でもある。そのため、農作業中はチャン（大麦でつくられる醸造酒）を飲んだり、歌を歌ったり、あるいは面白おかしく会話することで、農家の人は「時間を早く経過させ」ようとする。つまり、辺りが真っ暗になり作業できなくなるまでの時間をなるべく苦にならない形で過ごすための工夫をする。

1　性的な話と笑い話

まず、普段は話されない性的な話や、その他、その場を楽しくさせるための笑い話の事例についてとりあげ、農作業という特有の状況の中で関係がつくられる側面について考えてみたい。

【事例4―2】　農地での性的な話と笑い話

二〇一四年六月二四日、タンジン、タンジンの義姉デチェン（四〇代前半）、タンジンの義母の姪プティト（四七歳）、遅れてタンジンの妹オプチュン（三二歳）と筆者の五人でタンジン家の農地の除草を行った。昼食時、プティトは下の歯が取れてパクツェル（小麦粉と水と塩を捏ねて茹で、味付けしたもの）と一緒に飲み込んでしまい深刻な表情になっており、周りの人は大笑いをした(3)。

その後、一五時過ぎにタンジンの妹オプチュンがきてから性的な話が繰り広げられ始めた。プティトがやたらと「チキン」という言葉を使っていたため、筆者が「チキンって何」と聞くと、その場にいたみなが一瞬筆者を見て黙った直後、大笑いし、チキンというのは女性器の隠語であることをニヤニヤしながら教えてくれた。また、プティトは「オプチュンの旦那は顔が若くて、体が大きくて、ペニスが太いが、いつも寝てばかりで、たまにチャパティを作るだけでだめだ」と評価した。その後、自らの夫について、「サンタはペニスが細くて短い」と自分の小指を立てて大きさを示しながら不満そうな顔で言ったのでみなで大笑いした。また、女性器や男性器、肛門といった筆者が知らなかったスピティの単語を教えてくれた。その後も、プティトは「私は恥知らずよ！」といいながら、他人の話を引き合いに出して、表情豊かに性的な話を披露していた。

そのほか、タンジンやオプチュンが日本に行きたいと言い、どうすれば行けるかを面白おかしく話した。例えば、筆者に子供が生まれたことにし、タンジンたちが子供になってロリポップ（棒のついた飴玉）を咥えて、「お母さーん」といって日本のビザをとる。しかし、日本語を知らないため、日本に行った際に「バーー」としか言えず、筆者の家族に「チヒロが家畜連れてきたぞ」と言われるだろう、などと話して大笑いした。「バーー」というとき、タンジンは舌を出して目は上を向き、変な表情をしてみせ、それも笑いを誘った。また、大麦粉を食べたりチャン（醸造酒）を飲むためか、よく放屁してしまう。放屁した人はなぜか真顔になる。その度に笑った。

スピティでは、性的な話は表向き好まれない。女性が男性の前で性的な話題について話すことは「下品（バワ）」だと言われる。バワという言葉は、その他、放屁した際や、衣服を適切に着こなせていない際、よそ者がスピティで適切にふるまわなかった際に用いられたり、あるいは身体や家の中が汚れていて不潔であること、下層の人が作ったお茶や料理に対して用いられる。

とくに筆者が滞在していた家の母親ラモは性的な話に関して厳しく、男性がいると他の女性にも話さないよう制していた。タンジンも普段は全く性的な話はしないが、農地ではむしろ積極的に話していた。民家から離れ、周りに人のいない女性だけの状況で、家にいるときとは違う開放感のようなものがあったからだと考えられる。

農作業中に面白おかしく話したメンバーとは、それ以降、自然と打ち解けた。筆者はラモの家族と少数の友人以外、滅多にフィールドの人をからかうことはしなかったが、ともに農作業をして性的な話をして大笑いした間柄の人は気兼ねなくからかうことができるようになった(4)。このように、農地特有の雰囲気のなかで共に作業することは、人びとの間に親密な関係をつくりだしうると考えられる。

2　自殺願望についての話

次に、笑い話から一転して、農作業中に話された自殺願望に関する事例をとりあげる。これについても農地という特有の場であるからこそ話されたことであり、笑い話とは違う形で人びととの関係を形成することを示したい。

タンジンは、農作業中、筆者と二人きりになると、しばしば二〇〇九年に亡くした夫の話をした。彼女は亡き夫について、親が決めた結婚で、最初は一緒にいるだけで恥ずかしかったこと、その後愛するようになったこと、子供もできて幸せだったこと、夢に夫が出てきたこと、夫の事故のこと、夫を亡くして辛いこと、死にたいという願望を持っていることについて筆者に話した。

【事例4―3】 自殺願望

二〇一四年六月一六日、夫が亡くなって辛いこと、たまに姉(尼僧)に電話をして支えてもらっていること、尼僧になりたいという願望があること、あるいは「死にたい(シンニンタ)」と言い、自殺願望があることを筆者に話した。また、今は子供たちが小さいため尼僧になれず、彼らを残して死ぬこともできないが、子供達が成人したら、ひとまずスピティを離れ、南インドで尼僧になるつもりだと話した。また、このときはその理由を話さなかったが、「家の中は好きじゃない。畑のほうが好き。居心地がいい(*sems pa skyid po*)」と話した。

二〇一四年六月二三日、タンジンは亡くなった夫がよく夢にでてくることを筆者に話した。夢の中では、夫が亡くなる前の生活をしており、食事をしたり子供の世話をしているという。そういう夢をみるとすごく嬉しいのだと話した。

筆者はそれまで「シンニンタ」という言い方を聞いたことがなく知らなかったが、聞いたときにはすぐに理解した。数日してからラモに聞いてみたところ、やはり「死にたい」という意味であることが分かった。「シ(*shi*)」とは死ぬという意味で、「ニンタ」は何かしたいという願望を表現するときに用いられる。例えば、行きたいというときは、行くという意味の「ド(*do*)」と合わせて、「ドニンタ」となる。

チベット仏教では自殺は最も悪いことのうちの一つだといわれる。それは、一度自殺を始めてしまうと、それ以降四九回の人生で立て続けに自殺する運命をたどることになるからである(C町の僧侶からの聞き取り：二〇一五年二月)。そのため、たとえ自殺願望があっても人に話すことはほとんど無いといえる。[5] ルンと呼ばれる鬱病のような病を患う場合にも、周囲の人には話さず、僧侶に内密に相談がなされる（二〇一四年一二月のK村での観察より）。しかし、タンジンは筆者と農作業をし始めてから、自殺願望があることを筆者に打ち明けた。それは、筆者がよそ者であり、他言しないことを分かっていたためだと思われる。

タンジンと筆者は農作業の手伝いを止めて以降も頻繁にラモ宅で会っていたことから、互いに気遣いあうような関係になった。また、農地以外でも、例えばラモ宅の居間で筆者と二人きりになったときには、しばしば夫の話をし、辛いと話すようになった。農地での疲れ切った様子とは違い、ラモ宅で夫について話すときのタンジンは、筆者の目をしっかりと見つめ、強い口調で辛いことを訴えた。筆者はその強い姿勢に対してどのように対応すればいいのかわからず、困った。また、彼女は、家事等の仕事があまりに多く、誰も気遣ってくれないため、嫁ぎ先の家で暮らすことが嫌だという不満を漏らすようにもなった。それを機に、筆者はそれまで知らなかった、タンジンと義理の父母、姉との間の不和についても知ることになった。

さらに、一二月から二月にかけて、タンジンは自らの娘に算数を教えてやってほしいと度々娘を連れてくるようになった。忙しい生活のなか、算数を教える時間を割くことは容易ではなかったが、タンジンの頼みを断ることはできず、しばしば彼女の娘に掛け算や割り算を教えた。ときには筆者が風邪で寝込んでいる日にもタンジンと娘が訪れ、「三〇分でいいから」と頼まれしぶしぶ算数を教えたこともある（二〇一四年一二月二七日）。

ここには、農地という特有の雰囲気をもつ場でともに長時間過ごし、表情豊かにおしゃべりをすることの重要性がみてとれる。すなわち、農地という民家から離れ、女性数名以外周りに他の人がいない場であり、かつ長時間単調な仕事をこなさなければならない状況だからこそ、普段話されないような話が可能になるとともに、人びとのあいだに互いへの親しみやつながりがつくりだされる。ここではとりわけ冗談関係や相談関係がつくりだされている。

つまり、労働交換としての共同作業というよりも、むしろ民家から離れた農地という独特の場でともに過ごすことがつながりを生み出しているのである。さらに、農地で築かれた親密な関係からは、その後ある種の義務を伴うような関係も生まれることが分かる。つまり、同じ場でともに過ごすことが、情動とともに道義的なつながりをも生みだしうるのである。これらはサブスタンスには還元できない側面である。しかし、農作業における関係は、常に親密なものであるわけではない。次に、農作業において生じる緊張関係についてとりあげたい。

六　農業用水をめぐる緊張関係

水の乏しいスピティにおける農地での人びとの関係は、農地への給水量をめぐる微細な交渉や調整を含むような緊張を伴う関係でもある。

家屋と農地が隣接している近所の女性ドルマ（四〇代後半）とタンジンは、週一日程度手伝い合う関係を築いているが、農地への給水量をめぐっては対立関係にある。ドルマはタンジンと同じくカンチェンであり、広い農地を有することから、両者はしばしば除草を手伝い合う。しかし、水の配分については、互いに常に神経を尖らせており、上流にある水路の分岐点に置かれた水量調節のための石（直径約三〇センチ）を両者とも頻繁に微調節する。水をめぐって神経を尖らす理由は、水量が少ないと農地へと流れ込む水の勢いが弱く、給水に時間がかかってしまうためである。また、十分な給水をできなければ農作物が育たないため、農家にとって水量は死活問題である。

ドルマとタンジンは農地が隣接しており、農地への給水日が重なることが多いため、どちらにどのくらいの水量がきているかは一目瞭然である。そのため、その都度、相手に水が多く流れ込んでいないかをチェックしあい、バランスがとれていないと思うと、水量を調節しにいく。例えば以下のような具合である。

【事例4―4】

二〇一四年六月二二日、一七時三〇分ごろ、農地に供給される水量が減ったことから、農地にきていたタンジンの義姉デチェンが「水がない」と言うと、タンジンが「誰かアネ（成人女性に対する呼称）が水を奪っている。罪（*sdig pa*）だ」といって怒りながら上流のほうに水量を確認しに行った。筆者が「どこに行ったの」とデチェンに尋ねると、彼女は「水をとりに（ネン）行ったんだよ[6]」と説明した。デチェンと筆者が休みながら待っていたところ、しばらくして水の勢いが元どおりになった。

【事例4―5】

二〇一四年六月二三日一三時前、農地に給水していたところ、急に水量が減った。タンジンは「ドルマ（隣人の女性）がジン（水を貯めてある貯水池）を確認するついでに、自分の方に少し多めに水を送ったに違いない。さっき（水量調節の石を）触っているのを見た。いつもする。罪だ」と言った。タンジンは、ドルマとは隣に住んでいて仲はいいが、水だけが問題だと筆者に話した。三〇分ほどしてから、ドルマも誘って一緒にお茶を飲んで休憩をした。ドルマはピン渓谷の上等な大麦粉をくれた。タンジンと筆者は「おいしい（*zhim po*）」と言いながら一緒に食べた。その後、昼食を一緒にとり、ドルマは彼女の昼食ケチリ（玉ねぎ、トマト、じゃがいもの入った炊き込みご飯）を分けてくれた。

【事例4―6】

二〇一四年六月二六日、タンジンと筆者は、ドルマの農地の除草を手伝いに行った。筆者にとって、ドルマの農地の土はタンジンの農地と比べて水をよく吸って柔らかく、雑草を抜きやすかった。タンジンも「（水をよく吸って）土が柔らかい」と言った。また、農薬を撒いたようで雑草が少なかった。筆者が雑草が少ないことを伝えると、ドルマは「スプレー（農薬）を撒いたのよ」といった。すると、タンジンはドルマに向かって、「スプレーを撒くと虫がたくさん死ぬ。罪（ディッパ）だ」と言った。その不躾な言い方に筆者はヒヤリとしたが、ドルマはタンジンに対して農薬のメリットを笑顔で話した。

【事例4―7】
六月二四日、タンジンと筆者の二人で農地に給水していた際、すぐ隣でドルマも自らの農地に給水を行っていた。筆者が今日は給水に時間がかかると思っていると、タンジンが「水が少ない。ちょっと上を見てくる」と筆者にいった。タンジンは上流にいく際、隣の農地にいるドルマに「上（水量調節の箇所）を確認してくる」と叫んで伝え、確認しにいった。ドルマは何も言わずにこちらを怪訝そうな表情で見つめていたが、やがて作業に戻った。しかし、タンジンはすぐに険しい顔つきで戻ってきた。確認しに行かなかったのか聞くと、「ドルマに私がまた水を多くとってると思われる。もういい」といって給水を再開した。その後、日が暮れかけたところでドルマが給水を終えて帰っていった。その後、タンジンは急いで水量調節の箇所へ行き、その水路の水全てを自らの農地へと流した。水が勢い良く農地へ流れ込み、日が暮れる前までになんとか給水を終えることができた。

【事例4―8】
二〇一四年六月二一日、タンジンと農地に向かう途中、水量調節のための石が置かれている水路の分岐点のうちの一つを訪れた。するとタンジンは、「またドルマが水を多くとってる」と不満そうに言い、石を鍬で動かし始めた。何度も微調整を繰り返した後、タンジンは水の流れを見比べ、筆者に、「同じくらいになってる？」と聞いた。筆者にとって目測での比較は難しかったが、だいたい同じだろうと思い、「同じくらいになってるよ」と答えた。そして農地へ向かった。

以上の事例からは、普段は互いの農作業を手伝い合い、共に休憩をしたりお茶を飲んだり昼食を分け合ったりする関係を築いているニリンや隣人同士であるが、農地へ供給される水量をめぐっては潜在的に緊張関係にあり、ときに相手を批判したり微細な駆け引きを行ったりしていることがわかる。タンジンは、自分が水量調節する場合にも、自分の方に水が多く流れていないかを気にしていた。水量をめぐって対立が生じるのは、給水量が自らの農地での収穫量に直結するからである。このように緊張関係も含みながら、農作業での関係は維持されている。

ここには、農産物の収穫という経済的な目的をもとに人びとが戦術的あるいは個人的にふるまう様子がみてとれる。とはいえ、事例からは、必ずしも自らの利益のみを考えてふるまうわけではなく、あくまで相手との今までの関係の上に戦術的なふるまいがなされることが分かる。農作業における人びとの関係は、相互扶助にみられる道義的な側面や、農地という場所で長時間ともに作業することで親密な関係になってしまうような側面、戦術的な側面、あるいは水量をめぐる側面をそれぞれ併せもっていることが明らかとなった。それでは、宗教実践においては、ニリンはどのように立ち現れるのだろうか。

注

（1）毒を持つものとしては、植物のほか、サソリがいる。種類は把握できていない。サソリは民家や寺院に入ってくることがたまにある。時に、土壁から出てくることもあると聞かれた。しかし、サソリによる被害を聞いたことはない。

（2）スピティではサグマと発音される。

（3）プティトは滅多に歯を磨かないため、虫歯になり、歯の半分以上が抜けてしまっている。そのため、肉や小麦粉の塊など硬いものを食べるときには毎回苦労していた。それが笑い話の種になることも多かった。しかし、二〇一五年一一月に筆者が訪れた際にはインプラント治療を行い、綺麗な歯並びになっていた。

（4）例えば、歯が多く抜け落ちているプティトには日本製の歯ブラシをプレゼントした。

（5）ルンとは、占星術師によれば、心や心臓にやってくるものであり、すぐに怒ったり不安になったりすること、人と会いたくないと思うことなどが含まれる。儀礼や訓練により回復可能なものとされる（二〇一四年一二月八日と一一日、タシガン村の五〇歳前後の占星術師からの聞き取り）。K村の僧侶（八〇代）によれば、特定の薬、赤牛とヤギの乳、砂糖、蜂蜜、水を混ぜて家屋の内外にまくとルンはやってこなくなる可能性がある（二〇一四年一二月三一日の聞き取り）。ルンをもっているC町の四〇代前半の男性は、ルンを「depression（憂鬱、鬱病）」と表現し、人には知られたくないことであると話した（二〇一四年一二月）。この男性は人目を忍んでK村の僧侶を訪れ、ルンを遠ざけるために僧侶に相談している。

（6）「とりにいった」ということを、デチェンは「ネン・ブーソン」と表現した。ネンは、何かを取りに行くことを表す際に用いられる言葉である。例えば、契約している家に牛乳を取りに行く際などに用いられる。獲得する、満たす、見つける、を意味するチベット語 *rnyed pa* の方言だと思われる。

第五章　宗教実践におけるニリン

本章では、スピティにおいてどのような宗教実践が行われているのかを概観した後、宗教実践のうち、いくつかの儀礼をとりあげ、ニリン関係について検討する。これらを通して、宗教実践におけるニリンの立ち現れ方やそれ以外の人びととの関係を明らかにする。

一　宗教実践

チベット系社会であるスピティでどのような宗教実践が行われているのかを簡単に説明したい。宗教実践は、実際にはその他の文脈と明確に区別できるものではないが、あえて分けるとすれば、日常的に行われるものと、それ以外の儀礼や祭礼といった行事の二つに大まかに分けられる。

日常的に行われる宗教実践としては、チョカン（*mchod khang*）と呼ばれる仏間での毎朝夕の祈りがあげられる。スピティの人の家には、必ずチョカンが設けられている。正面に仏像がいくつも並べられ、その前にチュトゥップと呼ばれる新鮮な水を注ぐ銀製の器七つ、チョンメ（*mchod me*）と呼ばれる真鍮製のバターランプ一つが置かれており、毎朝新しい水とランプに変えなくてはならない。バターランプは、器の内側中心に直径一ミリ、深さ二〜三ミリほどの窪みがあり、そこに直径一ミリほどの適当な長さの綿の白糸をねじって突き刺し、温めたバターを流し入れてランプにしたものである。左右の壁にはタンカ（*thang ka*）と呼ばれる仏画がいくつも飾られている。その他、部屋にはいくつかの種類の飾りがつけられており、仏像が置かれていない壁に沿って床に二つか三つほどマットが敷かれ、その上に絨毯が敷かれている。マットのすぐ前に低い机が置かれ、僧侶が経典や仏具等を置けるようになっている。人によっては毎日この部屋を掃除し、清潔に保とうとする。

毎日、水とバターランプを新しいものに変え、線香をたいて部屋を清めた後、この部屋で仏像に向かって毎朝夕、五体投地（*phyag*）を少なくとも三回行わなければならない。滞在先の母親ラモによれば、祈りを欠かすと、同じカンパに住んでいる人びとに厄災がふりかかる。筆者はこの台詞を何十回と聞かされた。祈りの後、チベット語が読める父親は、居間で自分の読みたい教典を開き、三〇分ほど音読する。

人によっては、毎朝寺院に行き、運動を兼ねて大講堂の前で決まった文言――「仏（*sangs rgyas*）に帰依します、法（*chos*）に帰依します、師[1]（*dge bshes*）に帰依します、僧侶（*bla ma*）に帰依します」――を唱えながら数十回、あるいは一〇八回五体投地を行う。これは三帰依――仏、僧侶、法に対する――と呼ばれるものだが、スピティでは四つの帰依が唱えられることが多い。C町では一〇人程度が毎朝行っており、そのほとんどが五〇歳以上の男性である。彼らは五体投地の前後に寺院の周りを時計回りに三周する。冬には、寺院の周りをまわる際、近くの売店でビスケットを購入し、動物への慈悲として腹を空かせた野犬たち（約一〇匹）にそれを与える者もいる。

チョカンでの祈りや寺院での五体投地のほか、人びとは生活の中で、「オンマニペメフム（*om mani padme hum*）」という観音菩薩の真言（マントラ）を唱える。これは、徳を積み、悟りを開くための真言である。人びとは手持ち無沙汰になった際や、座っている状態から立ち上がる際、亡くなった人や亡霊の話をした際、あるいは寺院に赴いた際などにこの真言を唱える。真言は幅三〇センチほどの石に彫られ一箇所に陳列されるとともに、岩肌や建物の壁に塗料で描かれることもある。真言のほか、食事前には、皿を持った状態で、仏に対する文言を唱えることが多い。また、六〇代以上の年配者は暇さえあれば、真言を唱えながらマニ車（転経器と呼ばれる仏具：*ma ni 'khor lo*）を回す。マニ車の中には経典が入っており、時計回りに一度回すと一度読んだのと同じ効果が得られるとされる。マニ車は手に持てるサイズのものから、寺院や村の至る所に置かれている高さ三〇センチ程度のもの、そして直径二メートル以上、高さ三メートルほどの大きなものまでさまざまである。このマニ車の前を通り過ぎる際はできるだけマニ車の周囲を時計回りに歩かなければならない。

写真7　マニ車

時計回りにまわらなければならないのはマニ車だけではない。チョルテン（*mchod rten*）と呼ばれる仏塔も同じく時計回りに周らなければならない。それは、仏塔の中に経典や偉大とされる僧侶の遺体が収められているからである。クンザン・ラ（約四五五一メートルの山）と呼ばれるマナリとスピティをつなぐ高山の頂点には仏塔が三つと、強大な力をもつとされる聖なる石（直径三〇センチ程度）を収めた社がある。その周辺はタルチョ（*dar lcog*）と呼ばれる経典が書かれた五色の旗で囲まれている。この仏塔は主要道路から五〇〇メートルほど離れているが、ほとんどの人はここを通る際にわざわざ仏塔のところまで車で行き、降りて祈りを捧げるか、あるいは仏塔を時計回りに回ってから主要道路に戻る。この仏塔は聖なる石のために強い力を持つ場所とされ、時計回りに周らず主要道路を直進すると、厄災がふりかかると恐れられている。

スピティの男性（四〇代前半）によれば、この仏塔を無視してスピティまで

写真8　クンザン・ラの頂点にある仏塔

写真9　クンザン・ラの頂点の仏塔に納められている聖なる石

辿りついたヒンドゥー教徒の男性がスピティの入口であるロサル村に着いた際、自らのトラックの荷台を確認すると載せていた山羊全てが息絶えていたり、ヒンドゥー教徒の商人の男性が仏塔を無視してスピティに着いた際に車に載せていたビール瓶が全て割れていたりした。このような言説が流布していることから、チベット仏教徒以外の商人やタクシードライバーもこの仏塔を時計回りにまわる人が多い。このように、時計回りにまわらなければチベット仏教徒以外にも厄災をもたらしうると恐れられている仏塔も存在する。

日々の生活における宗教実践のほか、人生儀礼や年中儀礼、仏教儀礼が行われる。主に九月から一二月に行われる誕生儀礼（ピンリ）と婚姻儀礼（*bag ston*）、そしてその都度行われる死者儀礼や死ぬ前の儀礼、僧侶による読経、占星術師やシャーマンによる厄払いなどがあげられる。儀礼は表14、15、16の儀礼一覧の通りである。

誕生儀礼と婚姻儀礼は農作業の終わる九月下旬から、本格的に雪が降り寒くなる一二月中旬までの間に行われる。誕生儀礼は生後一歳ごろを迎える長男のために開かれるものであり、金銭的に余裕のある人が行う。特に、カンチェンのカンパは長男のための誕生儀礼を出来る限り行う。所要日数は一日である。

婚姻儀礼も、長男の結婚に際して行われる。金銭的に余裕があり、過去一年間に親族内で亡くなった人がいない

表 14　年中儀礼一覧

実施日	儀礼の名前	場所	所要日数	内容
2014 年 6 月 13 日	農地を清める儀礼	寺院と農地	1 日	寺院の経典全てを農地に運び僧侶が儀礼を実施
2014 年 10 月 22 日	ジジェク、グイトル（厄払い）	コミック村の寺院	1 日	僧侶によるチャム（舞踏）とトルマ（供物）の焼却
2014 年 11 月 23 日	スピティのロサル（新年）	寺院	1 日	大講堂にて僧侶による祈祷
2015 年 2 月 19 日	チベット暦のロサル（新年）	寺院	1 日	大講堂にて僧侶による祈祷
2015 年 2 月 14 日	ダチャン（弓の儀礼）	村の宴会場	1 日	村人による宴会と弓矢を放つ儀礼

※実施される日は年によって異なるが、実施月は毎年ほぼ同じである。
※ 2014 年から 2015 年のあいだの実施日。

表 15　人生儀礼一覧

時期	儀礼の名前	場所	実施者	実施日数
9 月下旬～ 12 月	ピンリ（長男が 1 歳を迎えた際の誕生儀礼）	個人宅	家の主催者と親族	1 日
9 月下旬～ 12 月	パクトゥン（婚姻儀礼）	個人宅	家の主催者と親族	3 日
9 月下旬～ 12 月	死ぬ前の儀礼	個人宅	家の主催者と親族	1 ～ 2 日
その都度	死者儀礼	個人宅、寺院	僧侶	49 日
その都度	ロキャ（厄年の厄払い）	個人宅	チョワ（占星術師）	1 日

表 16　その他儀礼一覧

時期	儀礼の目的	場所	実施者	実施日数
その都度	長引く病気を治す儀式	個人宅	僧侶	1 日～
その都度	頭、目、耳の病気治療	個人宅	チョワ（占星術師）	1 日～
その都度	呪いの解除	個人宅	チョワ（占星術師）	1 日～
その都度	悪霊払い	個人宅	ルイヤー（シャーマン）	1 日～

場合に行われる。前夜祭と合わせて約三日間行われる。婚姻儀礼を開催する前に妊娠した場合には、その後行われることはない。どちらの儀礼でも、村内だけでなくスピティ渓谷全体からの訪問者があり、少なくとも五〇〇人以上の来訪者があると推測される。

　死者儀礼は、その家や地域が属する宗派によって手順が異なる。スピティ渓谷で多数を占めるゲルク派では一〇人から二〇人ほどの僧侶が三日間亡くなった人の家で読経を行い終了となるが、筆者が調査を行うサキャ派の寺院では三〜四人ほどの僧侶が四九日間毎日亡くなった人の家に読経に通う。サキャ派寺院の僧侶（四〇代前半）によると、正式なやり方は四九日間読経を行うという方法である（二〇一五年二月一〇日）。それは、人が亡くなってから生まれ変わるまでに四九日間の中有期間を要するため、来世での境遇をよりよいものにするためには四九日間の読経が必要であるという考えに根ざしている。死者儀礼の際にもスピティ中から来訪者がある。

その他、病気が長引いたり悪化したりした場合にも僧侶を呼んで読経をしてもらう。筆者が観察できた限りでは、パーキンソン病または筋萎縮側索硬化症を煩う七〇代の女性が定期的に僧侶を呼んだり（二〇一一年一〇月三日の聞き取り）、身近なところではラモの異母妹タンジンが、歯が痛む（虫歯によるもの）ために僧侶を一人呼び、読経してもらっていた（二〇一五年一一月二三日）。

その他、厄年の人の厄払いは、チョワと呼ばれる占星術師によって、占星術に関するチベット語の古書と毎年刊行される新書に基づいて行われる。チョワは厄払いの他にも遺体の処理方法の決定、頭や目や耳の病気の治癒、呪いの解除、占いなどを行う。基本的に世襲制である。チョワは、儀礼を行うことができる僧侶やシャーマンといった宗教的職能者のなかでも最も短時間で力をつけることが可能であり、かつ強大な力を有する存在としてみなされている。チョワは自らの力をコントロールするため、また依頼者から悪いものを除去することからその悪に自らが浸されないようにするため、一定期間洞窟などで必ず瞑想を行わなければならない（二〇一四年一一月一一日、タシガン村のチョワからの聞き取り）。

特に占いに関しては、タシガン村のチョワが当たることで有名である。彼は、相談者の出生年月日と出生時間を聞き、占星術の暦と、何代も前の祖先が中国から持ってきたという古書、チベット語で書かれた古書などを四、五冊用いて、その人の人生（運命）や厄年、寿命などを言い当てる。筆者も何度か占ってもらったが、どう考えても筆者しか知りえない具体的な行動を的確に言い当てることから、信じざるをえなかった。例えば、スピティではまず口にすることのない魚を過去一週間のあいだに食べたことや、普段決して人びとが触れることができない動物に触れたことなどである。これらのことはすべて本に書かれているとのことである。言い当てのほか、助言内容については、チベット仏教と相反する内容のもの――人をあまり手助けしてはいけない、周囲の人間を信じてはいけない、等――もあり、チョワは独自の宗教的存在だといえる。

悪霊払いを行うのはルイヤーと呼ばれるシャーマンである。ルイヤーはラーと呼ばれる神を降臨させて憑依し、悪霊払いを行う他、ときに村の重要事項の決定の際に村人に助言をし、あるいは個人的な相談に対して助言をする。基本的に世襲制であるが、そうでない場合もある。ルイヤーのなかでも有名なランザ村の男性によれば、名声あるルイヤーだった彼の父親が亡くなった後、村の男性数人が集まり、ラーが誰を選ぶのかを見極めた。その際、息子である男性にラーが降臨したため、晴れて彼が次のルイヤーとして認められた（二〇〇九年一一月九日、ルイヤー本人からの聞き取り）。そのため、場合によってはルイヤーの子孫以外の男性が選ばれる可能性もあるとのことである。

ルイヤーは村人から要望があると、正装し、必要な仏具、聖なる水などを準備するとともに、依頼者に大麦、米、自家製の麦焼酎などを用意させる。なお、依頼者はそれらの準備物の他、いくらかの貨幣（一〇〇ルピー以上）も手渡す。そして、決まった文言を唱えながらしかるべき手順を経て憑依する。憑依中はスピティの言葉ではなく早口のチベット語で予言や助言を行う。そのため側にいる付添人が彼の言葉をメモする。ものの六～七分ほどでルイヤーは気絶して床に座り込み、しばらくして気を取り戻す。その後、付添人がラーの言葉を翻訳して依頼者に伝える。ルイヤー本人によれば、憑依中のことは一切覚えていない（二〇〇九年一一月九日、ルイヤー本人からの聞き取り）。

その他、儀礼とは関係ないが、病気治療にあたる僧侶やチョワと並んで、アムチと呼ばれるチベット伝統医が存在する。アムチはチベット医学に基づき、脈を測って自ら採集した高山植物や鉱物をもとに調合した薬を処方する。近代医療と平行して、高血圧や消化機能の低下、体調不良、あるいは膝や腰の痛みなどの症状の治療にあたる。世襲制で親から習う場合と、メンツィカン（チベット医学暦法学研究所）に入りアムチの資格をとる場合がある。どちらも一人前になるまでに約一〇年はかかる。C町のアムチによれば、アムチの薬は少なくとも三年以上飲みつづけなければ効果は出ないが、近代医療の薬と異なり根本から改善することが可能である（二〇〇九年一一月二八日、キッパル村の有名なアムチの二〇代後半の娘からの聞き取り）。

以上のように、一口に宗教実践といえども、日々の生活で行われるものから儀礼まで、そして個人で行われるものから寺院やシャーマン、占星術師、伝統医療が関わるものまで幅広く存在する。次に、これらの中でも誕生に関する儀礼をとりあげ、いかなるニリン関係が形成されているのかをみていく。

二　誕生儀礼

次に、宗教儀礼のなかでも頻繁に行われ、何度も観察することができた誕生儀礼をとりあげ、誕生儀礼における人びとの関係がどのようなものであり、そこでニリンがいかに立ち現れるのかをみてみたい。

1　誕生儀礼の招待状

ここでは、今までほとんどニリンとして言及されたこともなければ、筆者の滞在中に家を訪れる事もほとんどなかった人が、誕生儀礼において突如ニリンとして言及され強調され、贈り物をする対象としてみなされるようになる事例をとりあげる。そして、儀礼においてはその他の文脈とは異なる形でニリンの関係が想起され立ち現れることを示す。

図13　誕生儀礼におけるラモとツェリンの関係

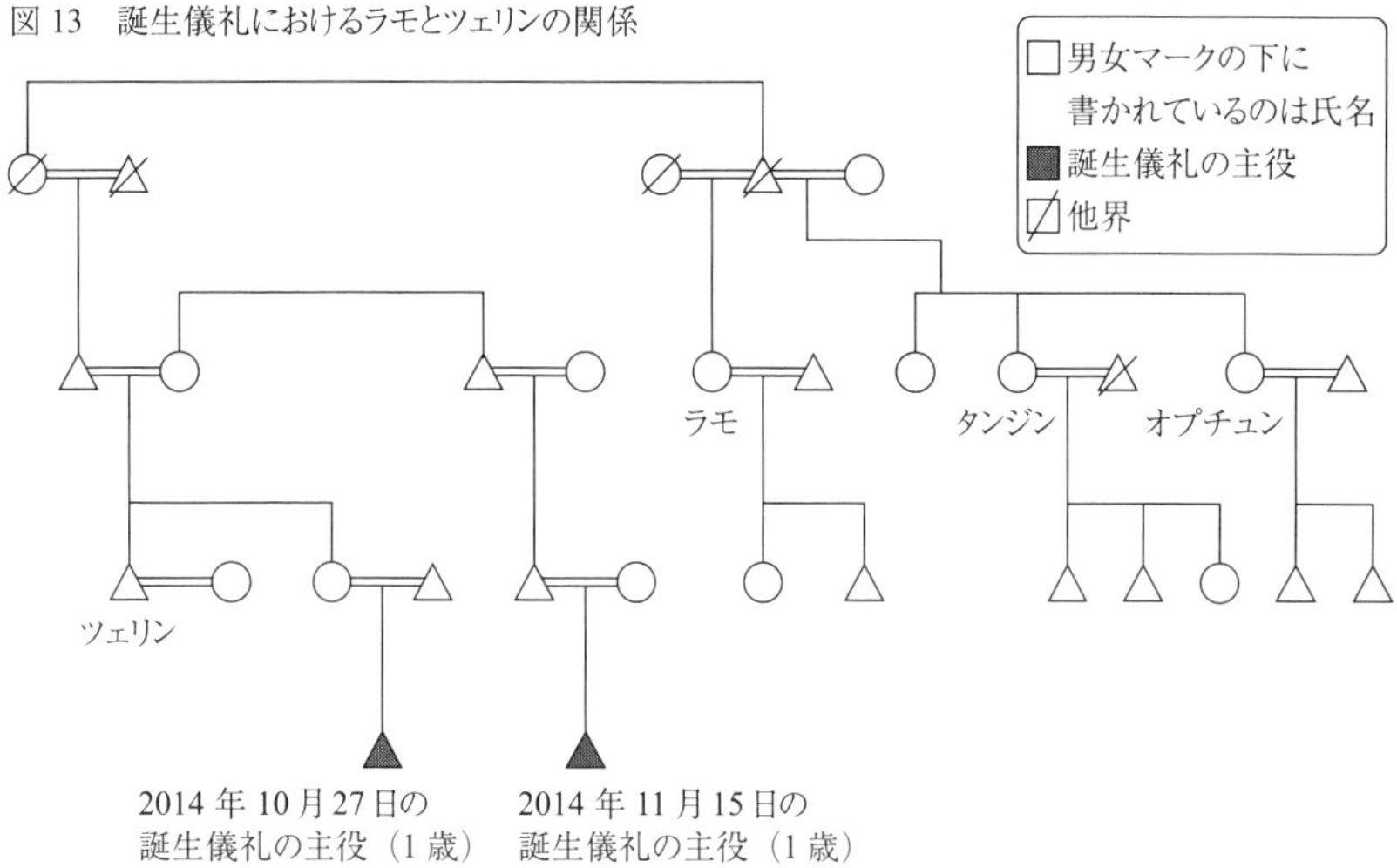

【事例5―1】　ニリンへの祝儀

二〇一四年一一月一二日、ラモ宅に一五日にイッキム村で開催される誕生儀礼の招待カードが届いた。招待状の送り主が誰なのかをラモと父親ワンドゥイに聞くと、「ツェリンのニリン」という答えが返ってきた。ワンドゥイはチベット難民であるため、ラモとの関係をみてみると、ツェリンの父方祖母とラモの父が実の姉―弟関係である（図13参照）。言い換えると、ラモの父方オバの孫（従甥）がツェリンである。ラモは「また行かなきゃ…」と嫌な顔をした。ツェリン（三〇代男性）は、月に一度程度ラモ宅を訪れる関係だが、彼のニリンとなると、さらに関係が遠くなる。筆者が遠いニリン（ニリン *thag ring po*）かと聞くと、そうだと答えた。ワンドゥイは、「〔誕生儀礼のとき〕ニリンだったら五〇〇ルピー、ニリンじゃないなら一五〇、知り合いなら一五〇あげないといけない」と筆者に話した[2]。一一月一五日、誰も行きたがらず、結局筆者が行くことになった。近所に住むラモの友人の女性（六〇代）と昼から行く約束をした。再度、誕生儀礼を開く人とどういう関係があるのかをラモに聞くと、ツェリンの母方オジ（母親の兄）だという。誕生儀礼が生後一歳前後の長男のために催されるものであることから、母方オジの孫の誕生儀礼ではないかと考え、関係を調べたところ、厳密には、ツェリンの母方交叉イトコの息子の誕生儀礼だった。ラモは誕生儀礼を開く相手とはニリンではないといい、それゆえ「あまりお金を渡す必要はない」と筆者に話した。実際に、筆者が滞在した一〇か月間の間、ツェリンの母方オジやその息子がラモ宅を訪れたことは一度もなかった。しかし、筆者が行く準備をしているとき、ワンドゥイが最初に一五〇渡そうというと、ラモが二〇〇くらいにしておこうといい、結局二一〇ルピーを渡すことになった。お金の他に、祝福を意味する白い布カタック(3)（*kha btags*）と砂糖一キロが筆者に託された。

結局、筆者は一緒に行くと約束した女性に忘れられ、贈り物を届ける事ができなかった。すると、ラモはそのことを心配し、「ニリンだからお金を渡さないといけなかったのに、渡せなかった。今日じゃないと意味がない。モラ（村の男性による祝辞に伴い、祝儀を渡した人の名前と金額が読み上げられる）のときにラモが来てないと思われる」といい、深刻に悩み始めた。近所の人に会うたび、「約束していたのに、アンモ（友人の女性の名前）が来なかったせいでチヒロがいけなかった。お金を渡せなかった」と話していた。最終的に、後日誰かに届けてもらうことになった。

この事例は、ラモにとって遠いニリンであるツェリンの母方オジの孫、つまりニリンのニリンにあたる男児の誕生儀礼をめぐるやりとりである。系譜関係をみると、ラモはツェリンと血縁関係を有するが、今回の誕生儀礼主催者はツェリンの母方のつながりであり、ラモからすれば血縁関係を有さない。姻戚関係をたどってつながる関係である。ラモはニリンのニリンである誕生儀礼主催者とニリンではないと断言していたが、実際に手渡そうとした金額はニリンでない人に渡す通常の一一〇～一五〇ルピーより少し多めの二一〇ルピーであり、渡せなかった際、「ニリンなのに渡せなかった」と心配していた。また、儀礼や祭礼の際に祝儀を渡し忘れたことはこれまでにも何度かあり、さほど気にかけていなかったのに対し、今回は、この話題を後日まで引きずっていた。それは、少なかれどニリンという関係を意識していたからだと考えられる。

それにしても、なぜ普段関わり合いがないにもかかわらず、儀礼においてニリンの関係がそこまで強調される、あるいは意識されるのだろうか。これには、後述するラモの夫ワンドゥイの居候経験が関係していると考えられる。この点について検討する前に、もう一つ、儀礼において突如ニリンとして強調される事例を紹介したい。

2　儀礼においてニリンになる

次に、「遠い」ニリンだと言われていた人が、儀礼において「近しい」ニリンとして言及され、祝儀もニリンと同等の金額を手渡す事例をとりあげる。

【事例5―2】　近しいニリンになる

二〇一四年一〇月二七日、ツェリンの妹の息子（オイ）の誕生儀礼がコミック村で開催されるため、ラモの異母妹二人と一緒に行くことになった（図13参照）。ラモは以前、ツェリンとの関係を、遠いニリンの関係だと筆者に語った。しかし、今回の誕生儀礼があると分かるや、ラモは、「〔ツェリンの妹は〕とても近しいニリン（ニリン・ニェンモニェンモ）だから行かないといけないし、お金も多く出さなければならない」といった。ワンドゥイは、私に祝儀五一〇ルピーとカタック、砂糖一キロ分の金銭を手渡し、行く途中で買うように言い付けた。一緒に行ったラモの異母妹二人のうち、一人は一一〇ルピーだったため、金額の差に違和感を覚えた。コミック村で用事を済ませ、筆者が家に帰るとすぐさま、「ラモは来ないのって聞いてなかった?」とラモは心配そうに筆者に聞いてきた。

同じ日、ハル村でも誕生儀礼があった。ラモによれば、ハル村の誕生儀礼は、ラモの隣人かつ友人の女性（六〇代）のニリンの誕生儀礼であり、かつ誕生儀礼の主役である男児の母親とラモは近しいニリンである（具体的な関係は不明）。筆者が行く予定だったが、コミック村に行きすでに疲れていたため、ラモに行ってもらうようお願いした。結局、ラモが近所の女性たちと誕生儀礼に行った。この誕生儀礼へはラモの異母妹たち二人は行かなかった。

ここで注目すべきは、ニリンといえども、普段関わりがなく、遠いニリンまたはニリンとは呼ばれないような人が、儀礼の開催にあたって、突如「近しいニリン」として立ち現われてくる点である。言い換えると、儀礼というしかるべき状況に置かれることで、貨幣（ニリンに渡すとされる金額）と砂糖、カタックを渡すべきニリンに「なる」のである。さらに、姉妹間で、儀礼の際のニリンの認識には差異があるということもわかった。これには、今まで連綿と行われてきた儀礼における贈与交換関係が関連していると思われるが、この点は確認できていない。

次に、ラモがツェリンのニリンと贈与交換関係に入ったきっかけとなったと思われる事例をとりあげる。それは、ラモと異母妹とのあいだの、祝儀の金額やニリンの認識についての差異を理解する手助けになる。

3　過去の関わり

過去の親密な関わりが、儀礼におけるふるまいに反映されうる事例をとりあげ、関わりの違いによって、同じ姉妹であれ、祝儀の金額や儀礼の重要性が変わることを示す。

【事例5―3】　居候時の関わり

二〇一五年三月六日、やることがなく居間で寝そべってラモと話しているとき、コミック村のツェリン家の話になった。ラモによると、ワンドゥイは以前、絨毯の織り方を住民に教える政府雇用の職についており、コミック村に配属されたことがある。その際、居候させてもらったのが、ツェリンの両親の家である。ワンドゥイは家賃を払い、一部屋を借りて生活していた。一人暮らしを不憫におもった家の人の好意で、しばしばワンドゥイは食事に招待され、酒（自家製の麦焼酎）もふるまわれた。また、よくしゃべり愛想のよかったワンドゥイは家族に気に入られていた。

この話は、事例を理解する手立てになると思われる。ツェリンのオイの誕生儀礼でラモの異母妹は一一〇ルピーを渡したにもかかわらず、ラモは四倍以上の五一〇ルピーを贈ったのは、以前のワンドゥイとツェリン家との関係を考慮してのことだと考えられる。また、ツェリンの母方オジの孫の誕生儀礼で多少多めの二一〇ルピーを渡したことにも、過去のツェリンとの関わりが関係していると考えられる。

すなわち、居候とはいえ、同じ家屋に住み、食事をし、酒を飲み、話すという関わりを通して、互いのあいだに情動的なつながりが生まれ、そこから派生した道義が儀礼における贈与交換に関連づけられ、連綿と続けられてきたと理解できる。こうした過去の親密な関わりが、現在の儀礼における贈与交換関係に影響していると理解できる。姉妹間で儀礼におけるニリンの認識に差がでることについても、過去の関わり方や関わる度合いの差によるものだと考えられる。

これは、過去の日々の関わりにおいて情動的な関係がつくりだされていたという点で、関わり合いの視点から部分的に理解できる。しかし、この視点からは、関わりが無くなって以降も儀礼でのやりとりが継続されていることを説明できない。この点は、同じ場でともに時間を過ごす中で道義がつくりだされ、頻繁な関わりがなくなった後も場面によって道義が想起されると理解できるだろう。

しかし、儀礼における二リンは、以上のように突如現れるケースのみではない。次に、死者儀礼をとりあげ、ニリンがどのようにふるまうのかをみたい。

三　死者儀礼

儀礼の中でも特によく観察することができた死者儀礼におけるニリンのふるまいについてとりあげ、労働力の提供やモノの贈与だけではない、ニリンやその他の人びとの関わりのあり方について提示したい。少し長いが、一つの事例として書いている。

【事例5―4】　3歳の男児の死者儀礼

二〇一四年一一月二六日夕方七時頃、ラモの異母妹オプチュンの息子（三歳）が亡くなったという知らせを受けた。筆者は夕食の支度をしていたが、慌ててオプチュンの家に行ったところ、「うわあー」という声が家の外まで聞こえていた。中に入ると、居間にはすでに二〇人近く女性が集まっており、いくつかの輪になってそれぞれ泣いていた。一番奥にベッドがあり、オプチュンはその上に座って泣き叫んでいた。オプチュンの息子の遺体は白い布にくるまれ、別室に置かれていた。その部屋では僧侶三人による読経が行なわれていた。筆者がたまたま廊下に出た際、その部屋の中が見えた。その瞬間、布にくるまれた遺体が目に飛び込んできて、そのあまりの小ささに衝撃を受けた。

当日は、事の成り行きを聞く余裕もないほどオプチュンが取り乱していた。オプチュンは首につけていた高価なサンゴのネックレスを引きちぎり、自らの髪の毛を思い切り引っ張るなどしていた。泣き叫ぶうちにろれつが回らなくなり、気絶しかけるのを、女性たちが頬をひっぱたいたり水を顔にかけたりすることで正気に戻らせていた。だが、「私の黄金の仏像よ、戻ってきておくれ」といった形式化された悲しみの表現[4]に少し違和感を覚えた。その日は噂を聞きつけた親しいニリンや隣人あわせて三〇人ほどの来客があった。夜中まで人の出入りはあったものの、筆者を含め約一五人が交代で彼女の側に付き添った。自傷行為を止めるために押さえつけたり、腕を強く握らなくてはならず、またオプチュンの言葉に涙したりと、付き添う側にとっても大変だった。オプチュンがある程度落ち着くまでに、実に六時間を要した。夜もオプチュンが中々寝付かず、たまに暴れだすことから、女性六、七人が夜通し彼女に付き添った。筆者は夜中にラモ宅に帰り眠ろうと努めたがなかなか寝つけず、一体何が起こったのかを頭の中で反芻していたが、考えている途中から混乱が生じ、目眩がして気持ち悪くなった。筆者にとってもそれほど受け入れ難い出来事だった[5]。

次の日、死者儀礼が行なわれた。この日は僧侶による読経が行なわれ、男児の遺体が庭で火葬された。また、噂を聞きつけたC町や近郊の村からおそらく二〇〇人以上の来客があった。来客は、まず遺族のいる部屋に行き、一時過ごした後、別の部屋に移り、男児が亡くなった経緯などを話しながら、遺族のニリンや、隣人、友人がふるまうミルクティーやバターティー、クラ（プーリーより生地が少し厚めの揚げパン）、ビスケット、昼なら昼食を食べて帰る。ほとんどの人がお供え用のバター一キロとお香一束、あるいは小額の紙幣（約一〇〇ルピー：約二〇〇円）を置いていく。

ニリンや友人、近隣に住む多くの人びとが朝早くから手伝いに訪れ、女性はお茶（ミルクティーとバターティー）づくりやお茶出し、食事の配膳、食器洗いを行ない、男性は食事作りや薪割り、火葬場のセッティングなどを行った。また、一日に二〜三〇〇人にミルクティーや酒を差し出す必要があることから、親しいニリンや近隣

図 14　男児の死者儀礼を手伝いにきた人

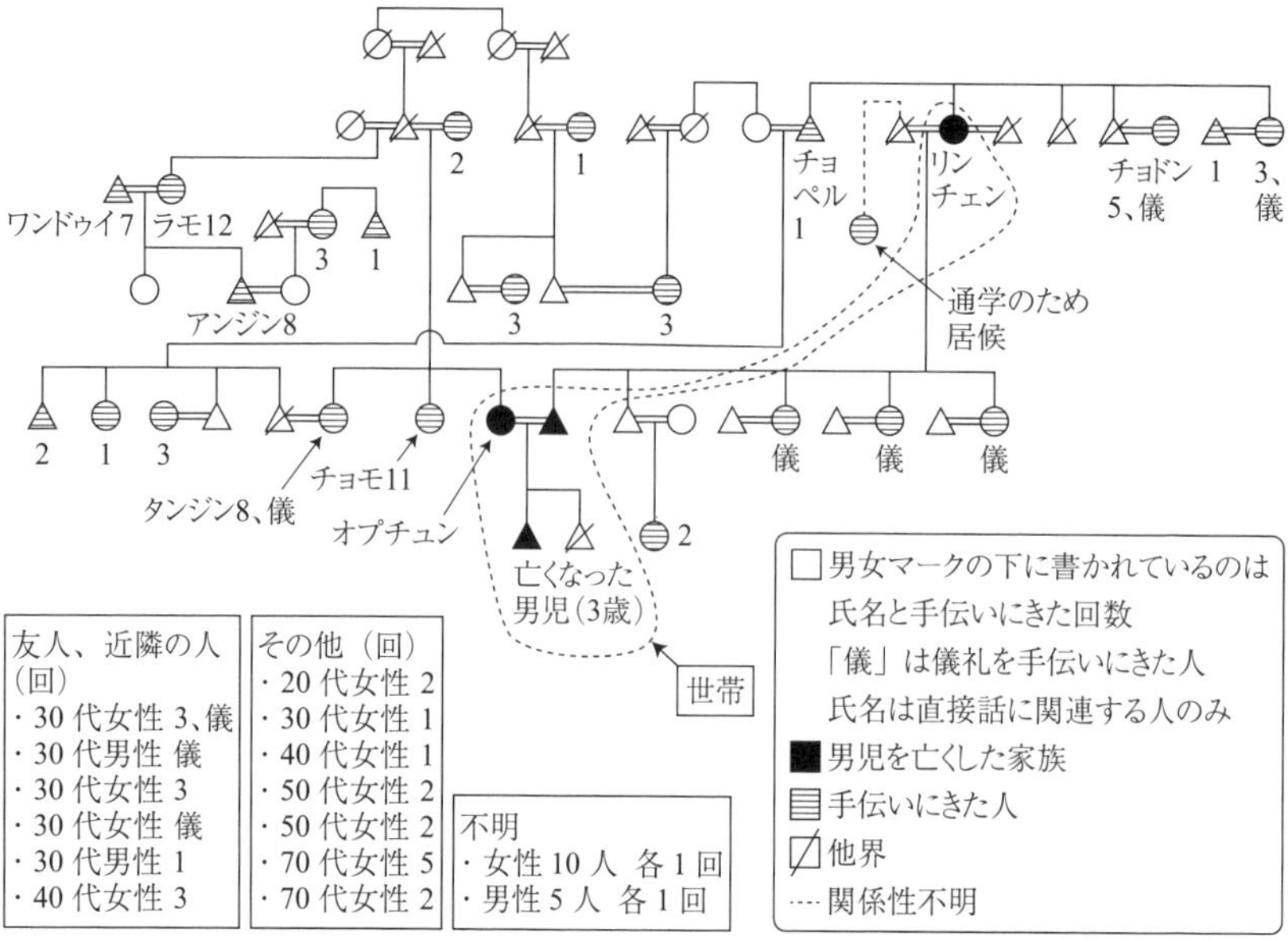

（2014 年 11 月 26 日から 12 月 27 日までの間の筆者の観察から再構成）

の人たちは市場で手に入りにくい新鮮な牛乳や自家製の蒸留酒を持ち寄る。筆者が特定できたのは女性一三人だったが、特定できない女性も含めると、女性だけでおそらく二〇人以上手伝いにきていた。ニリンは家の中で働き、近隣の人や友人は外で皿洗いをしているようだった。ちなみに、誕生儀礼とは異なり、死者儀礼の際には招待状などのお知らせは届かないため、事情を聞きつけた人が人びとに伝え、自主的に手伝いにきたり見舞いにきたりする。

男児が火葬されたのは、午後二時頃だった。家の中と外を行き来しながら手伝っていた筆者は、急に外の匂いが変わったことに気づいた。油っぽい匂いが煙に混じっている。日本の火葬場の匂いと似ていた。もしやと思い、男児の遺体が置かれていた部屋にいくと、すでにそこには遺体がなかった。周りの女性に聞くと、さきほど火に「送った（クルソン）」と返ってきた。「送った」という言葉を聞いて違和感を覚えた。そのときはじめて、生きているときは連れて行く（ケル：*'akhyer ba*）が用いられるが、遺体に対してはモノに言及するのと同じように送る（クル：*khur*）が使われることを知った。筆者が恐る恐る布で囲われた簡易な火葬場に行くと、男性一〇人弱が火を囲って神妙な面持ちで火を眺めていた。よく燃えるようにと長い棒で薪木を移動させていたのは、亡くなった男児の祖母の兄で、彼は筆者と目があうと、ハハッと乾いた笑いをしてみせた。女性は筆者一人だけだった。目を凝らして燃え盛る火をみてみたが、遺体らしきものはみえなかった。

男児が亡くなってから、母親も父親も男児の遺体を一度も見ようとしなかった。それは、人の死後、遺族は遺体をみたり触れたりしてはいけないとされているからである。男児の遺体が火葬されるときにも特段感情の変化は見受けられなかった。彼らのふるまいをみていると、まるで死んでしまったら遺体にはもうその人はいない、あるいはその人の余韻もないかのように捉えているように見えた[6]。オプチュンの姉妹や年配の女性たちは、オプチュンの側に付き添い、「あまり悲しむと子供が戻ってこなくなるというよ」といい、慰めていた。後に、筆者がラモやその妹、僧侶にこの点について尋ねたところ、幼い子供は肉を食べ、生き物を殺すといった罪をあまり犯しておらず、かつ心がきれいであるため、亡くなった後、再び母親の子宮に戻ってくると語られることが分かった[7]。そのためか、今回の男児の死も、当の遺族以外の隣人やニリンには、子供が幼いため「問題ない」、「大丈夫」と言及されていた。これは儀礼の当日とそれ以降数日の間に何人からも聞かれた。僧侶による読経も、成人ならば、サキャ派の流儀に従い四九日間毎日行なわなければならないが、この男児の場合は最初の二日間とその後一日行なわれたのみだった。

筆者は男児の亡くなった二〇一四年一一月二六日から約一ヵ月間、断続的にではあるが、オプチュンの家に通い、様々なことを手伝った。初めの四日間はニリンも近隣の人も友人も手伝いにきていたが、五日目からその後一ヶ月間、継続的に差し入れをしたり話し相手になったりするなど手伝いにきていたのは、オプチュンがニリンと言及した人がほとんどだった。

オプチュンは繰り返し息子が亡くなった経緯を周りの人に話したり、携帯の中の息子の写真を見て泣いたり、男児のよりよい来世のために数珠をかぞえながら経典の一節を唱えたりしていた。それに対し、周りの人は、食事を用意したり、男児の遺品（写真や靴、服など）を隠したり、男児とは関係のない話をして気を紛らわせようとしたりしていた。

このように継続的に遺族に付き添うことは容易なことではない。筆者もできる限り彼女の側に付き添ったが、幼い子供を亡くした母親の思いはあまりに悲痛であり、彼女宅に行くことを躊躇することが何度もあったが、行かなければならないという感覚に急き立てられて訪れていた。それはラモたちも同じだったのではないかと考えている。こうした周りの支えがあり、一ヶ月後には、オプチュンと彼女の夫は自分たちで食事をつくり、もう一人の息子の面倒をみられる状態にまで立ち直った。

ちなみに、オプチュン自身から聞かされた男児が亡くなった経緯は、次の通りである。亡くなる三日前の夜、一階に住むオプチュンの義母リンチェンがチョーメンと呼ばれる焼きそばのような麺類の食べ物を作り、二階に住むオプチュンたちにお裾分けした。スピティでは普通、このような居住形式はとらないが、オプチュン本人やその姉によれば、数年前にオプチュンの義母を原因とした離婚騒動があり、その後、オプチュン夫妻と義母は同じ家屋の別の階にそれぞれ住むことになった。亡くなった男児はそのチョーメンを少し食べた後、嘔吐した。翌日から男児はお腹を下し始めたが、オプチュンはあまり気にせず、他村の寺院の行事に彼を連れて行った。さらに、次の日も体調が回復しないため、病院に連れて行き点滴を打とうとしたが、看護師が男児の血管を見つけることができなかった。そこでＯＲＳ（Oral Rehydration Solution：経口補水液）と呼ばれる、水分と電解質をすぐ補給できるようにナトリウムとブドウ糖の濃度を調整した飲料を飲ませようとしたが、病院のＯＲＳが品切れで、結局何も処置されなかった。同じ日、その病院内に吐血する急患がおり、医師や看護師はそちらにかかりきりになっており、あまり相手にされなかった。その後、家に戻り、男児の希望でチベット伝統医のアムチを呼び、薬を処方してもらったが、夕方に男児の様子が急変、すっと眠るように動かなくなったので再び病院へと連れて行ったが手遅れだった。

この経緯を本人の口から聞けたのは男児が亡くなって一週間後の二〇一四年一二月二日だった。オプチュンと彼女のもう一人の息子、リンチェン、オプチュンの姉チョモ（尼僧）、ラモ、筆者が同じ部屋にいるときだった。話を聞いたときは、さすがに筆者自身、怒りが込み上げてくるのを感じた。男児の死は防ぐことができたかもしれないと思ったからだ。それはラモも同じだったらしく、家に帰ってからオプチュンとリンチェンへの不満を漏らした。

同じく、死者儀礼やその他の場所で、人びとの関心はオプチュンの男児への対応にあった。男児が亡くなった当日から、亡くなった経緯について部分的に周りに伝わっていた。そのなかでも特に、男児の体調が悪くなった翌日に寺院へ連れて行ったことを非難する声が、儀礼に訪れた数名の男性から聞かれた。また、リンチェンの差し入れが原因だということも話題に上っていた。それを知ってか知らずか、リンチェンやオプチュンの姉チョモは、男児が亡くなった経緯を人に話す際、男児の不調の原因がチョーメンにあることや、寺院に連れて行った下りを省いて説明していた。唯一オプチュンだけがそれらも含めて話した。

この事例をとりあげたのは、農作業における労働力の提供や儀礼における贈与とは異なるニリンの手助けがみてとれるからである。死者儀礼におけるニリンや友人、隣人による食事作りや配膳といった労働力の提供や、牛乳や蒸留酒の提供、あるいは来客によるバターランプに用いるためのバターと香または一〇〇ルピー程度の紙幣の贈り物といったものはもちろん重要である。

しかし、それ以外に息子を亡くしたオプチュンを支えたのは、ニリンや隣人の付き添いだった。オプチュンの自傷行為を止めたり、正気に戻らせたり、慰めたり、細々とした気遣いをしたりするといった行為である。長期間、遺族に付き添うことは難しく大変なことであるが、初めの四日間の後、約一ヶ月間彼女を支え続けたのはニリンの人びとが大半であった。とくに、チョモ、ラモとその息子アンジンが率先してオプチュンと彼女の夫に寄り添っていた。筆者も微力ながら彼女の側に寄り添った。近しいニリンたちは、長期間ともにオプチュンの部屋で時間を過ごし、話したり、食事をとったり、泣いたりすることを通して、遺族を支え、日常生活を送れるまで見守った。こうしたプロセスは、遺族を慰めることになっているのかいないのか、はっきりとは分からないが、少なくとも、遺族が立ち直るまで生き延びる手助けにはなっていただろうし、ラモをはじめとしたニリンや筆者にとっては、男児の死という出来事を納得し受け入れるプロセスになっていただろう。

この事例から、死者儀礼においても、食事作りや配膳といった労働力の提供、牛乳や蒸留酒の贈与といった実践には道義関係をみてとることができる。しかし、自傷行為を止めたり、慰めたり、細々とした気遣いをするなどのふるまいは、道義的な労働力の提供や贈与交換の視点から理解することは困難である。またサブスタンスのやりとりとして理解することも難しい。それは、これらのふるまいは何かを提供するようなことではないからである。ニリンによる長期にわたる遺族への付き添いに関しても同様である。むしろ、彼らは日頃から頻繁に互いの家を訪問し、雑談をしながらともに時間を過ごすなかで互いにつながっていたからこそ、人の死という困難な出来事が生じた際にも相手の辛さに想いをめぐらせ、手助けすることが可能となっていたのではないだろうか。また、誰かの死を弔う死者儀礼という辛い現実に直面しなければならない場で遺族に付き添うことが、そこに居合わせる人びとに遺族を支えるようふるまうことを可能にしていたといえる。

ここで重要なことは、場と時間の共有がつながりをつくりだすとともに、死者儀礼という特有の雰囲気をもつ場と、悲しみにくれる遺族と時間を過ごすということが、農作業とは多少なりとも異なる形で人びとをつなげているという点である。こうして死者儀礼を契機としてともに同じ場所で長く時間を過ごす中で、それまでのニリンやカンパといった関係が改めて可視化され、醸成されていくのかもしれない。こうしたつながりのあり方は、サブスタンスやサブスタンス－コードの共有には還元できないふるまいではないだろうか。

四　厄災

次に、儀礼に直接関係はしないが、間接的に死者儀礼と関係する、共有される厄災に関する語りについて検討したい。そして、系譜的なつながりを持つ者だけでなく、ともに関わる者も厄災を共有しうることを示す。

1　罪に対する厄災の共有

寺院の土地を返還しなかったことで、返還しなかった本人だけでなく、彼のニリンにまで厄災が降りかかるという言説について紹介する。

ラモの異母妹タンジンの義父チョペル（七〇代前半）の息子や娘、ならびにその配偶者と子供のなかで、自然死ではない状態で亡くなった人が六人ほどいる。筆者が調査を始めた二〇〇九年から二〇一五年までの六年間には四人が亡くなっている。はじめに、チョペルの妹であり、かつオプチュンの義母であるリンチェンの夫二人が病死（一人目が亡くなった後に新しい夫と再婚したが、彼も亡くなった。時期は不明）、二〇〇九年にチョペルの息子でありタンジンの夫である男性（三〇代）が脳内出血による事故死、二〇一一年にチョペルの弟の僧侶（五〇代）が黄疸による病死、二〇一三年にチョペルの弟（五〇代）が急性B型肝炎による病死、そして二〇一四年にチョペルの妹リンチェンの孫であり、オプチュンの息子である男児（三歳）が食中毒と脱水症状で亡くなっている。

これらが、村人の間では関連づけられ噂にされており、死者儀礼の際にも、手伝う傍ら「ナクパ（*nag pa*）」という語が何度か聞かれた。ナクパとは、罪や罪を犯した人を意味する。スピティでは寺院に所属する土地や物を盗む人はナクパと呼ばれ、単なる窃盗犯を意味する「クンミャ（*rkun ma*）」とは区別される。ナクパの方が社会的な罪としては重く受け止められる。チョペル家に関しては、寺院の土地を占有していたから不幸が起こるというのである。寺院の土地を借りるに至った経緯は確認できていないが、借りた土地を期日までに返還しなかったようである。村人だけでなく、チョペル自身もそれを深刻に受け止め、数年前に寺院に属する土地を全て返還した。しかし、依然として不幸事が止まらないのだという。

ここで注意すべきことは、寺院の土地を占有していたのはチョペル自身であり、彼の弟や妹ではない点である。また、リンチェンはすでに婚出しており、生計も居住も別である。しかし、このニリンの死という一連の不幸な出来事は、チョペルが寺院の土地を占有していたことによる厄災がニリンにふりかかっているとして言及される。すなわち、ここでのニリンは、日々の生活における親密な関係であるだけでなく、場合によっては、厄災をも共に背負いうる関係として描かれる。しかし、以下で示すように、厄災を背負うのはニリンだけではないと考えられる。

筆者は一度、チョペル宅に住まわせてもらおうと考えたことがあった。それは、タンジンに付いて農作業を行なっていたため、農作業における関係とそれ以外の場面の関係を観察したかったからである。その際、筆者にとってインフォーマントのような存在だった男性（四〇歳）に、「一緒に住まないほうがいい」と助言された。その理由を聞くと、チョペル宅では不幸が続いているからということだった。また、このように直接的にではないが、隣人タシ（四七歳）からも、今のラモ宅にいた方がいいと様々な理由――ラモ宅の方がトイレが綺麗だとか、家族が少なく家事が楽だとか、居間が小さく暖かいなど――をあげて、筆者が移ることを止めるまで毎日のように説得された。タシの真剣でときに心配そうな態度をみるうち、筆者自身も彼らと共に住むことに少し怖さや躊躇を覚えるようになった。結局、筆者は別の理由でチョペル宅に移ることを止めた。

ニリンに共有される厄災の言説からは、厄災は系譜的なつながりによるだけでなく、ともに住んだり頻繁に関わったりすることによってももたらされうることが確認された。つまり、日々同じ場で時間を過ごすことでつくりだされる情動的、道義的なつながりは、厄災を共有するつながりでもあるということである。ここには、スピティの人のあり方をみてとることができる。スピティにおける人のあり方は、独立しておらず、互いの感覚に組み込まれるようなあり方であるといえる。それは頻繁に互いの家を訪れ、共に時間を過ごし、お茶を飲み、物のやりとりを行うといった様々な関わりを通してつながっている。周囲の人によっても、つながった存在としてみなされる。そのために、個人による宗教的な罪に対する罰が、その個人を超えて、関わりをもつその他の人びとにも及ぶと言及されるのである。こうした厄災の共有は、ニリンだけでなく、カンパにもあてはまる。

2　カンパの成員にふりかかる厄災

次に、仏間での祈りを怠ると厄災がふりかかるという言説をとりあげたい。

スピティでは家屋に仏間が必ず設けられている。仏間では、毎日朝食前に、銀製の水の器に新しい水を供え、バターランプを新しいものに取り換え、お香を焚き空間を清めた後、五体投地をして祈りを捧げなければならない。人によっては太鼓を叩きながら経典を唱える。しばしば掃除も行う。そして夕飯前には、水が入った器から水を専用の入れ物（仏具）に戻し、器を重ね、新しいバターランプに換えた後、五体投地を行う。

ラモによれば、人びとは毎日仏間で正しく祈ることで、カンパ（家屋とその構成員）を守ってもらっている。もし祈りを怠れば、カンパの成員の誰かが病気になったり、亡くなったり、仕事がうまくいかなくなったり、富が減少したりするなど、不幸が起こりうる。仏間での祈りは、基本的にラモまたはワンドゥイが行うが、ときにアンジンが行ったり、一定期間筆者に任されたこともある。

食事前に仏間で祈りを済ませなければならないが、時に忘れてしまうこともある。そのような場合には、ラモは「チョカンのバターランプに火をともしてないわ」と言い、しまったという表情で舌を出してみせる。そして、食後にそそくさと仏間へと向かう。ラモはこのように自らが忘れてしまわないようにするためか、仏間での祈りは毎日朝一番にしなければならないことを何十回と筆者に話した。ただし、実際に仏間での祈りを怠ることで厄災に見舞われたという話を聞いたことはない。

以下で、ラモたちの仏間に対する態度がわかりやすく現れている新年にまつわる事例をとりあげたい。

【事例5—5】　新年の仏間

二〇一五年二月一八日の夕方、翌日にチベット暦の新年を迎えるにあたり、シェトと呼ばれる砂糖入りの揚げ菓子を、ラモ、アンジン、僧侶（アンジンの妻の母方オジ）、筆者の四人で作った。シェトは普通、手綱こんにゃくのような形に成形するが、最後に仏間に供えるためのシェトは丁寧に花の形にしていた。そして翌朝、ラモと筆者で、シェトや炒った大麦、新鮮な水、新しいバターランプ、カタック、りんご、みかん、飴、チョコレートなどを供え、香を焚き、五体投地を行った。仏間に供える前、筆者が自分たち用のシェトを食べようとすると、ラモに、「私たちはチョカンに行く前に食べたりしない」といって怒られた。

同日の夕食後、居間でくつろいでいると、アンジンが「新年の最初の日には早朝六時頃にきれいな水を取りに行き、チョカンに供えるのが良い」と話し出し、ラモも同意した。アンジンは、筆者の方をみて、翌朝水汲みに行かないといけないことを伝えた。また、町の中で新年一番に水を汲みにいくことがいいとされ、その際、井戸にバター少量をつけ、カタックを結ぶといいと話した。筆者は、早朝はいいとしても野犬が怖かったため、ラモに「一緒に行こう」というと、「今日チョドン（異父兄の妻）が（水を）持ってきてくれたから、もうそれでいいわ」と言った。翌朝、筆者は六時に起きて七時に水汲みに行くと、ハンドポンプが凍結を防ぐために麻布とビニールで巻かれており、水など出せない状態だった。近所の女性に聞くと、一一時や一二時にならないと水は出ないらしい。言われた通り、ハンドポンプにバターをつけカタックをくくりつけて帰った。それを夕方に思い出し、アンジンと僧侶に話すと、腹を抱えて大笑いしたので、昨晩の話は冗談だったのかと思ったが、ラモはいたって真面目だったようだ。

このように、仏間用のシェトを作り、年明け朝一番に仏間に供物を置き、新年に新しい水を用意するよう促すといったふるまいや発言からは、彼らにとっての仏間の存在の大きさがみてとれる。

また、仏間で正しくふるまわないことによる厄災は、基本的には上記のようにそのカンパにのみふりかかるとされるが、C町と川を挟んで向かいにあるK村では、村人全員に平穏と厄災をもたらしうる仏間が存在する。それは領主層の男性ノノジー（五〇歳）の家屋内にある、大きな仏間である。その仏間は一五メートル×二五メートルほどの大きさで、一般的な家屋の仏間の何倍もの広さがある。そこではC町の寺院から派遣された僧侶（七〇代）が毎日必要な供物を供え、仏具の太鼓を叩きながら経典を唱える。この読経は交代制であり、一定期間が過ぎると別の僧侶がやってきて、領主の家でともに過ごし、食事をとり、寝泊りもする。つまり、この仏間専属の僧侶が一人配属されているのである。

ノノジーの親友である男性ロット（四〇歳前後）によれば、この仏間には、外国人[8]はもちろんのこと、スピティ地域に住む人であっても、新年などの節目における訪問以外は毎回必ず入室できるとは限らない。ただし、K村の村人はいつでも入室可能である。入室制限をかける理由は、この仏間が他のどの仏間よりもはるかに強大な力をもっていると考えられているからである。もし仏間から何かが無くなったり、盗まれたり、何か不適切なふるまいをしてしまったりした際、当の領主をはじめK村の村人全員に予測不可能な厄災がふりかかると語られる。そのため、ノノジーは仏間に何か不手際がないか、非常に心配しているそうだ。

筆者は二〇〇九年、二〇一一年、二〇一二年に、何度か彼の家を訪ねたが、一度も仏間に立ち入らせてもらったことはなかった。一度、筆者が中をみてみたいことを伝えると、「〔仏間の〕外から見ればいい」といわれ、入り口付近から眺めたことがある。しかし、二〇一四年一二月二七日に彼の家を訪れた際、筆者が仏間に供えるバターランプ用のバターと香、一〇〇ルピーを持参したら、「チョカン（仏間）に行ったらいい。ラマ（僧侶）がいる」と言われた。気が引けた筆者は確認し直したが、「君は外国人ではない。かまわない」というので仏間に入らせてもらった。飾られている仏像や仏画は寺院に置かれているものより古そうに見えた。

この仏間の影響力は、K村の村人によってもみとめられている。二〇一二年一〇月一四日、K村で小学校教師として働く女性（三〇代前半）に、C町の彼女のニリン宅で結婚についての話を伺った。その際、彼女はK村について、「K村では問題を抱えているカンバ（カンパのこと）は一つもない。だれも問題をもっていない。ノノ（領主）のチョカンのおかげではないかと思っている」と話した。

以上からは、仏間での祈りはカンパを守る、あるいは平穏な状態に保つために欠かせないものであり、仏間によっては、村人全員をも守るものであることが分かる。ただし、仏間で正しくふるまわなかったり、祈りを怠ったりすると、カンパや村人に厄災をもたらしうることも分かった。筆者も仏間での祈りを任されていたことから、不手際があった際には筆者も厄災を受ける存在としてみなされていると考えられる。また、ときに村人全員に厄災をもたらしうることもあることから、その仏間に頻繁に出入りし、関わりのある者に厄災が共有されると考えられる。

さらに、ここには、人のつながりだけでなく、家屋や場と人びととのつながりがみてとれる。仏間という神聖な場と、その家屋に住む人びとまたは村人は、関わり方によって、守り―守られる関係にも、厄災を与え―与えられる関係にもなりうるのである。家屋や土地とその所有者とのつながりについてはダニエル［Daniel 1984］も指摘している。しかし、情動や厄災を共有するようなつながり自体が危機に直面することもある。次に、つながりの危機の事例として、嫁盗り婚での対立をとりあげたい。

五　嫁盗り婚を契機とした対立

ここでは、上記した情動や厄災を共有するつながりの危機となるような儀礼をめぐる緊張関係の事例として、少し長くなるが、ラモ家の嫁盗り婚をとりあげ、親密な関係が儀礼を契機として不安定化する様子を示したい。

【事例5―6】　嫁盗り婚をめぐる対立

二〇一四年五月二一日の昼食後、筆者が少し出かけて家に帰ってきたところ、なにやら嬉しそうにしている隣人のタシがいた。キッチンで用事をしていると、タシが、「今日、アンジンのツァモ（妻）がくるよ」と言うので驚いた。すぐに居間にいる母のラモと父のワンドゥイに確認すると、隣のR村からアンジンの友人二人——一人は小学校教師の男性（三〇歳前後）、もう一人は彼の両親が養子として引き取ったネパール出身の男性（二〇代後半）——が女性を盗んでくるとのことだった。このことは、まだ両親とタシ、筆者、上記の友人二人しか知らないとのことだった。

筆者はラモから、隣人に自家製ヨーグルトをもらってくるよう頼まれ向かうと、ちょうどその家にソナムが遊びにきて雑談していた。筆者は、半ば無理やりソナムを家の外に連れ出し、アンジンの妻が来ることを伝えた。ソナムが「誰？」と聞くので、「二五歳のR村の人らしい」というと、急に、「ええっ」とやるせないような怒ったような声をもらし、泣きそうな表情になった。そして、「なんで、信じられない」といって家まで走り出した。家に着いたとたん、庭にいた父親に向かって、「なんでだ」と叫んだ。玄関でソナムに会ったラモは、怪訝な顔で「風邪はくるな（ニプシー・マヨン）」と、そのとき風邪を引いていた彼女に対して言い放ち、手で追い払うしぐさをした。ソナムはぜえぜえと息をし、涙目になり、イライラしていた。いてもたってもいられないという風だ。

居間に入り、そこにワンドゥイとラモが来ると、「連れてくるな（キョナ・マン）！　連れてくるなと言ったら、連れてくるな！」と何度も叫んだ。ワンドゥイは、「ああっ、ええっ」と声にならない様子で戸惑っていた。ラモは、「お前[9]のことじゃないのに、どうして連れてくるなというんだ。お前は結婚もしないし、三五や三六歳になってみろ。今に分かる。誰ももらってくれやしない。昼間はずっとどこかに行って（家の）手伝いもしない。どの口がいってるんだ」と言った。また、「連れてくるなというなら、お前が（アンジンの）妻を連れてこい」や、「（ソナムの）婿養子（*mag pa*）を連れてきてみろ」とも言った。ソナムは「じゃあ連れてこようか（テネ・キョンジェー）」と返した。

結局、話は決着せず、ラモがソナムを隣の部屋（ソナムの部屋）に押し入れて無理矢理扉を閉め、それを娘が押し開ける、というのを三回繰り返し、ソナムが隣の部屋から出てこなくなった。ワンドゥイは落ち着いており、笑ったりしていた。その後、ラモが電話をしてアンジンの友人二人がきた。すると、ソナムは小学校教師の友人に対し、「お願い、連れてこないで」と何度も頼んだ。彼は困惑していた。結局、友人二人は隣村に向けて車を出発させた。ソナムは再び自分の部屋に閉じこもった。

筆者はソナムの部屋に行き、泣いている彼女に「大丈夫」と声をかけると、「私はもうこの家にはいられない。数日したら出て行く」と話した。筆者が、その女性の何が嫌なのかを聞くと、ソナムは、彼女の母親は性格が悪く、夫と別の男と付き合い、そのせいで夫が自殺をしたと話した。筆者がその娘自身について知っているのか聞くと、知らないという。「でも、親の血（blood）は子の血」と言った。筆者が「ギュッのこと?」と聞くと、そうだと答えた。そのことをラモは知っているがワンドゥイは知らないという。その後、ソナムは扉を開けて、迎え入れようとしている娘の母親のことを説明した。すると、ワンドゥイは「それでいい」と言った。ラモは、「なんで親が悪いと子が悪いことになるんだ」と言った。結婚相手の選定時に両親のギュッが重視されると聞いていた筆者にとって、この言葉は新鮮だった。その後、ソナムは自らのＩＤカードを探しだすと引き出しに閉まい、「チョドンの家（先ほどまで滞在していた家）にいく」といって他の隣人宅に出かけた。

しばらくして、ラモは筆者に、「ソナムの夫を勝手に連れてこられて泣くなら分かるけど、アンジンの結婚で、なんでソナムが嫌だと泣くのか意味がわからない。どうかしてる（ディンマ・クラップ）。だからあなたは心配しなくていい」と話した。

その後、隣人たちやアンジンの友人たち総勢一五人ほどが宴会の手伝いにやって来て、食事作りが始められた。二〇時過ぎに嫁となる女性が彼女のニリンに付き添われてやってきた。彼女は終始うつむき泣いていた。嫁となる女性がいる居間とは別の客間で宴会も始められた。男性二〇～二五人ほどが宴会に参加した。当のアンジンは、夕方まで靴屋で仕事をしていたが、友人たちの様子をみて勘付き、近隣の村に逃亡したが、しばらくして酔っ払った状態で友人に付き添われ帰宅した。彼は混乱しているようだった[10]が、「両親が幸せなら、僕はそれでかまわない」と言った。隣人の女性たちはその言葉に涙していた。

ソナムは夜八時頃に帰宅したが、手伝わず、妻となった女性をみてキッチンで酷評していた。宴会が終わりつつある頃、ソナムは筆者を呼び出し、ビールを持ってこいと言った。取りに行ったがすでに無く、代わりに何とか言い訳をして麦焼酎を手に入れ、ゲストハウスの一室で彼女と一緒に飲んだ。ソナムは朝方三時ごろまで不満を言いつづけた。

ラモとソナムのいざこざはその後も尾を引き、ソナムは昼間は隣人宅に出かけ、夜はゲストハウスの一室で眠るようになった。筆者はそれ以降、毎日のように一緒に酒を飲んで寝ようと誘われるようになった。誘われたうちおよそ半分の回数はビールやウイスキー、チャン（蒸留酒）を少量飲んで一緒の布団で寝たが、しばしばそれに疲れて断った。隣人タシも頻繁にソナムに誘われ、同じ部屋で寝泊りしていた。

その後、六月五日に、ソナムはワンドゥイと都市に仕入れのために出かけ、その後ワンドゥイはすぐに戻ってきたが、ソナムは知り合いの家を転々とし、七月八日に帰宅した。その後、ラモとソナムの関係はある程度元に戻り、ソナムの嫁に対する態度も多少改善された。しかし、ソナムは一〇月ごろまでゲストハウスの一室に寝泊りし、その後デリーに出稼ぎに行った。

なお、現在スピティで嫁盗り婚を行うことはほとんどない。嫁盗り婚を実行すると決めたのはラモである。その理由は、自らの体力の衰えから早く嫁を迎え入れたかったが、息子が乗り気でなく、またラモの異母妹の義理のオジであり、ワンドゥイの親友である男性が亡くなってから一年経っておらず、正式な婚姻儀礼を控えるべき状況だったからである。この際の嫁盗り婚はすでに両家の親の間で話がまとまっており、子供にも軽く説明はされていた。しかし、アンジンも相手の女性も、時期尚早でありまだ結婚したくないと伝えていた。こうした状況の中、ラモが嫁盗り婚を実行することに決めたのである。

この事例では、ラモが嫁盗り婚を実行したことを契機として、嫁となる女性をめぐって家庭内で緊張や不和が生じている。両親が決めたアンジンの結婚に対し、ソナムが結婚相手の女性がふさわしくないと反対し、嫁を迎え入れてからも受け入れず、ともに食事を作ったり食べたり、同じ家で寝るといった共同生活を拒んだ。アンジンは、はじめは逃亡して抗ったが、結局は困惑しつつも状況を受け入れた。家庭内でもとくに、ラモとソナムの対立が目に見えて明らかであり、五月から一〇月にかけてその二人が同じ部屋にいることはほとんどなかったようだ。

上述の事例からは、情動や厄災を共有しうるような関係が、嫁盗り婚を契機として不安定化する様子が伺える。共食や協働だけでなく、同じ家屋で寝泊りし、居間に一緒にいることを拒否するなど、同じ空間で時間を過ごすことが極力避けられていた。他方、関係が悪化していない相手とはともに過ごそうとしていた。それは、同じ場で時間を過ごすことが否応なしに両者をつなげてしまうからだと理解できる。とくに、家屋という親子をはじめとした親密な関係にある人びとがともに暮らす空間は、そこでともにいるだけで家族のような関係をつくりだしてしまいかねないのである。

以上では、ニリンが、農作業や儀礼といった文脈に合わせて、異なる形で立ち現れることや、ニリンの諸側面における特徴が明らかとなった。こうしたニリンの特徴は、血縁、姻戚関係を有する者同士の関係にしか当てはまらないものなのだろうか。ニリンの、関わりを通した関係構築という側面を考慮すると、近隣の人びととのあいだにもニリンの関係は生成されるのではないだろうか。その場合、ニリンとそれ以外の関係やそれぞれの特徴はいかなるものだろうか。また、ニリンは近年の政治経済的な変化を受け、どのように変容しているだろうか。第三部では、これらの点について検討する。

注

（1）ゲシェとは、チベット仏教の最高学位のことである。

（2）一度の誕生儀礼の支出額は確かめられていないが、五〇代の男性によると、一七年前の彼の息子の誕生儀礼では六〇〇〇～七〇〇〇ルピー（約一万二〇〇〇円～一万四〇〇〇円）の支出に対し、一〇万三〇〇〇～一〇万四〇〇〇ルピー（約二〇万六〇〇〇円～二〇万八〇〇〇円）の収入があったという（二〇一二年一〇月一一日）。確認はできていないが、現在は少なくとも当時の十倍以上は費用が必要だと考えられる。

（3）カタックとは敬意や祝福を表す白い布であり、チベット仏教のシンボルマークとチベット文字が書かれてある。

（4）スピティでは、誰かが亡くなった際、男女ともに大声を出して泣き、故人を「黄金の仏像」にたとえ、戻ってくるよう促し、夢であってくれというような文言を発することが一般的である。儀礼の際には、来客がある度に泣き、来客が途絶えると少し落ち着いて話せるようになる場合もある。なお、ラモの娘ソナムによれば、スピティではあまりに辛いことがあると、無意識に暴れだしたり、心臓発作を起こしたりすることがあり、泣くことが正常に悲しむことができているという一つの判断基準となる（二〇一一年九月二四日のラモの娘ソナムとの会話）。

（5）亡くなった男児はしばしば母親オプチュンにラモ宅に連れて来られたり、友達とラモ宅に遊びにきたりしていたため、筆者はたびたび彼の相手をしていた。話したり、一緒に店番をしたり、知り合いの携帯で一緒にゲームをしたりした。彼は三歳ながらも、五歳の友達が家のお金を盗んで買い物にきていることをラモに告げたり、彼自身嘘をついたりしないことから、正直な子供という印象をもっていた。また、黒目の色素が薄く、透き通るような瞳をしていたのが印象的だった。

（6）この遺体への執着の無さと祖先祭祀が存在しないことは関係しているのかもしれない。

（7）その後、亡くなった男児に戻ってきてほしいという思いから、オプチュンは翌二〇一五年に妊娠し、二〇一六年春に娘を出産した。

（8）　領主層の男性から、彼と長い付き合いをもつイタリア人男性の友人は仏間に入れると聞いた（二〇一四年一二月二七日の聞き取りから）。

（9）　あなた（ニョラン）ではなく、お前あるいはあんた（*khyed rang*）。スピティでは *khyed rang* は年下の人に用いられたり、相手を侮辱する際に年下の人から年上の人に用いられたりする。

（10）　アンジンの友人であり商人仲間の男性（四〇歳前後、二〇一四年当時）によれば、彼は当時付き合っている女性がいたため、その女性と時間をかけて穏便に別れてから両親の決めた相手と結婚するつもりだった。

●第三部　近隣の人びととの関わりとニリンの変容

第一部と第二部では、ニリンの特徴や日々の関係、あるいは農作業や儀礼といったそれぞれの場面においてどのようにニリンの関係が立ち現れるかをみてきた。第三部では、近隣に住む異なる階層の人びとや隣人との関わりについて検討することを通して、他人がニリンに含められる可能性や、ニリンの位置づけについて考えると同時に、選挙とニリンの関係を分析することでニリンの変化を捉えたい。

第六章　階層と親族

以上では、スピティの人びとのなかでも中間層の人びとの親族をめぐる実践について述べてきた。本章では、血縁や姻戚のつながりを有さない人びととの関係の中でも、社会階層間の関係をとりあげ、領主層と下層の人びとにとっての親族の認識のあり方や階層間関係、そして特に相互に関連するとおもわれる選挙と儀礼の場面における関係について検討したい。

一　領主層と下層の人びとの親族

まず、領主層と下層の人びとの親族の捉え方についてとりあげたい。

下層の人びとの親族認識については、女性二人からしか聞き取りができなかったが、概ね中間層の人びとと同じ認識であることが分かった。聞き取りができた下層の女性のうちの一人（二〇代前半）は、「父のギュッと同じ人とは結婚しない。母のギュッは問題ない」と筆者に話した（二〇一五年一一月一八日）。ギュッとは骨と肉（血）の観念の代わりにスピティで用いられている用語であり、血統のような意味合いをもつ。これは下層の人に限らず、領主層や中間層の人も現在では系譜、血縁関係を表す際にはギュッを用いることから、階層ごとに親族に対する認識が異なるわけではないことがわかる。また、父のギュッを共有するもの同士の婚姻禁止についても同様であり、婚姻規則にも大きな違いはないと考えられる。

領主層の人びとの親族認識については、領主層の男性（四〇代）から、同じギュッを共有する人同士では結婚できないため、領主層の人は遠方の配偶者をみつけないといけないという話が聞かれた。また、「血（blood）が濃くなってしまわないように」しなければならないという語りが何度も聞かれた。これらの発言からは、親族認識に関して、領主層の人も中間層の人と大きな違いはないといえる。

下層と領主層の人びとの親族が中間層と異なる最大の点は、その人数である。領主層と下層の人びとは、双方あわせても人口全体の一割に満たないほどである。人口の小ささから、領主層と下層の人びとは、中間層の人と比べてスピティ外の地域の人と結婚をすることが多い。例えば、似たような言語や宗教をもつ同州のキノール地方、近郊の都市マナリ、あるいはジャンム・カシミール州のラダック地方などである。

前述した下層の女性によると、スピティにニリンは五人程度しかおらず、ニリンの大半はラダック地方にいたが、そのほとんどが亡くなってしまった。そして、「遠いニリンはいるが、それはニリンとはいえない」と話した（二〇一五年一一月二七日）。彼女の亡父はラダック出身であり、彼女の兄（長男）は、はじめラダック出身の女性と結婚したが、四か月後に離婚し、その後、ヒマーチャル・プラデーシュ州マンディ出身の女性と結婚した。彼女のもう一人の兄（次男）は長男の妻の妹と結婚した。彼女の母親も、「嫁は他の土地から連れてくる」といい、「私の兄、妹、弟はみんなクル、マナリにいる」と筆者に話した（二〇一五年一一月二七日）。ここからは、下層の人びとはスピティ外に嫁ぎ、あるいはスピティ外から妻を娶ることが多いといえる。

なお、スピティのC町から各地域までの距離は、ラダック地方レーまで約五〇〇キロ、マンディまで約三〇〇キロ、クル、マナリまで約二〇〇キロ、キノールのナコまで約一一〇キロである。スピティから各地域までの道路の状態は必ずしもいいとはいえず、山道では時速二〇〜三〇キロで進まなければならないため、それなりに時間がかかる。距離と道路状況を考慮すると、領主層や下層の人びとがニリンと日常的に頻繁に会うことは難しいといえる。

以上からは、親族観念の認識に関して、階層間で大きな違いはみられないものの、領主層と下層の人びとはその人口の小ささから他地域の人と結婚することが多く、親族がスピティ外に分散しており、ニリンの数は少ないということが分かった。それでは、スピティ内での階層を超えた関係はどのようなものだろうか。次に、階層間関係について検討する。

二　階層間関係

階層間でどのような関係が築かれているのかを簡単にみてみたい。

筆者がもっともよく観察できたラモ宅の人びとと下層の人たちとの関係をみると、筆者が調査を始めた二〇〇九年当時から現在に至るまでに大きな変化がみられる。二〇〇九年に赴いた際には、特にラモが下層の人びとと関わることを避けており、筆者が調査のために下層の人の家を訪れたことを耳にすると不機嫌になっていた。時には、筆者が下層の人と関わることに対して不満であることを示すために、「私たちはカースト（caste）をミックス（mix）しないのよ」とラモに強い口調で言われたこともある。冬になり、水道管が凍結した後、水汲みにいく際には、近所に住む下層の女性たちと道ですれ違うことが何度もあったが、ラモはその度に、まるで彼女らが存在しないかのように、別の方向に顔を向けて通り過ぎていた。

下層の人に関する次のような出来事もあった。二〇〇九年一〇月に、筆者は他村に二週間ほど滞在した後、C町に乗り合いタクシーで帰ってきた。その際、寺院の前で下ろされたはいいものの、自分のリュックが重過ぎて背中に担ぐことができず、悪戦苦闘していた。同じ場所で降りた女性たちはこちらを気にしつつも通り過ぎて行ったが、一人の青年が見かねて、私のバッグを担ぎ、ラモ宅まで運んでくれた。お礼にお茶に誘ったが、彼はバッグをおろすや否や、小走りで家から出て行ってしまった。ラモは、「あれはベタだよ」と嫌そうな顔をして言った。しかし、下層の人に関する発言や対応は、年々変化していくことになる。

下層の人に対する発言の変化

二〇一一年八月二三日、ラモの娘ソナムと家の屋根の上に布団を敷き、一緒に寝た際、彼女は下層の人の見分け方や接し方について話した。下層の人はヒンドゥー教徒とも結婚するため顔つきや服装が異なること、話し方が「荒い」こと、普段挨拶はするが絶対に家にはいかないこと、長く一緒に時間を過ごすことはできないことなどを説明した[1]。また、「ゾ、ベタ（下層の人に対する侮蔑的な名称）という言葉を使うと、もしその人たちがそれを聞いたら、警察につれていかれて刑務所に入れられるから、外では絶対に言っちゃだめ。公の場ではね。裏（家の中）でだけみんな話してる」とも話した。この下層の人に対する呼び名については、ソナムはその後、二〇一一年九月二四日、一〇月三日、一〇月四日にも言及した。

確かに、一九五〇年に制定されたインド憲法は階級を理由とした差別待遇を禁止している。「憲法は一般原則として、人種、宗教、姓階[2]、出生地、住居、家系、階級、言語、性を理由とする差別待遇を禁止している。また同じ理由からする国家公務員への雇傭任命に関する差別待遇、搾取、文化教育上の差別待遇、選挙上の差別待遇というような公共生活における差別待遇を禁じている。また私的生活や私的教育機関における差別待遇も同じように禁じている」〔落合　一九六四：三三―三四〕。しかし、二〇〇九年時点で聞かれることのなかったこのような法的な言説がなぜ二〇一一年以降聞かれるようになったのかは確認ができていない。

下層の人に対するふるまいの変化

二〇一四年に訪れた際には、ラモの下層の人に対する関わり方は目に見えて変化していた。ラモは、近所に住む下層の女性と道で会った際、挨拶をするようになっていた。ある時には、ラモの家の前に併設されている雑貨店に買い物にきた下層の女性ルル（二〇代前半）とラモが立ち話をしており、ラモが「結婚する前に仕事を見つけなきゃだめよ。仕事を見つけてからでも結婚するのは遅くないんだから」と、彼女にアドバイスしていた。これには筆者も驚かされた。五年ほど前には考えられないやりとりだったからだ。

下層の人びとのふるまいの変化

二〇一四年一月、雪が積もると、ラモの近所に住む下層の女性ビム（六〇代前半）とその息子（二〇代後半）、娘ルルが雪かきを手伝いにきたことが三度あった（一度は一月四日、他は不明）。ラモの家は、自宅とゲストハウスの二つの建物の屋上を雪かきしなければならず、近所の人より時間がかかっていたため、近所の人が手伝いにきてくれていた。その際には、ビムたちもともに雪かきをし、休憩がてら一緒にミルクティーと揚げ菓子も食べた。

ラモが、なぜ下層の人に対する態度を変化させたのかは分からないが、近所の下層の人がラモ宅を手伝いにくるようになった理由は、後に判明した。一度、ビムの家にお菓子を持って行った際、彼女になぜラモの雪かきを手伝うようになったのか聞いたところ、「それはあなたがいるからよ。前に、あなたがゲストハウスの屋根の雪かきを一人でしているのを見たから。あなたがいなければ、手伝いには行かない」という返事が返ってきた。

確かに、筆者はビムたちの生活が苦しかったであろう二〇〇九年当時、しばしば食料やお菓子、衣類の差し入れをしていた。ビムは、夫を亡くして以来、一人で四人の子供を育ててきた。彼女はＰＷＤ（道路や橋などのインフラ整備を行う部門）での労働者としての仕事と鍛冶屋の仕事をかけもっていたが、四人の子供を育てるためには厳しい家計状況だったという。事実、当時高校に通っていたルルに新しい制服を買ってあげられず、またスピティの人びとがミルクティーをつくるために必ず入れる牛乳も買えないほどだった。家の中にはあまり物が置かれておらず、閑散としていた。かろうじて置かれていたテレビも古い白黒のものだった。

それに対し、今はビムの息子二人が就職――一人は軍へ、一人は役所へ――したため、彼らからの仕送りで生活が楽になり、二〇一五年に訪れた際には、部屋の中の食器が一新され、テレビも大きな新しいものへと買い替えられていた。このように、調査者自身のふるまいがきっかけとなって階層間の関わりが変容されるケースもある。

階層間における対立関係の継続

一見、ラモとビムの関係は良好になったかのようにみえるが、実際には、表に出ない形で対立関係はつづいている。ビムは筆者がいないと雪かきを手伝いに行かないと話す。ラモも筆者と水汲みに行く途中、ビムの家の前を通り過ぎるとき、筆者に、「中は臭くないの？」と聞いてきた（二〇一四年一二月）。また、以下で詳しく述べるが、他村でラモのニリンが下層の人に暴力をふるい怪我をさせ、下層の人がラモ宅を尋ねてきた際、ラモと隣人タシは客人にふるまうミルクティーを下層の人には最後に提供し、彼らが使ったコップは他の人のコップを洗った後に洗い、ガスの火でコップのふちをあぶっていた。二度目に彼らが家を訪れた際には、「怒られるかしら」と言いながら、滅多に使わない紙コップでミルクティーを提供し、すぐに捨てていた。他にも、依然として家の中では下層の人に関する差別発言、例えば、「そんなに目立つアクセサリーつけてたらベモ（下層女性に対する侮蔑的名称）に見えるわよ」

（二〇一四年六月二五日）などをよく耳にした。このように、階層間の関係は良好になったというよりも、内と外でうまく言動を使い分けられるようになっただけのようにもみえる。

他村における階層間の相互扶助関係

このように、C町では階層間の相互扶助関係はあまりみられなかったが、他村では頻繁に手伝いあう様子が観察された。例えば、二〇一四年六月二八日から、ラモの生まれ故郷であるS村に、ラモの異母妹タンジンとオプチュンと一緒に二泊三日で農作業を手伝いに訪れた際、二九日に下層（楽師の階層）の女性（三〇代前半）が手伝いにきて一緒に農作業をおこなった。オプチュンと下層の女性は同級生であり、農作業中、二人は当時の思い出話に花を咲かせていた。昼食も一緒にとったが、下層の女性だけ自分の家から皿を持参していた。

その日の夜、下層の女性がいないときに、筆者がこの村では階層関係なく付き合うのか聞いたところ、オプチュンやタンジンは関係ないと言い、彼女らの母親は、「よく彼女（下層の女性）の好きな食べ物をつくって、食べにおいでと招待する。彼女もたまに食事に招待してくれる」と話した。食後の食器に関しては、下層の女性が使ったものを最後に洗うようにしたり、あるいは下層の女性自身が自分の使った食器を洗うようにしているようだが、普段付き合うぶんにはとくに問題はないという。

また、以前は、どこの村でも宴の際には楽師に対し敬意を払い、彼らのコップや食べ物を置く専用の石台を用意しており、R村では今でもそうした下層の人びとと中間層の人びとの関係が維持されており、楽師の人が疲れると村の若い中間層の男性が一時的に演奏を変わることもあると聞かれた（二〇一一年一〇月二〇日、小学校教師の三〇歳代前半の男性からの聞き取り）。このように、場所や人によっては、階層間の関係が比較的良好な場合もある。

あくまで筆者の感覚に過ぎないが、C町では階層の違いから「差別」が生み出されているように見える――侮蔑的な名称を用いたり、あざ笑ったり、暴力をふるうなど――が、他方S村では階層の違いは単に「差異」にとどまり、どのようにふるまうべきかが異なるだけのように感じた。

以上から、階層間関係については、筆者が調査をつづけているこの六年間で、下層の人が中間層の人に無視されていた状態から、両者が手伝ったり会話したりするようになるなど、関係が良好になったようにみえる。しかし、関係が良好にみえるのはあくまで公的な場においてであり、その他の場面では依然として、中間層の下層の人への差別的発言や下層の中間層の人への反感が存在している。この点、中間層の人は自らが不利な立場に置かれないために、ウチとソトで態度を戦術的に使い分けていると理解できる。他方、近郊の村では、下層の人と中間層の人は緊張状態にはなく、協力関係にある。これには、C町がスピティにおける政治的な中心地であり、選挙における競合が激しいことが関係している可能性がある。

三　選挙と階層

階層間関係を劇的に変容させるきっかけとなった民主政治、なかでも特に選挙をとりあげ、下層の人びとの政治的地位が向上した反面、儀礼の場面でその反動ともとれる現象が起こっていることについて検討する。

１　政治の場面における地位向上

民主政治の導入、特に選挙の本格的な実施に伴い、下層の人びとの政治的地位が向上し、その結果、階層間の序列関係が揺らぐ状況が生じている。

第八章で詳しく述べるように、社会的弱者にある一定の議席数を与えることを留保制度という。留保制度の設定によって、下層の人びとが選挙に立候補し、役職につけるようになった。また選挙では一人一票投票できるようになったことで政治決定に参加できるようになり、下層の人びとの政治的な影響力は強まっているといえる。

例えば、二〇〇五年に、鍛治屋の階層の七〇代の女性ザンモが郡自治体の役員（指定カーストの留保枠）に立候補し、選挙で選出された。彼女は兼ねてから実行したいと思っていた、傾斜がきつく危険だった道の舗装を実現させた。

また、二〇一五年一一月の郡自治体の役員選挙の際には、下層の人の留保枠でないにもかかわらず、下層の女性チメ（三〇代後半）が、郡自治体役員の地区一の選挙枠にインド国民会議派（以下、国民会議派）から立候補した。彼女はザンモの息子の妻である。チメによれば、彼女が立候補したことには、国民会議派の政党員たちに、彼女の人柄と、彼女と夫が二〇年以上国民会議派支持であることと、義母であるザンモが元役員であり仕事に関する知識を有しているとみなされたことが関係している（二〇一五年一一月一八日）。インド人民党（以下、人民党）からは、二〇一〇〜二〇一五年の間村長を務めた中間層の男性（四〇歳前後）が同じ枠に立候補していた。結局、選挙では国民会議派のチメが勝利した。彼女を支持した投票者に、なぜチメに投票したのかを尋ねたところ、「彼女は性格がとてもいいから」（三〇代の女性からの聞き取り、二〇一五年一一月二八日）という返事が返ってきた。なかには、国民会議派を支持しているからと答えた人も数名いた。

チメは、選挙期間中、村長選挙に立候補した中間層の女性ドルカ（五〇代）や、副村長選挙に立候補した中間層の女性ツェリン（四〇代後半）、そして郡自治体の役員選挙の地区二から立候補した中間層の男性とともに選挙活動をおこなっていた。筆者は彼女たちに同行して調査を行った。このインド国民会議派からの立候補者四人は、一緒に人びとの家をまわり、ときに休憩がてら中間層の人の家でミルクティーをふるまってもらって飲むこともあった。そのときにはチメも同じように飲んでいた。そして、昼時になると、決まっていつもチメの家に集まり、チメの家族がつくった手料理をドルカやツェリンは食べた。筆者は、今まで中間層の人が下層の人の家で食事をする光景に出会ったことがなかったため、新鮮に感じた。

また、二〇一五年一一月二二日、国民会議派の政党員一七人ほどで人びとの家をまわった際、チメは、同行していた筆者に書類を一時的に預けたが、その後、受け取るのを忘れて家に帰ってしまった。翌朝、チメがラモの家にきた。彼女は居間でラモにふるまわれたミルクティーを飲み、すすめられるがままに朝食も一緒に食べた。ラモは二〇〇九年当時と比べると下層の人と話すようになっていたとはいえ、下層の人を自ら家にあげたことはなかったため、筆者は驚きを隠せなかった。

この食事の件について、階層が違っても気兼ねなく食事をするのかを、ドルカとツェリンに聞いてみると、「チメは〔身の回りを〕きれいにしているから問題ない」という返事が返ってきた。ラモも、「あの人のカンバは綺麗（*gtsang ma* または *dag pa*）にしてある。食事も綺麗に作るのよ」（二〇一五年一一月一七日）と話した。チメは食器を丁寧に洗い、身なりも小綺麗にしているとも話した。また、ラモは、下層の人びとの大半は普段身の回りを汚くしているのだと筆者に話した。以上の発言からは、「綺麗／清潔」にしていることが同じ空間で食事をする際に重視されることが分かる。

そのほか、選挙では一人一票投票できるため、選挙の際には、中間層の人が下層の人に投票のお願いをしに行く。本来は、下層の人が上層の人に手を合わせて挨拶をするべきだといわれる。しかし、選挙ではその状況が逆転し、中間層の人が下層の人に手を合わせてお願いを行うようになっている。

以上からは、これまで政治決定に参加できなかった下層の人びとが投票あるいは留保枠への立候補という形で政治に参加し、共同作業を行うなど、階層間の序列関係が揺らぐような状況が生まれていることがわかる。また、人によっては身の回りを「綺麗／清潔」にしているとみなされれば、同じ空間で食事をし雑談をして時間を過ごすことが可能であることも分かった。その反面、内実を細かく見ると、実際にはそうとは言い切れないことがわかる。

2　実際の政治の現場における関係

必ずしも下層の人の地位が向上しているとはいいきれない事例を紹介したい。

例えば、ザンモが二〇〇五年の選挙に立候補したのは、彼女の意志からではない。実際には、中間層の政党員が話し合い、彼女に決定し、彼女に直接立候補するよう勧めたのである。彼女は、はじめは渋っていたが、何か役に立てるのであればと立候補を決心した。当選後も、ザンモは会議の度に提案を無視され、道の舗装も一年間言い続けてやっと実行させたことだった。

チメは、これまでにないほど中間層の人びとと関わっていた。ただ彼女に関しても、立候補したのは中間層の政党員に立候補するよう言われたからである。また、政治とは直接関係はないが、チメがラモの家の居間に入ってきた瞬間、ラモの顔には一瞬困惑した表情がみてとれた。チメがミルクティーと朝食をとり、筆者から書類を受け取って家を出た後、食器洗いをしようとした筆者に対し、ラモは「彼女のコップと皿は流しの端において、最後に洗ってね」と言った。

また、一人一票ではあるが、中間層の人びとの言説上では、下層の人の一票は中間層の人の一票より軽視されている。二〇一一年の郡自治体の役員再選挙の際、下層の人びとの票を集めたとされる人民党に対し、国民会議派の政党員の数人は、「あの人たちはゾやベタから票を集めたんだ」と非難していた。このほか、選挙の際には、中間層の人が下層の人に手を合わせてお願いを行うが、それは中間層の人びとにとっては必ずしも気持ちのよいことではない。政党員のなかには、本来は逆であることを強調する者もいた。

このように、制度維持の期間や選出された下層出身の政治家の人数という定量的な視点からはみえてこない政党員の戦術的なふるまいや現実も考慮した上で、階層間関係の現状を理解する必要がある。さらに、儀礼などの宴会の場において、政治的地位の揺らぎへの反動ととれる現象が生じていることにも注目する必要がある。

３　地位の揺らぎに対する反動

下層の人びとの政治的発言力の向上の反面、儀礼や祭礼での中間層の人の下層の人への差別的発言や暴力的行為が増加している。

政治的場面での下層の人の地位が向上するその一方で、楽器演奏を行なう楽師や鍛冶屋といった伝統的職業を担ってきた下層の人びと、なかでも楽師の人びとはとくに、伝統的職業に就くことを嫌がり、政府雇用の職に就くことを求める傾向が強くなっている。それは、留保制度などによって下層の人の政治的地位が高くなり、自由に自らの職を選択できるようになったからだけでは決してない。

その背景には、むしろ儀礼や祭礼での差別発言や暴力行為が密接に関係している。民主制の導入によって政治的発言力が向上したにもかかわらず、儀礼や祭礼では差別発言や暴力行為を受けるため、下層の人びとは生きづらさを感じている。楽師は、儀礼や祭礼において夜通し楽器を演奏したり歌ったりする欠かせない存在であるため、中間層の人に演奏するよう頼まれる。しかし、演奏中は、「音が小さい」、「もっと大きく叩け」、「大きな声で歌え」、といわれ、ときには蹴られたり殴られたりもする（二〇一一年一〇月三〇日、小学校教師の三〇代前半の下層男性からの聞き取り）。楽師以外の下層の人も、会場に来ているだけで、「ここに座るな。私たちと〔お前たちの〕カーストが混ざってしまう」とか、「ベモ（下層の女性に対する侮蔑的な名称）がきた！」などと言われる（二〇一一年一〇月一七日、二〇代半

表17　下層の人びとの職業と収入額

	仕事	月収（ルピー）	年齢	性別
1	楽師、ダマン（太鼓）	不明	20代	男
2	楽師、ダマン（太鼓）	1回250～5000	30代	男
3	楽師、歌（2の妻）	同上	20代	女
4	PWD（政府雇用）マネージャー	10,000	30代	男
5	PWD道の石をどける仕事（4の妻）	3,000～5,000	30代	女
6	PWDの道の石をどける仕事、鍛冶屋	3,000～5,000	50代	女
7	PWDウォッチマン（書類を運ぶ）	10,000	30代	男
8	PWDウォッチウーマン（7の妻）	10,000	30代	女
9	無職。1年に20日のみのPWDの道の石どける仕事	3,000（1年）	20代	女
10	小学校教師（新人）	4,500	20代	男
11	2005～2010年の間の郡自治体の役員	不明	70代	女
12	トラックの運転手	5000	30代	男
13	ペインティング（壁塗り）（4の夫）	1,500	20代	男
14	1年に20日のみのPWDの道の石をどける仕事	不明	20代	女
15	無職	なし	20代	女

※2011年の聞き取りから構成。

ばの下層の女性と三〇代後半の女性からの聞き取り）。

いつからこうした傾向が強くなり始めたのかを下層の人に聞くと、最近五～六年、その中でも特にここ二～三年の間だと答えた人が四人いた。こうした儀礼での風当たりの強さから、自分の祖父母あるいは親の代では伝統的職業（楽師）に就いていたが、親あるいは自分の世代で辞めてしまったという人が、私がインタビューした一五人中五人いた。儀礼での下層の人の立場が難しくなってきていることは、語りだけでなく、私が聞き取りをおこなった一五人の人びとの職業をみてもわかる（表17参照）。表にあげている四から一五の人びとは、本来は鍛冶屋あるいは楽師などの伝統的職業を受け継いでいたが職業を変更した、あるいは受け継ぐはずだったがやめた人びとである。

収入の面で考えると、伝統的職業のほうが儲かるはずであるにもかかわらず、一五人中現在楽師として活動しているのは三人のみである。収入は、大きい祭りだと一晩で五〇〇〇ルピー（一万円）、小さい祭りだと二五〇～三五〇ルピー（五〇〇～七〇〇円）である。冬の季節である九月下旬～一二月は稼ぎどきであり、ほぼ毎日予約で埋まっている。一般の公務員の仕事より一年間の収入は高いとされるが、詳細は不明である。

小学校教師の下層の男性（三〇代前半）の話によると、以前は、差別発言や暴力行為は無かったという。また、こうした状況がみられるのは調査対象地の主にC町であり、その他の村では頻繁には起こっていない。他村ではカースト同士がもう少し「混ざっている」のだと聞かれた（二〇一一年一〇月三〇日）。この「混ざっている」という言葉は、下層の人と中間層の人がともに居合わせる、あるいは協力しあうという意味だと思われるが、誰によってなぜこの言説が多用されているのだろうか。

差別発言や暴力行為を行なう人に共通しているのは、何らかの形で政治に積極的に関わっているという点である。差別発言を行なうのは主に女性であり、特に積極的に政治に関わっている男性の妻が下層の人には恐れられている。また、暴力行為は、二〇代の男性に多いと言われる。実際に蹴ったり殴ったりした人を下層の人に聞いて数人ほど特定してみたところ、全員、主要政党員である五〇〜六〇代の男性の息子であることが分かった。

選挙の際、もっとも下層の人と会話をし、自らが下手に出なければならないのは、政党員である。これらの点を考慮すると、政治の場面で序列関係がゆらいでしまう不可避の状況を、政治以外の儀礼や祭礼といった場面で回復しようとする試みととることもできる。

上述した内容は二〇一一年に調査した際のものである。二〇一四年に調査に訪れた際には、二度ほど中間層の男性から下層の男性への暴力事件が発生した。一件は、ラモのニリンによるものである。

【事例６―１】　暴力事件１

二〇一四年一一月九日の夜、ある村で誕生式が行われ宴が催された際、酔った状態でゲームをしていた中間層の男性（四〇歳前後、ラモのニリン）が下層の男性と口論になり、中間層の男性がビールの瓶で下層の男性の頭を殴り、約五センチを縫う怪我を負わせた。この際は、三万ルピー（約六万円）を加害者男性が被害者男性に支払うことで和解が成立し、警察に被害届を出さない約束が交わされた（ラモからの聞き取り）。

【事例6―2】　暴力事件2

二〇一四年一一月中、C町から車で一時間ほど離れたD村で誕生儀礼の宴が催された際、下層の男性一人が中間層の複数の男性に暴行を加えられ、全身に怪我を負った。その男性の衣類は破られた状態になっていた。彼は「恥ずかしさ」のあまり自殺をしようとしていたが、そのとき宴会に参加していた中間層の男性（四〇歳）が彼を保護して説得し、彼の村まで送り届けた（宴に参加し、被害者男性を保護した四〇歳の男性からの聞き取り）。

以上のように、下層の人びとの政治的地位が向上する反面、人びとの目が十分に行き届かない儀礼や祭礼の宴会場周辺の物陰や民家の一室などでは、下層の人が生存の危機を感じるような現象が生じるようになっている。そして、差別発言や暴力行為を行うのは、政治家の妻や息子たちが行っている可能性が高いことを指摘した。これに関しては、推測の域をでないが、政治の場面で自らの地位が揺らぐという不可避的な状況に対し、儀礼の場面で地位を回復し序列関係を再度固定化しようとする試みとして理解できるかもしれない。それは、とくに選挙において下層の人にお願いをするなど対等に関わらなければならないのは政党員たちだからである。さらに、そうした地位の揺らぎは、政党員本人だけでなく、ともに同じ家屋で暮らしている政党員の妻や息子にも影響すると考えられる。ここからは、政党員の男性を契機として揺らぐようになった自らの地位を維持するために、戦術的に下層の人に差別発言や暴力行為を行う一部の中間層の人びとが浮かび上がる。

また以上からは、中間層の人と下層の人は、日々関わり、ときに互いの人柄やふるまいを理解しようとしつつも、ニリンや隣人とのあいだに築かれるような親密なつながりは階層間では醸成されにくいこともわかる。

　このように、階層間の関係は、留保制度などの国の社会的弱者への政策の影響を受けつつ、政治的な立場や日々の関わりが変化するとともに、儀礼での差別発言や暴力行為といった地位の揺らぎへの反動もあいまって、ある意味いびつな形で変化しつづけている。本章では近隣の人びととの関わりのなかでも階層間関係をとりあげたが、同じ階層の隣人や友人との関係はどのようなものだろうか。隣人たちとのあいだにはニリンの関係は築かれうるだろうか。

注

（1）ソナムはこのことを「ヒンドゥー教徒の血が混ざって（mix）いる」と表現した。

（2）インドのカースト制度のように、出生により自らの属する階層が決められる社会制度のこと。

第七章　隣人と友人関係

前章では、近隣の人びととの関わりの一つとして階層間関係をとりあげ、階層ごとの親族の認識や、序列関係の揺らぎとその反動について明らかにした。本章では、身近に接する人びとのなかでも、隣人と友人関係に焦点をあて、どのような関係が築かれているのか、それはいかに表現されるのか、またニリンの関係との異同について検討する。

一　日々の生活における隣人関係

この節では、日々の生活における隣人や友人、そして居候との関係をとりあげ、日々関わる中で親密な関係が築かれていることを示す。

1　近所付き合いの概要

ここでは近所付き合いについて大まかに説明し、概要を示したい。

近所付き合いの概要は、筆者が滞在していたラモ宅を中心に描かれる。ラモ宅は、父親ワンドゥイ（六〇代半ば）、母親ラモ（五五歳）、娘ソナム（三二歳）、息子アンジン（三〇代前半）の四人暮らしである。年齢は二〇一四年時点のものである。当主はワンドゥイであるが、筆者が頻繁に関わったのがラモであり、ラモを中心とした近所付き合いを観察したことから、本書ではラモ宅と記述することにする。

筆者の滞在していたラモ宅は、主に、周辺の六つのカンパ、そして異母妹二人と異父兄夫妻と頻繁に関わっている。春から夏にかけては、農作物を育てる農家にとっても、観光シーズンであるため自営業の人にとっても多忙な時期となる。ラモは観光客用のゲストハウスの運営や靴屋の仕事が忙しくなるが、合間をみては隣人の家にお茶をしにいったり、朝食を御馳走になったり、自家製ヨーグルトをわけてもらったりする。その逆も然りである。その場合、少なくとも一時間近くは談笑する。

近所の人に食事を提供してもらった場合、後に同等の食事提供をしなくてはならない。例えば、肉餃子でもてなされれば、後に肉を使った料理（例えば、水餃子や煮込み料理）でもてなし、朝食に呼ばれれば、朝食か午後の間食に呼ぶ。他にも、何か食べものを受け取れば、後に他の食べもので返礼をすることが多い。特に、料理のお裾分けを受け取った場合には、空のお皿をそのまま返すことは失礼にあたるとされ、必ずお皿に何か返礼をのせて返却される。この食事提供や物の贈与交換は厳密なものではないが、ある程度人びとに意識されており、近所の人びとは定期的に食事に呼び合ったり贈りあったりする関係を築いている。

秋には、冬に向けて大麦を使った自家製の蒸留酒をつくる際、隣人に声をかけて三～四時間にわたって手伝ってもらったり、絨毯を織るのを一日中手伝いに来てもらったり、手伝いに行ったりする。毎年冬にはワンドゥイとソナムがデリーに出稼ぎにいくため、一〇月から三月まではラモとアンジンの二人きりの生活になる。冬は雪と寒さのため、自営業の人は店を休むか、開けても四時や五時など早めに切り上げることが多い。そのため、隣人たちと関わる機会が増える。水道管が凍るため、水汲みにいく必要があるが、そのときには隣人同士で声をかけあい、二人以上で行くことも多い。そして、互いに水を入れたポリタンクを背中に担ぐ手助けをする。

屋根や庭の雪かきをする際には、毎回ではないが、早めに終わった家の人が他の家の雪かきを手伝いにいく。例えば、二〇一五年一月には九日間積雪があり、そのうち隣人がラモ宅に手伝いにきたのは三日間だった。三日のうち、二日間はそれぞれ一人ずつ、残りの一日は五人が手伝いに訪れた。雪かきに関しては、屋根の面積が大きい家の人がいつも手助けしてもらうことになるが、働いてもらう分、家の人びとはミルクティーや揚げ菓子、ときに食事をふるまってもてなす。また、雪かきの返礼として、絨毯を織る手伝いをすることもある。

隣人との関係に関する規範や実践には、宗教的に権威をもつ僧侶による発言も関わっている。ラモは、しばしば筆者に、チベット仏教ゲルク派の宗教的指導者ダライ・ラマ一四世が隣人と良好な関係を築くべきであると説教していることを話した（例えば二〇一五年二月七日）。

ここで、二〇一四年一一月中（一日から三〇日までの合計三〇日間）にラモが誰かを訪問した、あるいはラモ家に訪問しにきた人とその内容を確認したい。ラモがこの一ヶ月間に人びとの家を訪問したのは、筆者が観察できた限り、一九回である。そのうち、ニリン宅を訪れたのは一〇回（五二・六％）（うち六回はラモの異母妹の息子が亡くなり手伝いのため）、近隣住民や友人宅を訪れたのは九回（四七・四％）である。その他、ラモに頼まれて筆者が近隣住民宅を訪れたことが五回あった。

逆に、ラモ宅に人が訪れた回数は、全部で一一六回だった。そのうち、近隣住民五二回（四四・八％）、ニリン三二回（二七・六％）、知り合い二二回（一九％）、ゲストハウスの客人六回（五・二％）、友人二回（一・七％）、下層の人二回（一・七％）である。

この数字をみると、ラモが誰かを訪問した回数より、ラモ宅への訪問者の訪問回数の方が圧倒的に多い。この点、近所付き合いに関しては、年齢が関係していると考えられる。スピティでは年少者が年長者を敬う。例えば、厳密ではないが、部屋の中では扉から離れたなるべく奥に年長者、入り口付近に年少者が座るなどである。家の行き来に関しては、当人同士の関係にもよるが、筆者の印象では、年少者が年長者の家を訪れることの方が多い。

ラモを含めた七つのカンビジマックのうち、女性の年長者は二〇一五年時点で五五歳のラモである。その他の女性は、五〇代前半、四九歳、四七歳、三九歳（個人店を営む仕事仲間）、三八歳、三六歳とつづく（図15参照）。隣人たちは、お茶に誘われてきたり、雑談をしにきたり、調味料や食料を分けてもらったり、身内の不幸事について相談したり、

図15　ラモの家屋周辺の概念図

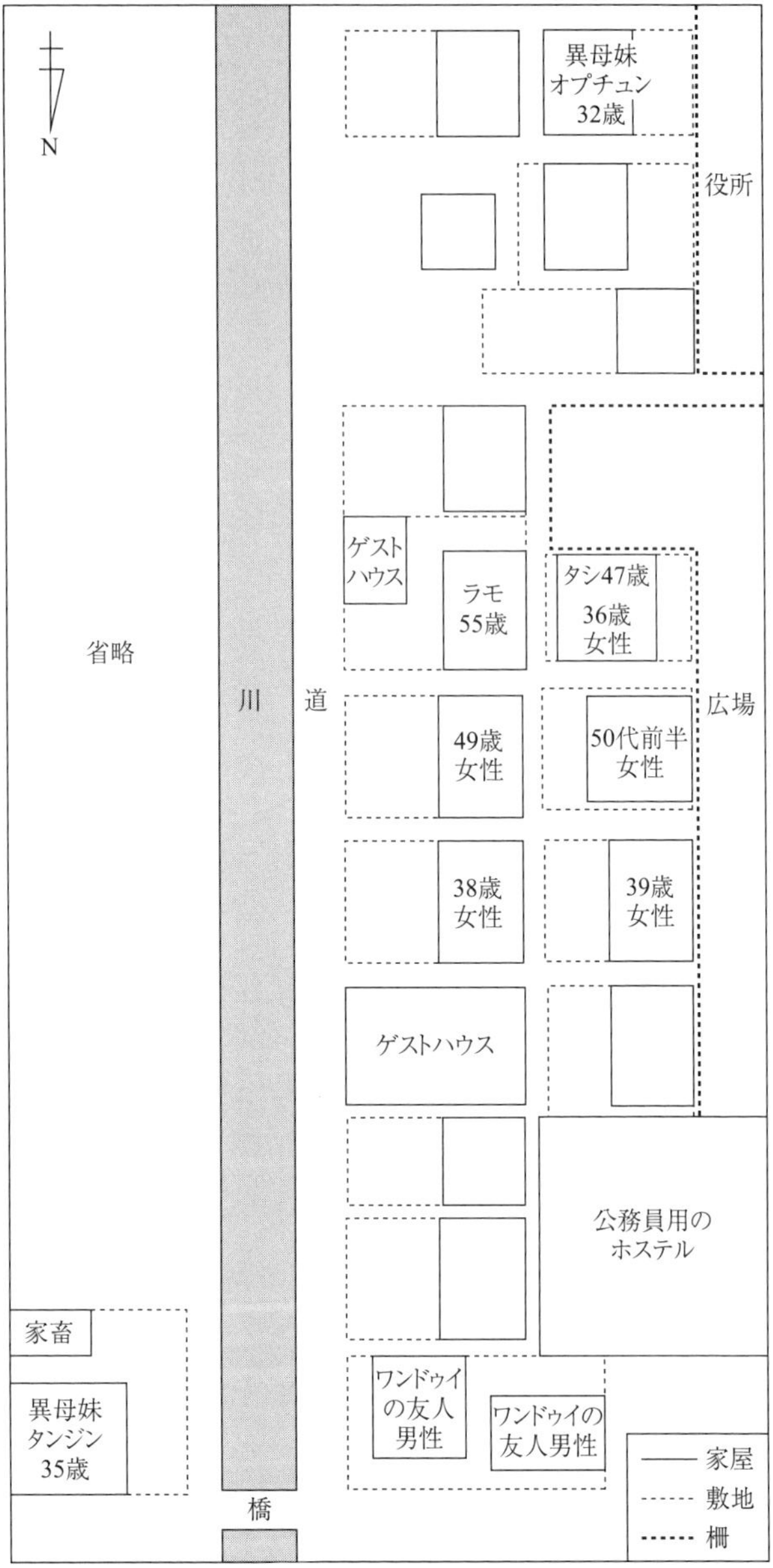

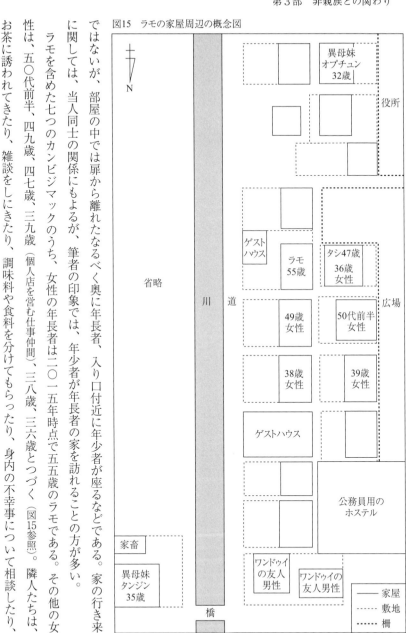

子供を預けにきたり、何かを手伝いにきたりする。また、ラモが雑貨店を営んでいるため、買い物に来たついでに寄って行くことも関係していると考えられる。その他、ラモ宅は仏具が揃っているため、個人宅で行われる儀礼に際して隣人が仏具を借りにくることがある。例えば、二〇一五年二月二二日に五〇代前半の隣人女性が事故に会った息子の儀礼のために借りに訪れたほか、二〇一五年二月一六日には三六歳の隣人女性が厄年の厄祓いのためにラモ宅に仏具を借りにきた。

隣人同士で一緒に投票に行くこともある。二〇一四年五月の総選挙の際、ラモは近隣住民四人と一緒に投票所に出向いた。ラモは国民会議派を支持しており、一緒に投票所に行った四人のうち、二人は国民会議派に投票、一人は人民党、残る一人は不明である。こうして、みなが同じ政党を支持しているわけではないが、隣人同士で一緒に投票所に行くこともある。ただし、家屋が隣接しているからといって、必ずしも頻繁に関わるわけではない。例えば、ラモは南側に隣接している家屋の人びととはほとんど交流がない。これには、その家屋の人びとが人民党を強く支持していることが関係しているかもしれないが、ラモが頻繁に関わる隣人の中にも人民党支持者がいることから、はっきりとは分からない。

なお、スピティでは、一般的に、近隣住民に対しては「ヤト（*ya do*：対の一方、仲間）」あるいは「キムツェ（*khyim mtses*：近隣住民）」、またはヒンディー語の「パドシー（*padosi*：隣人）」という語が用いられる。

ラモ宅に訪れる隣人の次に訪問回数の多かったニリンは、雑談やお茶をしにきたり、ラモに牛乳や水などの贈物を届けにきたり、ラモに言われて物を取りにきたり、手伝いにきたり、調味料やにんにくなどの食料を分けてもらったり、あるいは暴力事件や親族の死亡の伝言のために訪れていた。特に、ラモの異母妹タンジンとオプチュン、そして異父兄カルマ夫妻が頻繁に訪れる（図16参照）。彼女たちの場合、収入などの金銭や病気に関する相談、一時的に子どもを預けるため、あるいは仕事に行くまたは帰る途中寄り道をしてラモ宅を訪れる。異母妹やラモの嫁の

図16　ラモを中心とした簡略な親族図

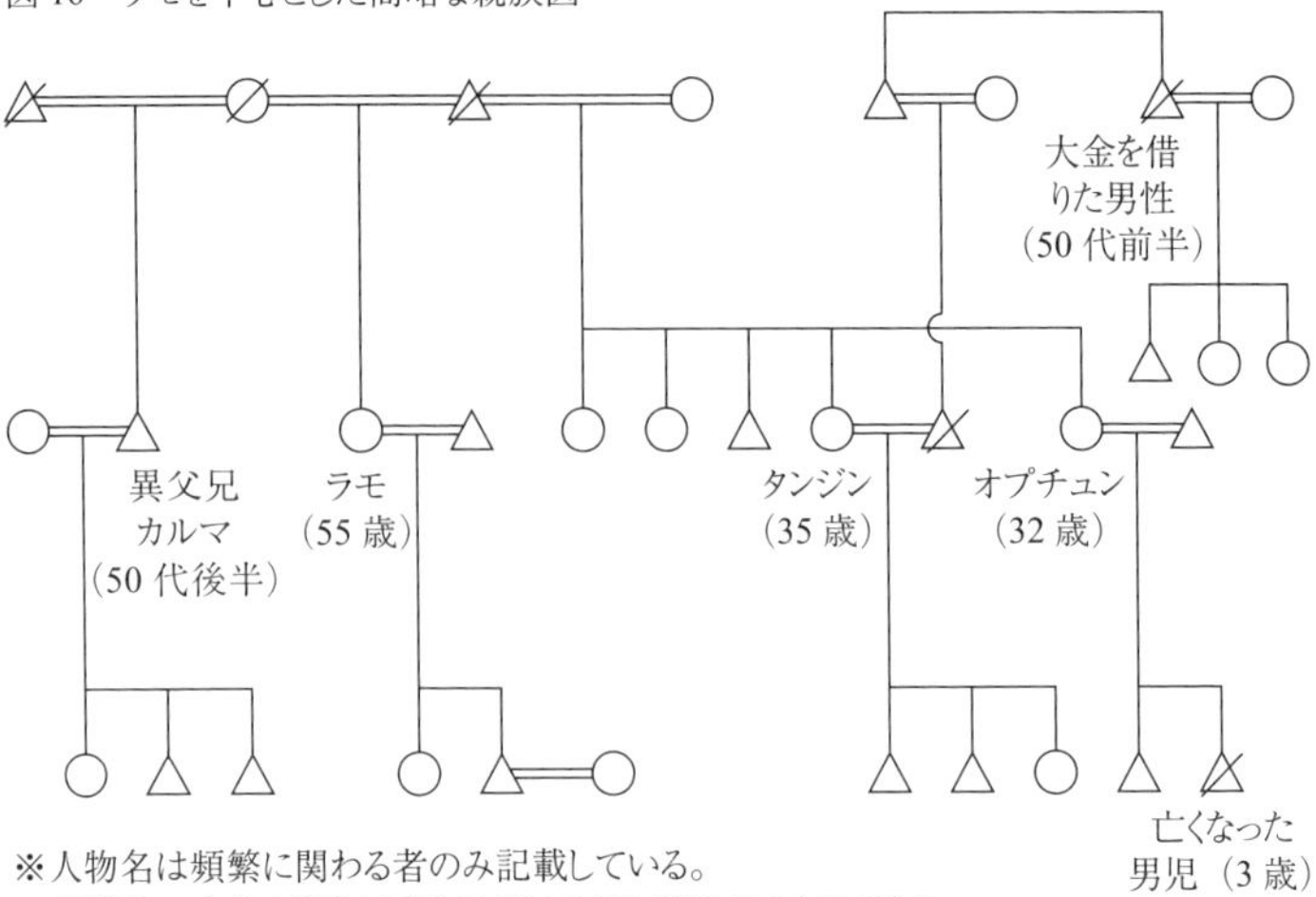

※人物名は頻繁に関わる者のみ記載している。
年齢は、大金を借りた男性以外は2015年時点のものである。
斜め線（／）はすでに他界。

姻戚関係の訪問の多さにも年齢が関係していると考えられるが、異父兄に関しては逆であり、関係によっては異なりうる。また、ラモの嫁の姻戚関係の人びとが、役所での手続きや買い出しのため他村からＣ町に来た際にラモ宅に寄ることも関連している。

ここからは、日々の生活において隣人同士は頻繁に関わっていることがみてとれる。日々の生活において、隣人同士のあいだには、お茶や食事を提供し合ったり、モノを贈り合ったり、あるいは必要なときにさまざまな手伝いに呼び合い労働交換を行うなど相互扶助関係が築かれている。ニリンと比べても、隣人の方が日頃関わる回数が多い。では、ラモと隣人たちとのあいだには具体的にどのような関係が築かれているのだろうか。

２　隣人との日々の関わり

隣人関係の一例として、隣の家に住むタシ（四七歳）という単身世帯の独身女性とラモとの関係をとりあげる。タシは、他地域からＣ町に移動し近隣に住むことでラモの親しい隣人になった。ラモとタシの間に築かれている相互扶助関係は必ずしも均衡がとれていないとともに、両者の間には日々の関わりを通した感覚的なつながりがみてとれることを示す。なお、C町では単身世帯の女性は彼女を入れて二人のみである。

タシは他村の出身で、仕事（PWDという道路、橋、ロープウェイ、そして建築物の計画、建築、維持を行う部門の役所用と、そこで働く外者の公務員の私生活用の水を運ぶ）をするためにC町に住んでいる。確認はとれていないが、ソナムによれば、タシは彼女の両親が結婚を決め、一度スピティと近接するキノール地方へ嫁いでいったが、夫と相性が悪く[1]、婚姻儀礼後すぐにC町まで歩いて帰ってきた。タシ自身は未婚だと筆者に話した。彼女はC町に住む彼女のニリンの家屋の一室に住まわせてもらっている。とはいえ、タシのニリンと寝泊りや食事、生計は別であるため、スピティでは珍しく一人暮らしである。一人暮らしであるためか、彼女は頻繁に隣人や友人にお茶や食事に誘われ、彼女たちの家で食事をしたり寝泊まりする。とくに、家族がスピティを離れ、一時的に一人になるような場合には、タシは友人や隣人に必ずといっていいほど呼び出される。

　タシは友人や隣人のなかでもラモと親交が厚く、何も用事がないときにもよくラモ宅にやってくる。冬には毎日のように訪問する。タシは朝、筆者が牛乳をとりにいく八時半から九時前後にやってくる。何も言わずに勝手に居間まで入ってくることがあれば、窓から覗き込み、何をしているのか確認をしてから入ってくることもある。ラモ宅でミルクティーを飲むことが習慣となっている。そして、ラモまたは筆者と水汲みにいく。しばしば朝食もともに食べる。その後は互いに仕事や用事にとりかかるが、ときには一四時過ぎにラモ宅で一緒に昼食を食べ、庭で日なたぼっこをしながら編物やおしゃべりをし、夕飯を一緒に作って食べ、そのまま寝泊まりすることもある。

　話す内容はその時々で変わり、政治や野菜の値段、町の出来事や噂話、料理、水、家具や家族の話など、時事的な話から個人的な話までざっくばらんに雑談がなされる。冗談も頻繁に持ち出され、ワンドゥイとアンジンが不在のときには酒も入って踊りだし、笑い転げることもある。

このほか、蒸留酒をつくるとき、暖炉の薪を運ぶとき、客人が多く忙しいときにはラモがタシに手伝いにくるよう頼む。アンジンもタシが家にいることは当たり前になっているようで、とくに気にする様子もない。ラモ宅に近隣住民が訪れた回数五二回のうち、三八回はタシの訪問だった。この訪問回数には、タシが一日のうちに何度か訪れた回数も含まれている。日数にすると、三〇日間に二五日間訪れていた。この数字からも、タシとラモが頻繁に関わっていることがわかる。また、タシがラモ宅を訪れた三八回のうち、二五回はお茶や雑談、食事のため、七回は一緒に水汲みに行くなどの共同作業のため、六回はラモ宅の水汲みなどの手伝いのためだった。逆に、ラモがタシを訪れた回数は二〇一四年一一月中四回、そのうち二回はいたずら(2)のため、一回は食事のため、一回は手伝いのためだった。

上記の数字と訪問理由からは、ラモとタシの関係が単なる手伝いが必要なときだけ呼び合うような関係ではないことがわかる。単なるお茶や雑談が大半を占めているからである。また、タシがラモを手伝うことがほとんどであり、食事やお茶をラモから提供されるとはいえ、それらもタシ自身が作るために返礼となっているのか不明である。この点について、筆者がタシに尋ねると、彼女はたいてい「問題ない」、あるいはラモの膝が悪いために「彼女にとっては〔水汲みは〕大変だから」と答える。両者のあいだには不均衡な関係が築かれているといえる。より長期間の訪問回数と訪問理由を出すと、両者の非対象性がさらに際立つと思われる。

むしろ、両者のあいだには単なる相互扶助関係の枠に収まりきらない関係がみてとれる。例えば、ラモはタシが家に来たか否か、どこにいるのかをいつも気にかけている。

【事例7―1】　隣人を気にかける

二〇一四年一一月四日の夕方、ラモは数日間タシを見かけなかったため、「今日は、タシはきた？　来なかったの?」と筆者に聞き、筆者が来なかったことを伝えると、彼女は考える様子で、「チョンモ（タシの友人である四〇代後半の女性）のところに行っているに違いないね。チョンモの旦那が下（都市）のほうにいってしまって、彼女一人でいるから」と話した。同日の夜、ラモとワンドゥイは、タシの携帯に電話をかけ、別人のふりをして作り声で「扉開けて、扉。何してる。どこにいる」と笑いを押し殺しながら言い、タシをからかっていた。翌日、タシはラモ宅を訪れ、昨日の電話はラモたちの仕業だと分かったことを笑顔で筆者に話した。

この事例からは、ラモがタシのことを気にかけるとともに、とくに用事がなくともタシと関わろうとする様子がみてとれる。こうした関係はどのように理解できるだろうか。

ラモとタシの不均衡な関係は、戦術論の視点から、将来的な手助けを期待して現在手伝っていると説明することができるかもしれない。しかし、タシの場合、長期的に考えた場合も、ラモの方が年長者であるため将来本人からの手助けは期待できそうになく、娘や息子の世代に期待するにはリスクが大きい。つまり、タシとラモの関係は短期と長期の双方からみても、必ずしも均衡がとれているとは言いがたく、その意味で典型的な労働交換や贈与交換のモデルにはあてはまらない。ここからは、ブロックが想定していたような、長期の相互扶助関係における不均衡に耐えうるモラルの強い関係（親族）と、短期的に利益重視の相互行為を行うことで均衡が維持されるモラルの弱い関係（非親族）という図式はあてはまらないといえる。

むしろ、隣人の間に、日々関わるなかで互いに気にかけ合い、相手の居場所や何をしているのかを頻繁に把握しようとするような関係がつくりだされていることが関連していると考えられる。不均衡な関係についてのタシの返答からは、タシが脚の悪いラモを気遣って手伝っていることがわかる。[3] ここには情動的なつながりがみてとれ、このつながりは同じ場で長時間ともに過ごし関わることによってつくりだされると理解できる。こうしたつながりは、居候とのあいだにも生じうるだろうか。

３　居候との関わり

次に、居候である筆者も、滞在中は毎日ラモたちと接し、タシとも頻繁に関わることを通して、ラモたちの日々の感覚のなかに組み込まれるとともに、義務を負う対象とみなされるようになったことを示す。

筆者はスピティ滞在時、ラモと同じ家屋に住み、水汲みや牛乳運び、野菜の買い出し、食事づくり、食事、片付け、掃除、犬の世話、店番、雪かきの他、蒸留酒づくりや絨毯製作、儀礼の手伝いなどをする。何も仕事がないときにも、ラモと居間や中庭、隣人宅でお茶を飲み雑談をして時間を過ごす。なお、筆者は月に六〇〇〇ルピー（約一万二〇〇〇円）を支払い、しばしば野菜や生活必需品、仏具等を購入していたことから、必ずしも手伝う必要はなかったが、ともに暮らすうちに手伝うようになった。

筆者がラモ宅に滞在したのは、調査期間約二〇ヶ月のうち約一九ヶ月間である。二〇〇九年に四ヶ月間滞在した際には、一一月と一二月は毎日居間でラモと一緒に就寝し、それ以外の期間は家屋のなかの一室を与えてもらった。ラモのニリンと相部屋になった期間もあった。筆者は、週に二日程度、疲れて一人になりたい時（約二時間）と、毎日寝るときには自室にいた。その他、役所の人や町人にインタビューをしに行く時や、寺院への参拝と僧侶から読経の指導を受けるとき以外は、基本的にラモと過ごした。

筆者の場合、共住しており、ほとんどの時間をラモ宅で過ごしていたこともあり、訪問回数や接触回数のように回数で表すことは難しい。そのため、一日のうちおよそ何時間をともに過ごし何をしていたのかを示したい（表18参照）。この時期、ワンドゥイとソナムはデリーへ出稼ぎに行っており、不在である。また、隣人のタシと、ラモ宅の

表 18　筆者がラモと過ごした時間と活動内容

時間	誰とともにいたか	活動内容	時間（分）
8:30-9:10	ラモ	お湯とお茶づくり、暖炉に火をつける、仏間での祈り	40
9:10-9:50	ラモ、（タシ）	朝食作り、水運び、牛乳運び	40
9:50-10:30	ラモ、アンジン、（僧侶、タシ）	朝食、後片付け、掃除、犬の餌やり	40
10:30-11:30	ラモ、あるいは一人	お茶、雑談、あるいは店番	60
11:30-13:00	ラモ	昼食づくり、雑談、店番	90
13:00-14:00	ラモ、（タシ）	昼食、片付け	60
14:00-16:00	ラモ、あるいは一人	居間か中庭でくつろぐ、雑談、編み物、お茶、寺院参拝、ラモの親族と出かけるなど	120
16:00-17:00	ラモ	雑談、あるいは居間でラモと雑談しながらデータ入力	60
17:00-19:00	ラモ、アンジン（僧侶、タシ）	お茶、夕食づくり、雑談	120
19:00-21:30	ラモ、アンジン、（僧侶、タシ）	雑談、後片付け、犬の餌やり	150

※ 2015 年 1 月中。

嫁の母方オジにあたる僧侶が、しばしばラモ宅に来て滞在していた。

表で示したスケジュールのほか、積雪があった日には、一日のうち五～六時間ほど雪かきをする。二〇一五年一月中積雪があったのは合計九日間である。

一〇：三〇～一一：三〇と一四：〇〇～一六：〇〇の時間帯は、ラモと別の場所にいることもしばしばあったため、その時間の六〇分と一二〇分を差し引くと、一日のうち、約一〇時間をラモやアンジン、タシ、親族の僧侶と過ごしている。スピティでは家庭内の仕事が多く、手伝いをする時間が長くなるが、何か用事をするときだけでなく、暇になったときには必ずといっていいほど呼ばれ、一緒にお茶を飲んで雑談をする。

これは単なる筆者の思い込みではないと考える。二〇一四年の一二月からスピティを離れる二〇一五年の三月上旬まで、ラモは毎週のように、筆者に自室ではなく居間で彼女と一緒に寝ないかと誘ってくれた。筆者も二〇〇九年のときのように一緒の部屋で寝たかったが、寝る前にその日一日のデータをまとめなければならなかったことと、ラモのいびきのことを考えて断り続けた。二〇〇九年時点では、あまり家事について把握しておらず、できることも少なかったが、二〇一五年には、家の中の仕事は料理から仏間のことまでほとんどできるようになっており、以前とは比べられないほど毎日体力を消耗していたため、十分な睡眠が必要だったからである。

また、次のような事例もある。二〇一五年の年明けから訪問客が多く、彼らは筆者に、「どこに行っていたのか」、「あの日／昨日は何をしていたのか」などについて質問してくることが多々あった。その際のラモの対応を紹介したい。

【事例7―2】　居候への気遣い

二〇一五年一月一〇日、朝から訪問客に昨日どこに行っていたのか事細かく聞かれ、筆者は一人になりたくなり、朝食の片付けの後、掃除をせずに珍しく自室に引きこもった。すると、しばらくして、ラモがドアの外から、「チュキー（筆者のあだ名）！　中（居間）は火をたいて暖かいよ！　人いないよ！　おいで！」と叫んだ。その後、筆者は居間でしばらくラモと雑談したり本を読んだりした。

この事例からも、ラモとタシの関わりのように、単に手伝いの際にのみ関わる関係ではないと考えられる。かといって、互いに意図して積極的に関わろうとしていたわけでもない。日々関わるうちに、ともにいることが当たり前になり、互いに気遣うようになったのだと考えられる。

こうしてともに生活するなかで、いつの間にかラモたちとのあいだに「いつも一緒にいる」ような感覚が芽生えるようになった。以下でこれに関連する事例を二つ紹介したい。

【事例7―3】　何かが欠けている

二〇〇九年九月～一二月の間ラモ家に滞在していた際、キッパル村で用事があったため二週間ほどラモ宅を不在にした。筆者が帰ってきたとき、アンジンが、「母もタシも、チヒロがいなくて、何か欠けているような（無いような）気がするって言っていたよ」と筆者に伝えた。タシも、「心の中が空になった（セムバ・トンバ(4)（*sems pa stong pa*）は直訳すると心が空の意）」と話した。

「セムバ・トンバ」という表現は、親しい人が遠くへ行ってしまったことや、自らの配偶者や子供が他界してしまったことに触れる際に用いられる。例えば、夫を事故で亡くしたタンジンから、「夫が亡くなって心が空になった」と聞かれた（二〇一四年六月）。

二〇一四年に筆者がラモ宅に滞在していたときも、ラモやソナムはしばらく筆者の姿がみえないと、「チヒロ！どこにいるの／何してるの」と大声を出して確認しようとし、それでも答えないでいると断りなく部屋の中まで入ってきていた。

これはタシに関しても同じである。タシもラモ宅を訪れた際には、必ず、筆者が家にいるか、元気か、何をしているのかを確認しようとする。ときには疲れて昼寝をしている筆者の部屋の窓を外から叩き開けて中を覗き込んできたこともあった（二〇一五年一月）。その豪快さは笑ってしまうほどだった。

筆者自身も、ラモの姿がしばらく見えずどこにいるのか分からないと、何となく不安になって近所まで探しに出かけていた。たいていは近所の人の家でお茶を飲んでいるか、店番をしていた。タシに関しても、朝タシがラモ宅に来なかったときには不思議に思い、とくに用事はないがタシの部屋まで訪ねて行き、在宅の際には彼女の部屋でお茶を飲んでいくことがしばしばあった。また、老後を心配し節約する彼女にしばしば食糧を贈った。

タンジンもよく筆者のことを気にかけてくれるとともに、農作業で二人きりになったとき、二〇〇九年に転落事故で夫を亡くした辛さや、自殺願望があることを筆者に打ち明けてくれた（二〇一四年五月一〇日）。タンジンは、彼女の兄妹やラモには自殺願望について話していなかった。これはタンジンと筆者のあいだに親密な関係が築かれていたからだけでなく、筆者がよそ者であり他言しないことを分かっていたためだとおもわれる。筆者はそれを知ってから、タンジンをどのように支えられるかあれこれ悩んだ。

筆者が彼らとの関係を良好に保つために気を遣っていたことや労働力を提供したことは数えきれないほどあるが、ともにいるような感覚は、良好な関係を築くための投資とは異なり、日々の関わりを通して否応無しに彼らとの間に生じるようになったものである。もう一つの事例は、以下の通りである。

【事例7―4】　離れることが辛い

二〇一五年三月、長期調査を終えてスピティを離れる一週間ほど前、雪の関係で早めに離れるかもしれないことを伝えると、ラモの目が充血し、潤んでいた。あくびをしてただ眠いようにもみえたので、あまり深く考えなかった。若干の違和感だけが残った。結局、雪の影響で急きょ歩いて下山することになり、悲しむ暇もなく筆者はスピティを後にした。

同年の一一～一二月、筆者は博士後期課程での最後の調査を行った。調査を終え、帰国のためにスピティを離れる前日の夜、筆者の好物のじゃがいも餃子（*aloo mog mog*）を一緒に作って食べたものの、ラモはえらく不機嫌で、疲れ切っているようにみえた。一緒に写真をとろうと筆者がカメラをもってくると、ラモは寝そべったまま、「今日は朝から顔を洗っていない」といった。アンジンが洗ってくるよう促すと、「疲れすぎて、できない」と言い放った。筆者は悲しくなった。アンジンも気まずい様子だった。ふとラモの顔をみると、真顔で涙を流していた。筆者が見ていることに気づくと、彼女は変なあくびをしてみせた。しばらく涙を流し続けていた。前回歩いて下山したときと異なり、車で離れるときには辛いものがあった。何か大事なものが自分からすとんと抜け落ちてしまったような感じがした。スピティの人が使っていた「セムバ・トンバ」(二一九ページ参照)とはこういう感覚だろうかと考えた。

二〇一五年一二月一一日、デリーについた筆者は、一〇月からデリーの東に位置するノイダに出稼ぎにきていたソナムと会い、チベット難民が主宰する、一九八九年一二月一一日にダライ・ラマ一四世がノーベル平和賞を受賞したことを祝う催し物に参加した。その会場で、筆者は今晩インドを発つことを彼女に伝えた。しばらく催し物を見ていたが、珍しく言葉数が少ないと思い、ふと隣に座っているソナムをみると、涙を流していた。筆者が見ていることに気づいた彼女は不自然なあくびをしてみせた。その後、ソナムは自分が住んでいる部屋でりんごやお茶を筆者にふるまい、夕方、メトロのノイダ駅まで送ってくれた。「今晩空港までチヒロを送る」といって聞かなかったが、深夜発の便だったことから何かあってはいけないと思い、何とか説得し、メトロの駅まで送るということで納得してもらったのだ。

しかし、ノイダ駅で別れる直前、ろくに挨拶もしないまま、彼女はどこかに走り去ってしまった。筆者は姿が見えなくなったことに戸惑い、改札内から探してみたが、どこにも見当たらなかった。もしかして泣いたのだろうか、と電車の中で考えた。メトロを降り、ホテルの部屋に戻ったところで、彼女から電話がかかった。彼女は、「さっき、私泣いたんだよ」と教えてくれた。電話先で彼女は、筆者と離れるのが辛いこと、無事に日本まで帰れるのか心配だということを伝えてくれた。

このとき、筆者は、その日の昼間に彼女が涙を流していたこと、不自然なあくびをしていたことの理由が分かった気がした。筆者が帰国することを悲しんでいたのだと分かった。なぜなら、ソナムは滅多なことでもない限り、涙を流さないからだ。スピティで彼女は、何か困った事があっても筆者を全く頼りにせず、ただ嫌なことがあった日に気をまぎらわすために、夜に酒を飲みながら愚痴をこぼす相手としか思っていないと思っていた。

しかし、実際には、ともに過ごすなかで、姉妹のような、家族のような、親友のような関係になっていたことに気づかされた。それと同時に、ソナムと同じく、人が亡くなったときにしか涙を流さないラモが、なぜ筆者が帰国する前に静かに涙を流していたのか、変なあくびをしていたのかも分かった気がした。

筆者は、自らの事例以外に、彼女たちが誰かと離れる際に涙を流している姿を見たことがなく、彼女たちが涙を流すということがどういうことなのかについて十分理解できていなかった。また、筆者はラモやソナムと互いに気遣うような、つながっている感覚を共有するような関係になっていることには気づいていたが、それがどの程度のものなのかは把握できていなかった。ソナムの言葉によって、改めて彼らと自らの関係を理解することができたのである。この事例からは、ラモやソナムにとって、筆者は単なる居候を超えた存在であることがみてとれる。

ここからも、ともに同じ場で過ごすことが情動的なつながりを生みだすことが窺える。とくに筆者は、親子や親密な関係にある人がともに過ごす同じ家屋という場所で、同じように寝起きして家事をするなどしながらともに過ごしていたことから、上記のような関係になったのだと考えられる。もちろん、情動的なつながりという時、そこには親しみだけでなく怒りや疑いのようなものも含まれている。

他方、近所に住む女性たちからは、筆者はラモ宅の一員のようにみなされ、筆者がラモを手助けすることは当たり前のように考えられていた。

【事例7―5】　手伝わないと批判の対象になる

二〇一一年にラモ宅で儀礼を行い、町人に配るためのトルマ（*gtor ma*：大麦粉とバターと水と砂糖を混ぜて作られる供物）を大きな鍋で作った後、筆者は少し離れた場所からラモがその大きな鍋を洗っているのを眺めていた。すると、隣に住む女性（四六歳）に怪訝な表情で、「母親が鍋洗ってるわよ！　あなたが洗いなさい！」と叱責された。筆者は慌てて手伝いにいったが、直径一・五メートルの鍋を洗う術も知らず、結局そばでうろたえるだけだった。

また二〇一四年の冬、ラモとタシをはじめとした隣人が、トラクターで運ばれてきたラモが買い付けた暖炉用の木材を家の中に運んでいた際、筆者はそれに気づかず、自分の部屋で昼寝していた。筆者が起きて居間に行ったところ、タシが「全部終わってから起きてきたわ」としらじらしい目でこちらを見た。

近隣住民の女性やタシの表情や発言からは、筆者がラモの仕事を手伝うことはごく当たり前か、むしろ手伝わなくてはいけないかのような義務的なニュアンスが伝わってくる。

隣人と居候との関わりの事例からは、必ずしも均衡がとれているとはいえない労働交換や相互扶助関係をみてとれるとともに、互いを気にかけ合うような感覚が生まれていることも分かる。あるいは、互いにつながっていることが当たり前となり、離れる際に辛く感じることがわかる。また、ともに住むことで第三者から一括りに認識され、家事などを手伝うべき義務を負う存在としてみなされることも分かる。ここからは、自らの日々の感覚に隣人や居候が組み込まれ、隣人によってそのようにみなされる様子が窺える。こうした頻繁に関わる過程で生まれるつながる感覚は、どのような状況で生じるのだろうか。

4　周辺環境の人間関係への影響

スピティで人びとが頻繁に関わり、つながる感覚が生じる背景には、推測の域をでないが、スピティの周辺環境が関係しているのではないだろうか。

筆者は、日本やインドの都市部では一人で住んでいても平気だが、スピティで一人暮らしをすることは困難だと感じる。スピティは、緑が少なく、岩山に囲まれており、高山のため常に強風が吹いている。視覚的な無機質さが特徴である。少し民家から離れると、ごーっという風の音しか聞こえない。昼でも家に誰もいないと静かで、夜も虫の音一つきこえず、無音である。視覚だけでなく、聴覚的な無音も特徴としてあげられる。においに関しても、民家付近であれば料理の匂いや薪を焚く匂いがするが、少し離れると、風に乗って運ばれる土埃の匂いしかしない。嗅覚的にも刺激が少ないと言える。この人の気配どころか生き物の気配すらほとんど感じられないという状況が、なんともいえない「怖さ」や「不気味さ」を生みだす。また、生命の危険を感じるほどの冬の寒さも関係しているだろう。冬になると、まつ毛や鼻毛といった体の一部が凍ったり、夜中に外の空気をまともに吸うと肺が痛んだり、手袋をせずに外を出歩くと尋常ではない痛みが指先を襲ったりする。

インドでの筆者の受け入れ教員であるヒマーチャル・プラデーシュ大学の准教授でラホール出身のチャンダル・モハン・パシーラ氏は、「ラホールやスピティなどの高山の景色は全て孤独を象徴している。だから寂しくなる。気をつけなさい」と筆者に言ってくれたことがあった。「気をつけなさい」という言葉には、単に寂しくなるというだけでなく、正気が保てなくなる可能性があるという意味合いで用いられている。

実際、筆者は投稿論文の修正のために一週間スピティ・タボ村のゲストハウスの一室に引きこもって作業していた際、不調をきたし、それまであまり話そうと思わなかったホテルスタッフの男性にも自ら積極的に話しかけ、安心感を得ようとした。こうした周囲の環境も、少なからず人びとの頻繁な関わりやつながりのあり方に影響していると考えられる。このような環境において、人びとは頻繁に関わり、そこでつながる感覚が醸成されるわけだが、文脈によって、彼らが関係をどのように演出するのかは変わりうる。

5　戦術的な関係の演出

ラモたちと筆者は同じ家でとも時間を過ごすうちに、互いにつながっているような感覚をもつようになったが、それを理解しているのはあくまでラモやタシや筆者、そして関係をよく知る近所の人やニリン、そして一部の友人である。筆者たちの関係をよく知らない人からすれば、筆者はただの居候あるいは外国人の客人にみえる。

ラモもそのことをよく分かっており、滅多にラモ宅を訪れない客人が来た場合には、筆者がミルクティーを作ろうと動いていると、ラモは、「あなたはお客さん（*mgron po*）なんだから、休んでいなさい」などといって筆者を客人扱いしていた。ちなみに、客人がいないときに筆者がミルクティーを作ることを止められたことは、おそらく一度も無い。逆に、作らずに批判されたことはある。他にも以下のような事例があげられる。

【事例7—6】　関係を知らない人への対応

二〇一五年二月八日の朝、C町の寺院に雪かきをしに行くよう中年女性から伝言を受けた。朝食後、ラモに「チヒロ、お寺にいく用事ないの」と聞かれ、行ってほしいのだなと思った筆者は、ラモたちの代わりに行くと伝えた。するとラモは、「女性（アネ）たちに会ったら、ラモは忙しいから私が〔代わりに〕来たって伝えるのよ」と念を押した。

寺院の雪かきは町人の義務である。とはいえ、寺院に雪かきに来る人は毎回少なく、どれだけの強制力があるのかは不明である。筆者が寺院へラモたちの代わりに雪かきに行ったのはこれが初めてではない。二〇一四年一二月一八日から三月一二日までの間に、寺院への雪かきの呼びかけは合計五回、そのうち四回は筆者、一回はアンジンが赴いた。筆者が寺院にいく度に、ラモに彼女の代わりに来ていることを、そこで会った女性たちに伝えるよう念を押された。

ここからは、ラモは筆者との間に普段は居候とも同じカンパの成員とも判別がつかないような関係が築かれているが、それを把握していない人には分からないということを同時に理解しており、文脈に応じて戦術的に関係を演出していることがわかる。これまで日々の生活における隣人や居候の関係を述べてきたが、儀礼の場面においてはどうだろうか。

二　儀礼

日常生活だけでなく、嫁盗り婚や死者儀礼といった儀礼の場面においても、隣人や友人関係は重要な位置づけにある。

１　嫁盗り婚におけるタシの重要性

ここでは、タシが、日々の生活だけでなく、ラモ宅で行われた嫁盗り婚においても、それに関する重要な情報を同じ家屋に住む者や居候よりもいち早く伝えられ、場を取り仕切るという重要な役割を担っていたことを示したい。また、正式ではない結婚の宴会が、隣人と友人の存在や手伝いによって成り立っていたこともあわせて示したい。

【事例７―７】　隣人が結婚の宴会で重要な役割を担う

二〇一四年五月二一日、ラモとワンドゥイがアンジンの嫁を迎え入れる為に嫁盗り婚を実行することを決めた。

そのとき、一番始めにそのことを知らされたのは、タシだった。当の息子や娘、一緒に住む筆者よりも先に、タシはそのことを打ち明けられたのだ。事情を知らされていなかったソナムは憤慨し、ラモと激しい口喧嘩を行ったが、結局はラモの意向で嫁盗り婚が実行に移されることになった。嫁盗りが実行される直前に事情に気がついたアンジンは他村に逃亡したが、後に酔っ払った状態で家に戻ってきた。

その日の夕方、両親が頼んだアンジンの友人二人が車で近隣のランリック村に嫁を「盗りに（*rku ba*）」行った。家の中では内輪の結婚の宴会準備が進められた。そのときにもラモはタシに指示を出し、タシが準備の際に中心的な役割を担っていた。他にも、手伝いにきたのはほとんど隣人や友人であり、ニリンと呼べるのは男性一人だけだった。これには、ラモのニリンにあたる人が他界していたことに起因して、この宴会が正式な婚姻儀礼という形態をとらなかったことが関係していたと考えられる。翌日、ラモの異母妹をはじめとしたニリンたちは、アンジンが妻を娶ったことを知って驚いていた。

この事例からは、ともに住んでいる子供や居候よりも先に、隣人に嫁盗り婚のことが伝えられるとともに、隣人に宴会の準備を取り仕切る役目が任されていることがわかる。また、ニリンがほとんど参加していなかったことから、この嫁盗り婚の宴会を成立させていたのは、隣人や友人たちだといえる。また、隣人や友人は、儀礼の場を成立させる重要な存在であるだけでなく、関係次第では、高額の祝儀を贈る対象にもなりうる。

2　誕生儀礼で渡される祝儀

次に、友人が主催する誕生儀礼において、友人としては高額な祝儀が手渡される事例をとりあげ、友人でも親密に付き合っていればニリンのような関係になりうることを示す。

【事例７―８】友人でも親密であればニリンのような関係になりうる

二〇一五年一一月一三日、ソナムの親友であり、かつラモの異母妹タンジンの義妹ヨドンの息子の誕生儀礼がフリン村で行われた。その日の昼、ラモとワンドゥイは、その誕生儀礼について話していた。筆者が祝儀をいくらにするのか聞くと、ラモは始め、一五〇〇と言った。しかし、ワンドゥイと話し合った結果、贈り物がないため二五〇〇ルピーを渡すことに決まった。一般的な友人の息子の誕生儀礼の祝儀は一〇〇〜一五〇ルピーである。他方、母方オジは少なくとも五〇〇〇ルピーを手渡すべきだといわれる。筆者は、ラモたちとヨドンのあいだに遠いニリンの関係があるとはいえ、祝儀の金額が多すぎるように感じ、ラモたちになぜその金額なのか聞いた。すると、ワンドゥイは、「ヨドンはニリンじゃない。でも、ヨドンはソナムの友達だ。親友だからだ。たまに、友達でも仲が良ければニリンのようになる」と話してくれた。また、「ヨドンのカンバ（カンパのこと）にはリンゴを送ってもらったり、こっちも送ったりしてきた。だからこんなにお金を渡すんだ」とも言った。それを聞いた筆者は、必ずしも渡す必要はなかったが、タンジンとの関係を考慮して五一〇ルピーを渡した。その後、アンジンが誕生儀礼に行くことになり、ワンドゥイはアンジンがヨドンのニリンの首にかける用のカタック(6)五枚を用意し、祝儀とともに彼に託した。

この事例からは、ニリンとしては遠い関係またはニリンではないと認識しているとしても、友人として親しく付き合っているうちにカンパ同士の贈与交換関係が始まる可能性があると同時に、儀礼で高額な祝儀を手渡す対象となりうることが分かる。ワンドゥイがいうように、友人であれ親しい関係をつづけることでニリンのような関係になりうるといえるのかもしれない。しかし、隣人や友人同士の関係は、労働や金銭、物資の贈与交換関係に還元できるものではない。そのような事例として、次に死者儀礼における隣人や友人の手助けをとりあげたい。

3　死者儀礼の手伝い

この項では、死者儀礼においても、親族だけでなく隣人や友人が多くかけつけ、食事作りや配膳を手伝うことで儀礼の遂行を可能にするほか、取り乱した遺族を落ち着かせたり慰めたりすることで遺族の支えとなっていることを示したい。

【事例7―9】　隣人の手助けと寄り添い

二〇一四年一一月二六日にラモの異母妹オプチュンの息子（当時三歳）が亡くなった際にも、多くの隣人や友人がかけつけ、オプチュンの自傷行為を止めたり、慰めたり、ともに泣いたり、あるいは食事づくりを手伝っていた。とくに、自傷行為を止めるという一番体力を必要とする役割を担ったのは、隣人や友人がほとんどだった。筆者が確認できた限りでは、筆者を含め六人が交代で自傷行為を止めていたが、そのうち筆者を除く四人が隣人あるいは友人だった。姉のタンジンは泣き崩れ、その後放心状態に陥り、オプチュンの義母リンチェンも涙を流し続けた。彼らをラモをはじめとしたニリンや隣人たちが慰めていた。

翌日行われた死者儀礼を含めそれ以降三日間は、毎日少なくとも一〇〇人、多い日には推定二〇〇人以上の来客があった。その際も、ニリンの他、隣人や友人、知り合いがかけつけ大量のミルクティーや食事作り、それらの配膳、片付けなどを手伝った。

一一月二六日から一二月二五日の間、オプチュンを手伝いにきた人は全員で五一人、そのうちニリン二三人、筆者が関係を知っているオプチュンの隣人と友人六人、関係を把握できていない人（おそらく友人、知人）七人、その他一五人だった。

以上の事例からは、死者儀礼においても自傷行為の阻止や食事作りなど、隣人や友人なしでは儀礼の遂行や遺族の支えが困難なほど彼らは重要な位置づけにあったことがわかる。こうした死者儀礼における隣人たちの寄り添いや自傷行為の阻止といったふるまいは、サブスタンスのやりとりという枠には収まりきれないと考える。むしろ、死者儀礼という独特の場が、そこでともに時間を過ごす人びとをつなげ、遺族の抱える辛さを共有させるとともに、上記のようなふるまいを可能にさせていたのだと考える。以上では、隣人や友人が日常においても儀礼においても欠かせない存在であり、ニリンと同等の位置づけになりうることが明らかとなった。次に、ニリンを超えるような隣人、友人との関係をとりあげ、論じたい。

三　親密な関係

以上で、隣人関係、友人関係が日々の生活において欠かせない存在であること、儀礼においてもニリンと同等に重要な位置づけにあることを明らかにしてきた。この節では、ニリンを越えるような隣人や友人のふるまいが存在することを指摘し、ニリンとの異同について検討したい。

1　ニリンを越える隣人のふるまい

ここでは、大金を友人に貸した事例と貴重品を隣人に預けた事例を紹介し、後にそれには日々の親密な関わりと、宗教的な信仰が関係していることを示す。

【事例7―10】　ニリンが断った手助けをする

二〇一五年二月八日昼過ぎ、仕事がなく、テレビを見るにも一週間停電中で見られず、ラモと筆者は部屋で寝転がって話していた。そのとき、たまたまワンドゥイの親友であり、かつラモのニリン（異母妹の義理のオジ）でもある故人の男性（五〇代前半）の話になった（図16参照）。

この男性は、二〇一三年に病死するまで国民会議派の主要政党員だった。ラモによれば、五年前、男性は金銭的に困り、姉や義妹、その他のニリンなどにお金を貸してくれるよう頼んでまわったが、ついに誰も貸してくれなかった。その話をする際、ラモは嫌そうな表情をして「ニリンといってもそんなものよ」と吐き捨てるように言った。当時、事情を知ったワンドゥイは、男性とニリンとしては遠い関係だが、親友だったため、彼のことを不憫に思い一八万ルピー（約三六万円）を彼に貸した。スピティの三〇代の小学校教師の月給が二万ルピー程度であることを考えると、これは非常に高額な貸与だといえる。金銭を借り受けた男性は、自動車を二台所有するなど贅沢な暮らしをしていたようだ。その後、金銭を借りた男性は二〇一三年一〇月にB型肝炎が原因で急死してしまった。現在、彼の妻と、男性の死後に出家した息子一人（二〇一五年夏に還俗）、娘二人（教師になるための訓練受講中）がいるが、返済してもらえる目処は立っていない。ラモは、この話を自分の息子や娘には秘密にするよう筆者に口止めした。

次に、ラモの隣人夫妻をとりあげ、彼らが近しいニリンではなく、あえて隣人のラモに貴重品の管理を頼んだ事例をとりあげ、それには日々の関わりのほか、宗教的な信仰が関係していることを後に示したい。

【事例7—11】 ニリンではなく隣人に貴重品を預ける

二〇一四年一〇月二二日、隣人の男性（五〇代前半）と女性インキ（四八歳）夫妻の家の仏間から銀製の器一三—一四個など合計二〇万円相当が盗まれた。後日、僧侶が呼ばれ卜占（*mo rgyab*）と相談がなされた結果、警察には届け出ないことになった。その理由は、詮索することで犯人を刺激し、返って自らを身の危険にさらす可能があるため、また近隣住民やニリンに警察の捜査の手が及び、彼らに迷惑をかけてしまいかねないためである。その後、二人は都会へ出向くため家を空けなければならなくなった際、近隣にインキの妹（三八歳）が住んでいるにもかかわらず、仏間を含め家の中にある貴重品（総額約一〇〇万円以上）をまとめて入れた大きな箱をラモ宅に預けて出かけた。筆者は後日、それを聞いて驚いた。その夫妻は、毎朝夕、仏間で祈りをあげることに関しては近所に住むインキの妹に頼んでいたが、貴重品の管理は隣人に頼んだのである。二〇一五年二月七日に隣人夫妻はラモ宅に貴重品を受け取りにきた。

事の経緯については聞くことができなかったが、貴重品を預けたのはラモのことを信頼していたからだと考えられる。ラモ夫妻と隣人夫妻は、頻繁に家を行き来し、お茶や食事に誘い合う間柄であるとともに、後に述べるように夫同士が共通してチベット仏教の教典に関心があるからだと考えられる。

以上、ニリンを越えるような隣人、友人関係の事例を紹介した。隣人は、時に大金の貸与や貴重品の預託といったニリンの関係を越えるような対応をとりうるが、金額の大きさやリスクの問題から、道義または良好な関係を築くための投資といった戦術の観点から理解することはできない。ここにも、日々関わるなかで築かれた独自のつながりのあり方がみてとれる。また、これまで親密であることをニリンの理解のための重要な側面として捉えてきたが、関係の親密さという観点からみれば、隣人や友人もニリンと同等あるいはそれを超える関係を築いているといえる。また、こうした関係には、宗教的な信仰が関連している場合がある。

2　宗教的な信仰と親密な関係

友人同士の親族を越えるような関わりには宗教的な信仰も関わっていると考えられる。大金を貸した事例では、貸し借りした本人同士は友人であるとともに、チベット仏教の経典や巡礼に対して強く興味を抱いているという点で互いに対して親密な感覚をもっていた。大金を借り受けた男性とワンドゥイは頻繁に互いの家を訪れ、ラモ宅では二人が庭の椅子に腰掛け、教典や宗教的指導者の教えの内容、巡礼地について長いときには四時間以上話し込んでいた。

隣人に貴重品を預けた事例に関しても、日々の近所付き合いで信頼関係が築かれていることの他に、男性同士が互いにチベット仏教の教典内容や巡礼に強い興味を抱いていることが関連していると考えられる。大金をワンドゥイから借りた隣人男性ほどではないが、貴重品を預けた隣人男性もチベット語に長け、教典の内容に精通していることから、ラモたちと隣人とのあいだには、それらに関連づけて互いを尊重しあうような発言がしばしば聞かれたからである。

また、ラモによれば、大金を借り受けた男性が二〇一三年に亡くなった際、ワンドゥイは泣いて悲しみ、一ヶ月ほど食欲が無くなり、体重が目に見えて減少した。ワンドゥイと男性は仏教について話し合う仲だったからだとラモは筆者に説明した。確かに、二〇一一年時にはワンドゥイは腹が出ておりそれを冗談にできるほどには肥満体型だったが、二〇一四年に会ったときには肩周りや脚が明らかに痩せていた。

チベット仏教圏であればチベット語やチベット仏教の知識に長けているのは普通ではないかと思われるかもしれないが、スピティではチベット仏教が主に信仰されるとはいえ、僧侶以外でチベット語の読み書きや会話ができるものは少なく、教典に関する詳しい知識をもつ者も少ない(6)。実際、チベットから宝石商人の中年男性がラモ宅に定期的にやってくるが、ラモはその商人の話す言葉を半分ほどしか理解できないと話していた。

このようなことから、友人同士が互いにチベット語の読み書きと会話に長け、チベット仏教の教典や哲学に詳しいということは、相手により親密さを感じさせるのだと考えられる。それと同時に、互いの家でチベット仏教の経典や巡礼について長時間話し合うことで互いの間につながりや信頼関係が築かれうることが窺える。以上からは、ニリンと友人、隣人の関係には大きな差はないように見受けられる。それでは、ニリンと友人や隣人の関係の違いはどのようなものだろうか。

3　ニリンと隣人の違い

以上からは、ニリンと友人や隣人の関係にはほとんど違いがないどころか、友人のほうがより親密な関係を築いているようにみえるが、ニリンと隣人との違いは何だろうか。それは主に役割や義務に関する事柄である。

まず考えられるのが、儀礼における役割である。婚姻儀礼では花嫁の母方オジが最も重要とされ、母方オジは花嫁にカタック、少なくとも三〇〇〇ルピー以上の紙幣(7)、そして衣類やショールなどを贈らなければならない。また、長男が一歳を迎える頃に行われる誕生儀礼では、男児の母方オジは、厚めのパン七枚、蒸留酒のボトル一本、カタック一枚、羊肉の脚一本あるいは大きなバターの固まり(8)の全てが入れられた大きな皿（デハ）を男児の父親側から受け取らなければならない。このように、特定の儀礼においては隣人がもたない明確な役割がある。

また、前述したオプチュンの息子の死者儀礼の後、一ヶ月間以上継続的にタンジンの家に通い続けたのはニリンだった。こちらに関しても、困難なことが起こった場合、「ニリンは助け合わなければならない」という言説かつ道義が少なからず関わっていると考えられる。

これら二つは友人や隣人のふるまいと異なる点であり、社会規範が強く影響する事柄だと考えられる。逆にいうと、これらの規範以外では、ニリンと友人、隣人は関わりにおいて大差ないということになる。こうしたニリンに勝るとも劣らぬ友人、隣人に対する表現の仕方を次にとりあげたい。

四　関係の表現のされ方

これまでラモを中心とした近所付き合いの内容をみてきたが、ここで、ラモが隣人や友人との関係のあり方をいかなる名称で表現するのかについて言及したい。それは、隣人が場合によっては身内として表現されることがあることから、名称においてもニリンと隣人のあいだの境界線が曖昧であることが見受けられるためである。

近隣住民に対し、ラモは「ヤト（*ya do*：対の一方、仲間）」、あるいは単に「キムゼ（*khyim mtshes*：近隣住民）」、またはヒンディー語の「パドシー（*padosi*：隣人）」（スピティではプロシーという発音）を用いる。これらの用語は文脈により使い分けられたり重なったりするものである。ラモはタシに対しては、ヤト、あるいはヒンディー語の「ドースト（*dost*：友人）」、英語の「best friend（親友）」を用いることが多い。

その他、ラモは近隣住民のことを、互いの台所の食物や調味料を気軽に使い合うことを例に持ち出し、「カンビジマック」だと話したことが二度ある（二〇一五年一月）。先述の通り、カンパは家屋を指し、カンビジマックは家屋の成員を意味する。この呼称が用いられたのは、一度はタシに対して、二度目は近隣住民に対してである。

調査中、同じ家屋に住む者や父系のつながりをもつ者以外にカンビジマックという用語が使われたのは、これら二つの例と、選挙を機に政治的な利益のために団体化したニリンに対して用いられたときのみである。団体化したニリンに関しては、筆者が選挙活動について人民党所属のコントラクターの男性に話を聞いていた際に、彼はガラム・カンビジマック（団体化したニリンの通称）は人数が多いため、選挙のときに有利であると発言をしていた（二〇一一年一〇月）。

実際にカンビジマックが系譜的なつながりをもつ人以外に用いられた事例の少なさをみても、カンビジマックという語は、友人や近隣住民、広い範囲のニリンに慣習的に用いられる用語ではないと考えられる。むしろ、カンビジマックというときには、これまでの親密な関わりが想起されて用いられていると考えられる。同様に、親しい友人のことを「ニリンのような（*nang bzhin*）」存在として言及する（例えば二〇一五年一一月一三日のワンドゥイの発言）際にも、過去に積み重ねられてきた関わりやそのプロセスで変化してきた互いのあり方が思い起こされていると思われる。

隣人や友人に対する表現に関しては、ブロック［Block 1971, 1973］が言うような、親族名称の道義的な意味が戦術的に用いられているわけではないと考える。それは、カンビジマックという用語は親しい間柄の人を指す用語として慣習的に用いられているわけではないからである。人びとがカンビジマックの用語を用いる際には、むしろこれまでの関わりに依拠して発言していると考えられる。ニリンという用語の使用についても同様である。ここからは、カーステンがいうように他人も日々の関わりのなかで家族のような関係になりうることがみてとれる。あるいは、親族とも友人とも隣人とも判別がつかないような関係が築かれていることがみてとれ、ニリンと友人、隣人の間の境界の曖昧さがみてとれる。しかし、隣人同士の関係は緊張もはらんでおり、両義的である。

五　両義的な関係

前述したような隣人同士の親密な関係は、細かくみていくと両義的である。親密に付き合いながらも、その中で予期せぬ結果やジレンマが同時に生まれる。また、隣人関係は、些細なことをきっかけとして良好になったり、逆に疎遠になったりもする不安定な関係である。この節ではこのようなジレンマや関係の揺れ動きを含む、隣人との関わりの両義的な側面をとりあげたい。タシに対して隣人たちが不満を漏らす事例をとりあげ、その後、ラモの隣人たちに対する不満についての事例をとりあげる。

1　タシに対する隣人たちの不満

まずタシに対する隣人たちの不満についてとりあげる。

【事例7―12】　呼ばないほうがいい

二〇一四年の冬、依然として高い頻度で会ってはいたものの、ラモはなるべくタシを避けようとしていた。以前のように筆者が、「今晩はタシの好物のじゃがいも餃子をつくるから、タシを呼ぶ?」とラモに聞いても、目をそらして「毎日は呼ばなくていいのよ」と断られることがしばしばあった。

その後、二〇一五年二月一日、タシが仕事の休みを利用して実家に帰省しC町を不在にしていた際、ラモの隣人やニリンにあたる人たちが、三月に帰国予定の筆者のためにラモ宅で送別会を開いてくれた。参加者は、隣人二人、友人一人とラモのニリン二人である。そのとき、ラモが「タシはもうC町に帰ってきてるんじゃないの。呼んだら」と言った。筆者はそれを聞いて、「私が呼んでくる」といって立ち上がろうとすると、「いないほうがいい」とそこにいたほぼ全員が言い出した。そして、その場にいた人びとは口々にタシの不満を言い始めた。家屋の一室をタシに提供している女性（三六歳）は、「タシはいつも私の部屋でお茶[9]（*ja*）を飲むけれど、彼女の部屋でお茶を出してもらったことは一度も無い。何年も一緒（の家に住んでいる）なのに、彼女にお茶を飲みにおいでと誘われたことがない」と真顔で不満を漏らした。また、ある日彼女はタシと早朝に用事を済ませた後、疲れていたため前日の野菜と米を炒めて食べようとしたところ、タシは朝に米を食べるのを嫌がって彼女の部屋から彼女の分のロティ（チャパティ）のみを持参し食べ始めたことを、怒りを込めて話した。また近隣に住む個人店を営む女性（三九歳）は、「この前、夕方にタシをお茶に呼んだら、晩ご飯まで居座って、結局一緒に寝る、しかも私の夫と一緒の部屋では眠れないと言い始めて、私の夫は隣の部屋で一人で寝たのよ。それで夫も怒って、二度と夕方にタシを呼ぶなと怒鳴られちゃった」と真剣な表情で話した。ラモの異母妹タンジンも、タシに話した内容は全て他の誰かに話されることを話題にあげ、よくないことだとタシを非難した。

後に、初めにタシを呼ぶように言い出したラモは、タシがC町にいないことを知りながらも話題をふるためにわざとタシの話を持ち出したことが分かった。隣人たちがタシの不満を口々に話しはじめたとき、ラモは筆者をみて片目をつむってウインクしてみせた。それがどういう意味なのか、はっきりとは分からなかったが、おそらく、普段隣人たちは何も言わないが、実はタシに対して不満を持っていることを筆者に伝えたかったのではないかと思われる。その場にいた人びとは酒が入り、タシの件は最終的には笑い話となっていたが、筆者は複雑な気持ちだった。タシのことを何度も「親友」として言及していたラモは、隣人たちの不満を聞いて一緒に笑ってはいたが、タシについては何も言及しなかった。

この事例からは、日頃親しい関係を築いているとはいえ、隣人のあいだにある道義――お茶に誘われたら誘い返す、同じ場所で食べるならば同じものを食べるなど――を果たさなければ批判される対象となりうることがわかる。こうして批判の対象となったタシが不在の際に宴会が開かれたことは、隣人たちがタシと同じ場に居合わせないようにすることでつながらないようにしていたからだろう。

この事例のように大勢のいる場で誰かへの不満が露呈されることは滅多にないが、家の中で隣人の不満を漏らすことはよくある。ラモもしばしば隣人に対する不満を筆者に漏らしていた。以下でこれに関する事例をとりあげる。

2 ラモの隣人に対する不満

次に、普段隣人たちと良好な関係を築いているラモの隣人に対する不満についてとりあげたい。

【事例7―13】 頻繁に訪問されたくない

二〇一五年二月一四日から一六日までの三日間、つづけて近所に住むインキとその妹の姉妹（姉四九歳、妹三九歳）が二人でラモの家を訪れた。インキたちは昼前から夕方までラモ宅の居間に滞在し、編み物をしながらラモと雑談していた。ラモとそのときちょうどラモ宅に滞在していた嫁の母方オジである僧侶は、ミルクティーやバターティー、さらにはスピティで来客に対する最上級の歓迎を意味する肉餃子（*sha mog mog*）まで作ってもてなしていた。

しかし、三日目にインキたちが帰った後、ラモは筆者に不満をもらした。「たまに来るならいいけど、毎日きて一日中居座って……仕事もあるのに」と言った。筆者は少し不思議に思い、「なんで肉餃子まで作って出したの?」と聞くと、「ビスケットやスナックは食べたくないと（わがままを）言うからよ」とうんざりしたような表情で答えた。

実は筆者も、インキたちが三日続けて家にきたとき、正直うんざりした。冬には仕事も減り、誰かと話したくなるものだが、同じ家に共住しているわけではない人が家に来ると彼らに付きっきりになってしまうため、それにも限度があるようだ。

その後、二〇一五年三月二日の早朝、雪かきをして朝食を済ませた後、ラモと筆者が居間で休んでいたとき、ふと、筆者は気になっていたことを聞いてみた。「何でインキたち（三日続けてきた近所の姉妹）は最近よく来るの」。これを聞いたのは、もちろん単に不思議に思ったからだけではなく、頻繁に家に訪問されることが不快だったからである。

するとラモは、「すごーく迷惑（disturb）、でしょ」と強い口調で聞いた。筆者が「迷惑ではないけど」と言うと、「お母さんにとってはすっごく迷惑！」と怒りを露わにした。「夏は店が忙しいから（来ない）。昨日は（昼間）寝たかったけど、（インキたちのせいで）寝れなかった。今日はゆっくりできていい」と言った。そして、居候しているニリンの僧侶も彼女たちのせいで迷惑しているだろうと話した。

この事例からは、客人はそれなりに立場をわきまえて訪問すべきであるという規範がみてとれるとともに、それに違反した場合に逸脱とみなされ、批判の対象となることが分かる。また、隣人に対する出来る限りの接待についても、隣人の訪問を歓迎はするが実際にはあまり来てほしくない、長居されたくないなど、予期せぬ結果やジレンマを生みだしている。そこでは「カンビジマック」として表現されたことのある隣人たちは「迷惑な客」として立ち現れていた。ただし、共住している筆者やニリンの僧侶にはそれが当てはめられることはなかった。とはいえ、こうした隣人関係の不安定化は、筆者にも生じるものである。

３　隣人と筆者の関係の不安定化

最後に、筆者自身も、ある事件を機に、隣人との関係が一時的に不安定なものへと変化したことについてとりあげたい。ある事件とは、事例７―11でとりあげた盗難事件のことである。

【事例7―14】慣れ親しんだ空間の異質化

二〇一四年一〇月二二日、隣人のインキ夫婦の家の仏間から銀製の器など合計二〇万円相当が盗まれた。翌日の一〇月二三日の朝、その隣人女性と会った際、彼女は筆者に気まずそうに挨拶をした。いつもは元気か、お茶を飲んでいきなさいと親しく接してくれていたために違和感が残った。昼食後、筆者がラモの雑貨店で客の対応をしている際、ワンドゥイがインキ夫婦に呼び出され出かけて行った。客が帰り、筆者が庭で日にあたっていると、ふと塀の上から高齢の僧侶がこちらを見下ろしていることに気づいた。すると彼は、「おー、娘。何してるんだい」と聞いてきたので、筆者は「こんにちは。日なたぼっこしているんだよ」と答えた。すると彼は笑顔でそうかといって隣人のインキ夫婦の家の中に入って行った。その後、ワンドゥイは家に帰ってきてからずっと浮かない表情をしていた。夕方、ラモも靴屋の仕事から帰宅後、インキの家に行くといって出ていき、しばらくして帰ってきた。不思議に思った筆者が、「インキに何かあったの」と聞くと、ラモは「いなかった」と答えた。その翌日から隣人の筆者に対する態度はまた元に戻ったため、あまり気にしなかった。盗難事件のことを筆者が知ったのは事件から五日後の二七日であり、ラモの異母妹から聞かされた。また二三日に筆者に話しかけてきた僧侶が、隣人夫婦に盗難事件のことをどうすべきか――警察に届け出るべきか否か――を占うために呼び出されたことも分かった。

この事件にまつわる一連の出来事について聞いて以降、しばらくの間、筆者は、なぜ筆者にすぐ事件のことを教えてくれなかったのだろうか、なぜ僧侶はわざわざ筆者の顔を見に来たのだろうか、よそ者だから疑われていたのではないだろうか、と考えるようになった。そして、急に自らがここにいることの（彼らにとっての）異質さ、あるいは違和感と、自らがよそ者であることを強く意識させられた。そして、筆者はそれまでスピティでもっとも慣れ親しんだはずのラモ宅の周辺にいることや歩くことにぎこちなさを感じるようになった。盗難にあった隣人夫婦が道に出ているときにはとりわけ居心地の悪さを感じた。

筆者は、ラモの異母妹たちと寺院に行く用事があった際に盗難事件のことを聞いたため、盗難にあったインキたちのために寺院でカンシャ（五〇～一〇〇ルピーを支払って寺院で祈祷してもらう）をしていた。翌日の夕方、そのことがインキの耳に入ったようで、彼女はラモの雑貨店に買い物に来た際、筆者に「カンシャをしてくれたんだね。ありがとうね」と笑顔でお礼を言った。カンシャは一般的に、寺院で何か行事があった際に同じ家屋に住む者の幸福を願って行うか、カンビジマックや同じ家屋に住む者が都市にでかける際に行うものであるため、よほど重病を抱えているといった理由でもない限り、隣人やニリンに対して行われるようなものではない。それゆえに、筆者が思いつきで隣人夫妻のためにカンシャをした際、側に居合わせていたタンジンとオプチュンは筆者の行動に驚き、「チヒロはインキの家に泥棒が入ってすごく悲しかったからインキのためにカンシャをしたんだ」と話していた。これが、筆者が彼らを心配して行った行為としてインキによって捉えられたことを知り、筆者はまた彼らと普段通り接することができるようになった。

この事例に関しては、明確な語りがないために不明確な部分が多い――隣人夫婦が筆者を疑っていたのか否かや、僧侶が筆者に話しかけた理由など――が、盗難事件をきっかけとして、筆者と隣人の関係が一時的にぎこちのないものに変化したことが窺える。ここには、フィールドでもっとも慣れ親しんだはずである空間が、事件を契機として再び異質なものとして立ち現れるようになることが分かる。

以上の両義性に関する諸事例からは、隣人関係は普段親密な関係を築いていたとしても、些細なことをきっかけとして悪化したり、疎遠になったりもする両義的な関係であり、そこでは同化と差異化が繊細になされていることが分かる。隣人同士の関係は関係の浮き沈みを経験しながらも完全に断たれることは少なく、関係自体は維持されつづける。

隣人同士はときにニリンを超えるほど頻繁に関わるがゆえに、しばしば不満を漏らしたり思いがけずジレンマに陥ることがあるが、どちらの場合でも、当の本人の耳には入らないよう、注意を払って発言されたり行為されたりしていた。このように、隣人や友人同士は必要なときに助け合い、また暇な時間を一緒に過ごし、ときには不満もいいながら、関わり続ける。

注

(1) ソナムによれば、タシは婚姻儀礼の会場で、夫となる男性が酒を飲みひどく酔っている姿をみて失望した。

(2) ラモがタシにするいたずらは、例えば、タシの留守中に彼女の部屋の扉の鍵穴に小枝を突っこんだり、靴を隠したり、在室の際には作り声で警察が来たように装ったりするなどである。

(3) タシのラモを気遣う発言からも分かるように、他の要素として、年齢や体力の差も関係するかもしれない。二〇一五年時点で、ラモが五五歳であるのに対し、タシは四七歳である。ラモは肥満型ですぐに息が上がるのに対し、タシは痩せ型で持久力がある。そのため、タシは、こうした両者の体力の差も考慮して、例え同等程度の見返りを期待できないとしても、自らができる範囲内で手伝っていたのではないか。これにはもちろん、年長者を敬う傾向や、チベット仏教における思想も関係してくる。とはいえ、タシとラモは、日々関わるなかで、独自の依存関係を築いてきたのである。もしタシが自分の労働力の提供に対して見返りを得ているとすれば、それはラモと共に過ごす時間だろう。

(4) スピティの方言でこのような発音になる。

(5) 誕生儀礼や婚姻儀礼では、参加者が主催者やそのニリンの首に、祝福や敬意を表すカタックをかけることが段取りの中に組み込まれている。その他、カタックは、リンポチェなどの高僧に在家信者が差し上げたり、あるいは徳を授かるために在家信者が高僧に差し出して自らの首にかけてもらったりする際に用いられる。寺院や家屋で飾られる高僧の写真や仏画の上にもかけられる。

（6）スピティで用いられる言語はチベット語の西部方言であり、中国のラサのチベット語や経典のチベット語と異なる部分が多い。
（7）いくら渡すのかは当人の経済状況やメイとの関係による。
（8）ラモによれば、以前は誕生儀礼のために羊が殺されていたが、最近では殺生をよく思わない人びとは大きなバターの塊で代用することがある（二〇一五年一一月二九日）。
（9）お茶とは、砂糖入りのミルクティーのこと。

第八章　ニリンの集団化と政治利用

これまで、親族ニリンが日々の生活における頻繁な関わりから築かれており、農作業や儀礼の場面等で文脈に応じて異なる形で出現することを明らかにした。そして近隣の人びととの関わりとして、階層間の関係の変容と、隣人や友人は時にニリンと同等かそれを超えるような関係になりうることも明らかにした。本章では、人びとの柔軟なニリン関係が、政治を契機として、時に利用され固定化される事例をとりあげ、スピティの人びとの今後の関係のあり方について考えたい。具体的には、スピティにおける政治状況、特に選挙について概観した上で、日常や農作業、儀礼とは異なり、ニリンが政治的な資源として戦術的に利用され、その過程でニリンの枠がめまぐるしく変更され、あるいは固定化され集団化されるプロセスを描く。

一　政治制度

本章では、ニリンという語が頻繁に用いられるようになる選挙の場面におけるニリンについて検討する。そのため、背景知識として、事例説明の前に、インドの政治制度と選挙制度、スピティにおける選挙の実施状況を説明する。

インドは連邦共和制国家であり、三権分立制度をとり、立法権は国会へ、行政権は内閣へ、司法権は裁判所へと付与されている。議会制度を採用しており、二八の州（State）と七つの連邦直轄領（Union Territory）から構成される。インドの各州は独立した政府として自治権が定められ、他方、連邦直轄領は中央政府によって直接統括される。インドのこの連邦型統治体制が導入されたのはイギリス植民地時代であり、中央と州のあいだで権限が分割された。この体制は独立後も継承され、現在に至っている。

元首は大統領であり、名目上は連邦行政組織の長であるが、政治の実権はない。実質的な行政権は、首相を主席とする閣僚会議に与えられている。連邦議会は、上院（Rajya Sabha）と下院（Lok Sabha）から構成される二院制である。下院は国民全体の代表であり、上院は州の代表として構成されている。上院の被選挙権は満三〇歳以上のインド国民に与えられており、任期は六年、二年ごとに三分の一が改選される。下院の被選挙権は、満二五歳以上のインド国民であり、任期は五年である［総務省大臣官房企画課　二〇〇九］。

州レベルの形式的な長は大統領から任命された州知事である。実質的な行政の権限は、州首相（Chief Minister）が有しており、中央政府の首相と同等の位置づけである。州首相は州議会の決定に基づき、州知事によって任命される。州には州議会（Legislative Assembly）が設置され、憲法が定める州政府の管理事項や中央政府との共管事項について立法するとともに、州予算の審議・決定を行う権限を有する。州議会議員（Member of the Legislative Assembly：通称ＭＬＡ）は直接選挙によって選ばれる。州によっては二院制を採用していることもある。ヒマーチャル・プラデーシュ州は一院制を採用している。選挙は、国レベルで行われるものには下院議員選出選挙があり、州レベルの選挙には、州議会の下院議員選出選挙がある。どちらも有権者によって直接選出される。インドの選挙制度の特徴は、社会的に不利な状況に置かれる指定カースト（Scheduled Castes：SCs）と指定部族（Scheduled Tribes：STs）に一定数の議席を与えていることである［総務省大臣官房企画課　二〇〇九］。

行政構造としては、中央政府、州政府、地方自治体の三層構造であり、地方自治体は、都市部と農村部でそれぞれ異なる制度に基づいている。農村部自治体は、県、郡、村落の三つのパンチャーヤト（自治組織）による三層構造がとられている。インドは植民地時代に中央と州のあいだで権限が分割されたが、その後徐々に州の権限が拡大されてきている。州レベル以下の地方自治についても、近年の国際社会における中央集権的な国家体制への批判の高まりによって、地方分権化が進んでいる。

特に、一九九三年に施行された第七三次憲法改正、第七四次憲法改正によって、今まで明文化されていなかった地方自治制度が憲法で規定された。農村部自治体のパンチャーヤトはそれによって三層構造の規定や選挙の義務化などが行われた。選挙の議席数については、各レベルで指定カースト、指定部族、女性に対する留保制度が設置された。県自治体（ジーラ・パリシャド：Zilla Parishad）は県レベルの行政体であり、メンバーは直接選挙によって選出され任期は五年である。郡自治体（パンチャーヤト・サミティ：Panchayat Samiti）は県レベルと村レベルを繋ぐ役割を有している。村落自治体（グラム・パンチャーヤト：Gram Panchayat）は最も小さい行政単位であり、人口が五〇〇人以上になるよう複数の村から構成される。選挙で代表メンバーが選ばれ、任期は五年であり、村落自治体の運営を行う。村落自治体の長はプラダーン（Pradhan）と呼ばれる。村落自治体には村民総会（Gram Sabha）と呼ばれる全ての有権者が直接地方行政に参加できる会合が存在する［（財）自治体国際化協会　二〇〇七］。また、農村部のパンチャーヤトの権限としては、農業や畜産業、農村住宅建設、飲料水、道路、コミュニティ施設の維持などに関する業務の計画と実行があげられる［総務省大臣官房企画課　二〇〇九］。

ここまで、政治制度について概観し、本書の対象となる農村部自治体のパンチャーヤトの位置づけを明らかにした。次に、選挙制度について概観したい。

二　選挙制度

選挙の理解にあたり、農村部自治体のパンチャーヤトの中でも、本書が注目する村レベルと郡レベルにおける選挙の流れや選挙区、投票手順について概観する。

州政府によって定められた規定の下に、有権者リストの準備や選挙の実行の監督、指示など全てを統括するのは、州知事によって任命された州選挙管理委員会（State Election Commission）である［Government of Himachal Pradesh Department of Panchayat Raj 2006］。この州選挙管理委員会は、地区選挙管理委員会（District Election Officer（Panchayat））を選挙の準備、実行のために任命する。地区選挙管理委員会は、選挙の実行のために一人あるいはそれ以上の選挙管理官（Returning Officer）を指名する。地区選挙管理委員会あるいは選挙管理官は、各投票所に統括者（Presiding Officer）と、統括者を補佐する投票所担当者（Polling Officer）を指名する。地区選挙管理委員会は、それ以外の選挙の準備を行う職員も任命することができる［Government of Himachal Pradesh Department of Panchayat Raj 1994］。

その上で実際の選挙の準備にとりかかることになる。ここで、選挙までの流れを時系列的に大まかに説明したい。選挙の事務的な手続きの規定上、①各自治体は立候補者を募り、立候補者が辞退ができる期間を経て、②立候補者を決定しなければならない。③立候補者が出揃ってから、立候補者、立候補者の政党マーク、投票所、投票時間、集計の日時や場所といった情報が公表される。その後、一〇日間以上の選挙プログラムの公表、掲示期間を経て、④投票日当日となる。⑤選挙後、二、三日後に各政党から二名ずつが役所に呼ばれ、票数を再び数え直し、確認をし、⑥結果の公表となる［Government of Himachal Pradesh Department of Panchayat Raj 1994］。

ここで、選挙区について説明したい。本書が対象とするのは、村落自治体の長であるプラダーンを決める村長選

図 17　投票所内部

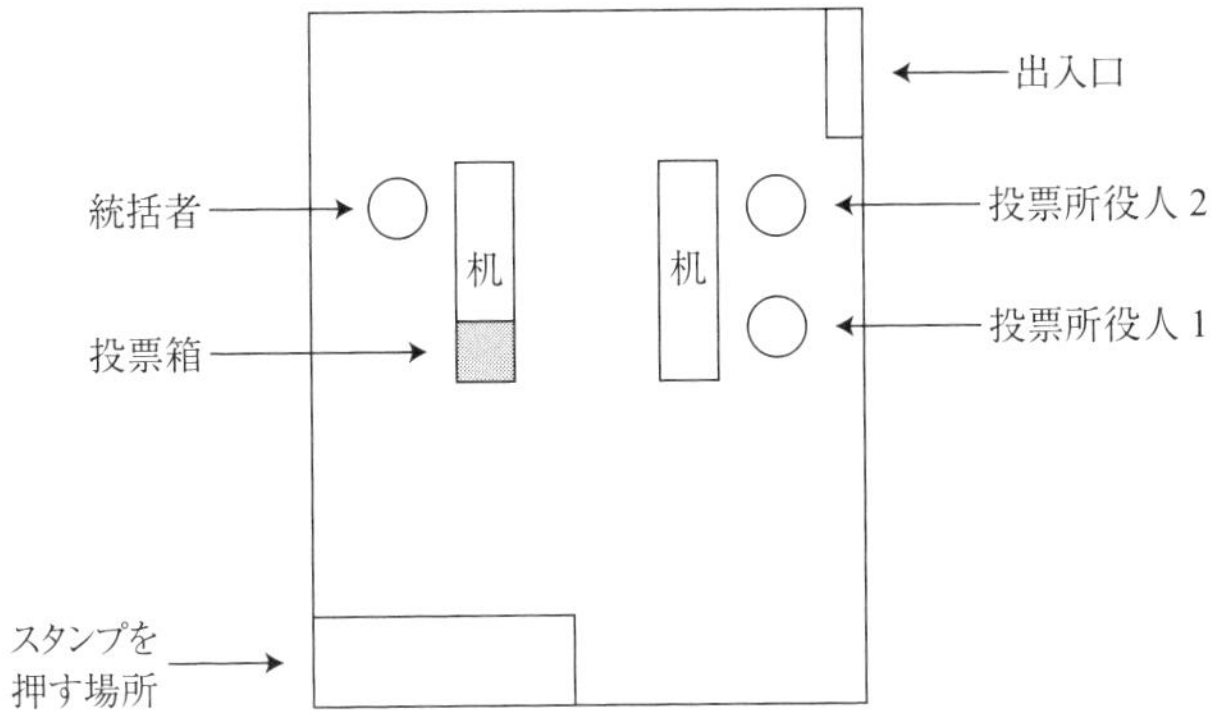

挙と、郡自治体の役員を選出する選挙、そして総選挙である。

まず村長選挙の場合には、村落自治体を単位として選挙が行われる。スピティには一三の村落自治体が存在するため、それぞれの村落自治体内が選挙区となる。各村落自治体からは一名ずつ村長（プラダーン）が選ばれ、合計一三名が選ばれる。本書の対象となる村長選挙はC村落自治体のものであり、C町、K村、Y村が含まれる。

次に、郡自治体の役員を選出する選挙についても、基本的に村落自治体を単位として選挙が行われるが、郡自治体役員は最小で一五人は必要であるため、村落自治体の中でも人口の多い二つの村落自治体から二名ずつ選出されることになっている。本書の対象であるC村落自治体は人口の多さから二名選出されることになっている。C村落自治体にはワード（Ward）と呼ばれる地域区分があり、五つのワードが存在するため、その中のワード一～二番（地域一）から一名、ワード三～五番（地域二）から一名、郡自治体役員が選出される。

なお、留保枠については、人口の比率に応じて地域ごとに議席の割合が異なる。ヒマーチャル・プラデーシュ州では、従来、女性の留保枠は三三％用意されていたが、現在は五〇％が各レベルの選挙で設定されている。指定カーストの留保枠は約二五％、指定部族に対しても五～一六％ほどの留保枠が州全体の平均として用意されている。スピティは人口のほと

写真10　投票所内部

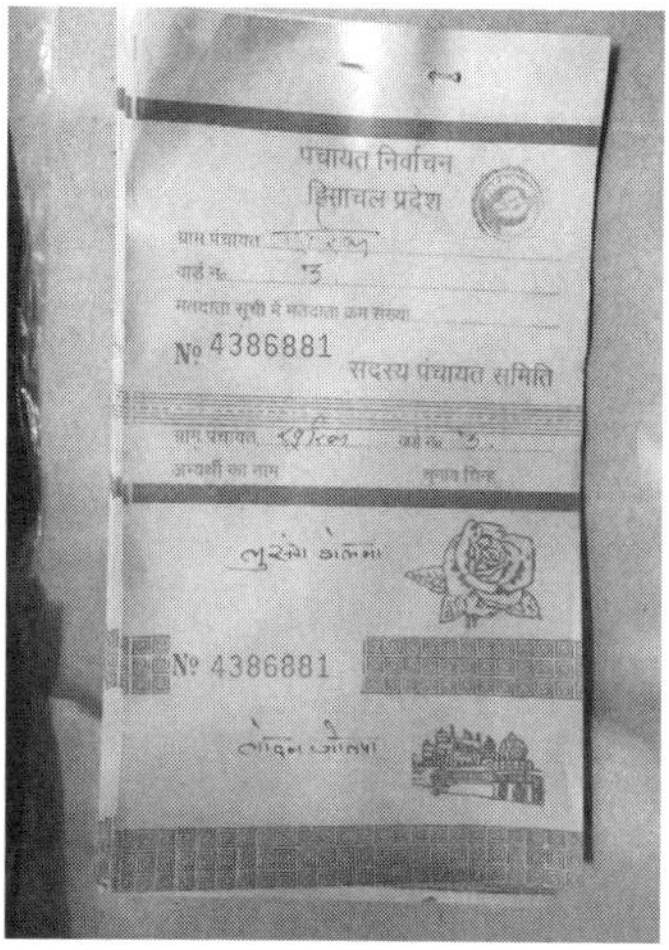

写真11　郡自治体役員選挙の投票用紙

んどがチベット仏教徒であるため、ほぼ全員が指定部族に指定されている。その中でも、ゾ、ベタと呼ばれる下層の人びとについては指定カーストとして指定されている。二〇〇八年の時点では指定部族九六六人、指定カースト六〇人である［Gram Panchayat, under Development Block Spiti 2008］。スピティでは、人口のほとんどが地元のチベット仏教徒であるため、村落自治体と郡自治体の選挙においては地元住民が立候補し選出される［Panchayati Raj Department Government of Himachal Pradesh HP］。

投票所については、C村落自治体の投票所は二ヶ所あり、C町とK村それぞれの小学校の建物の一部が用いられる。どちらの投票所に行くべきかは、投票者のワード番号によってあらかじめ決められている。ワード一～四番はC町の小学校、ワード五番はK村の小学校と決められている。投票所の外には銃を装備した警官二、三名が監視している。投票所内は図17のような配置になっている。

統括者（Presiding Officer）は公的な書類を管理する。同じ人が二回来ることがあった場合にChallenge Voteとして書類を書くなどする。投票所役人2（Polling Officer2）はIDカード（身分証明証）をチェック、投票者リストをチェックし、投票用紙を手渡す。投票所役人1（Polling officer1）は投票者をチェックし、投票し終えた人の爪にインクをつける。この爪に塗られるインクには、約二週間は色が落ちない特殊なインクが用いられている。これは投票し終えた印となる。監視人（Check Person）は、投票が公正に行われているかチェックするために、各政党から一人ずつ選ばれた監視役である。

投票手順としては、投票者は身元を証明するＩＤカードを投票所役人２に提示する。実際には持参しない人もいるが、スピティではほとんどの人が顔見知りであるため問題はないとされる。そして投票用紙（村落自治体の役員選挙では緑色、村長選挙では明るい青色、郡自治体の役員選挙ではピンク色［State Election Commission Himachal Pradesh 2005, 2010］）を受けとる。次に、左下の白い布で仕切られた場所へと移動する。そこには、机とその上にスタンプが置かれており、投票者は投票用紙に書かれたインド国民会議派（以下、国民会議派）やインド人民党（以下、人民党）あるいは無所属の立候補者のマーク（建物や花の絵など）のどれかの上にスタンプを押す。それを折りたたんで、投票箱へと入れる。投票後、投票所役人１によって爪にインクが塗られる。そして退室。投票時間は八時間以上確保されることになっている［Government of Himachal Pradesh Department of Panchayat Raj 1994］。例えば二〇一一年の郡自治体の役員再選挙の投票時間は、二〇一一年一〇月一六日の八：〇〇～一六：〇〇（計八時間）だった。

以上では、選挙制度とその手順について概観した。それでは、実際のスピティの政治状況はどのようなものだろうか。それはインド全体の政治動向とどのように関係しているだろうか。

三　政治動向

次に、スピティにおける政治状況を理解する際に重要となる、インド全体の政治動向について概観したい。

スピティでの票の獲得競争の激化と関連した動きとして重要なのが、全国的な一九七五年の国民会議派の「地主動員モデル」の崩壊である［中溝　二〇一二：四六］。それまでは農村部の地主の影響力を通じて小作人や労働者の動員が試みられてきたが、その枠組みの崩壊に伴い、後進諸階級(1)（Other Backward Classes：ＯＢＣ）や指定カーストの地位が向上し、動員の対象がカーストへと移った。その後、国民会議派が宗教コミュニティなどに訴えることで「競合的多党制」に移行した［中溝　二〇一二：九］。

スピティでは、一九九三年に国民会議派一党制が崩れ、人民党が台頭してき、票の獲得競争が激しくなっている。一九九三年以降、州議会議員には人民党員が選出され、二〇一二年にＣ村落自治体で行われた村長選挙でも人民党の立候補者が選出されている。こうした複数の立候補者が競合する状況のなかで、票を集める訴求力をもつものとして親族ニリンが政治的に注目されたと思われる。そして、ニリンの拡張を通した票の獲得競争が激化している。

このように、スピティにおける政治と親族をめぐる変化の背景には、インドの全国的な一党制から多党制への移行がある。インド全体の政治動向とスピティの政治状況の関連のほか、現在の選挙は、スピティ固有の政治体制の歴史的変化のなかで、どのような位置づけにあるのだろうか。

四　選挙の位置づけ

以下で選挙におけるニリンの検討を行うにあたり、現在の選挙が、これまでの自治の歴史の中でどのように位置づけられるのかを概観したい。ここでは領主制から現在までの時期を四つに区分し、それぞれの時期について説明する。そして、とくに第Ⅳ期において様々な変容が起こり始めていることを指摘する。

四つの区分としては、一九六六年までの領主制の時期を〈第Ⅰ期〉、一九六七～一九七四年までのヒマーチャル・プラデーシュ州政府の管轄下に置かれつつも選挙制度が導入されていない時期を〈第Ⅱ期〉、一九七五～一九九一年までの選挙制度が導入されてから地方分権化が実施されるまでの時期を〈第Ⅲ期〉、一九九二年～現在までの地方分権化がなされ、農村部自治体の権限が明確化されてから現在に至るまでの時期を〈第Ⅳ期〉としたい。

1　第Ⅰ期　領主制の時代――一九六六年まで

まず一九六七年以前のスピティの自治と領主制に関わる事柄について述べたい。

現在の領主層の男性に話を伺った際に紹介された、領主について精通している七二歳の男性によれば、この時期の自治運営の特徴としては三点あげられる。第一に、この時期には領主が自治に関するあらゆる事柄を決定していた。第二に、領主によって、ガルポ・チェンモ[2]（あるいはヒンディー語でナンバルダールと呼ばれる）がスピティの四つのコティ[3]と呼ばれる地域からそれぞれ選出されていた。第三に、ガルポ・チェンモは領主主催の会合に出席し、領主が決定したことを村人に伝え管理する役目を担っていた。以下で、これらのことについて述べる。

すでに述べたように、スピティでは、イギリスの植民地時代を経てもなお、権限がほぼ変わらない状態で領主を通じて統治がなされていた[4]。インドがイギリスから独立し、一九五九年に統治の権限がパンジャーブ政府に移譲された後も、間接統治という形で、実質的には領主が多くの権限を有し、統治していた。一九六〇年には拠点の村が変更された［Jahoda 2015: 134］。その頃もガルポ・チェンモは、依然として各コティを管理するとともに、定期的に領主が行う会合に出席し、重要事項を共有、それを各コティの人びとに伝え管理する役目を負っていた。

一九六〇年に、領主を勤めていた男性が高血圧で亡くなり、代わりに彼の妻が後を継いだ。一九六四年に彼女は亡くなったが、その当時領主の家の中で中等教育を終えた者がいなかったため、領主の権限は彼女の死とともに失われた。それと同時に、ガルポ・チェンモの権限も失われることになった。一九六六年にスピティはヒマーチャル・プラデーシュ州の管轄下に置かれることとなり、領主の権限は失われたままとなった（男性七二歳からの聞き取り：二〇一一年一〇月一一日）。

この点、ヤホダの著書では、パンチャーヤト・システムが導入され、政治的な権力構造が変化したのは一九五〇年代半ばであり、スピティとキノールのローカルな自治システムは一九六〇年ごろまで継続していたと記述されている［Jahoda 2014: 132-133］。この記述とスピティの当時を知る男性の語りの内容から推測すると、概ね一九六〇年代に自治構造が変化したといえる。

２　第Ⅱ期　パンチ時代――一九六七～一九七四年まで

第Ⅱ期の自治体制の特徴は、以下の四点があげられる。第一に、領主制が崩壊し、村の年長者と教育を受けた村人によってメンバーが選ばれる、パンチと呼ばれる自治組織によって自治がなされるようになった。第二に、パンチのメンバーは政府と連絡をとり、開発事業に着手し始めた。第三に、パンチは寺院に関連する仕事を中心的に行っていた。第四に、領主に変わりパンチが裁判所や刑の執行の機能を有していた。以下で、それぞれについて述べる。

一九六七年からはパンチと呼ばれる自治組織が政府の規定の下につくられ、サーパンチと呼ばれる代表（現在の村長の役割を担う者）一人と、パンチと呼ばれる自治組織の運営メンバー八人によって自治運営がなされていた（七〇代前半の男性チョペルからの聞き取り、二〇一一年一〇月九日）。パンチとはパンチャーヤトの前身と考えられ、パンチャーヤトは、「もともと五人（*pamch*）の集会（*vat*）を意味し、伝統的な南アジアの村落レベルの統治組織」だった［総務省大臣官房企画課　二〇〇九：一九］。

この時期にサーパンチを選んだ長老の息子であり、第Ⅲ期の村長かつ現在国民会議派の政党員である七〇代前半の男性チョペルからの聞き取りによると、このとき、サーパンチにはカンチェン出身のチョワ（占星術師）が話し合いによって選ばれた。当時は政党員はおらず、年長者と教育を受けた三、四人のみが話し合いによってサーパンチを決定した。そのため宗教的指導者が政治の役職に就くことも可能だった。パンチのメンバー八人についても村の年長者と教育を受けた者の話し合いによって決定がなされた。パンチの権限は、寺院の修復など寺院に関わる仕事を中心に、水路の整備や道路の開拓、舗装といった政府からの開発事業遂行の要求を引き受けるなど現在の村長の仕事と同じような仕事を行い、さらに裁判所の役割も担っていた。裁判に関する仕事では、主に書類手続きと処罰を下す権限を有していた（二〇一一年一〇月九日の聞き取り）。

3　第Ⅲ期　選挙制度が導入された時期――一九七五〜一九九一年まで

第Ⅲ期の自治体制の特徴としては、以下の五点があげられる。第一に、パンチからパンチャーヤトへと改変された。第二に、選挙制度が導入された。第三に、選挙導入当時には制度が浸透せず、パンチャーヤトの長は村の年長者によって決定されていた。第四に、一九八〇年以降になると、新たな立候補者が現れる状況がでてきた。第五に、パンチャーヤトは寺院にまつわる事業だけでなく、政府の開発関連の事業にも積極的に取り組み始めた。以下で詳しく述べていく。

一九七五年にパンチからパンチャーヤトへと名称が変更され、その長であるサーパンチの名称はプラダーンへと変更された。また、この年から選挙制度が導入された。それはＢＤＯ（Block Development Office）によって主導された。チョペルからの聞き取りによれば、一九七五年の選挙は立候補者が一人であり、カンチェンである男性チョペルが指名された（二〇一一年一〇月九日の聞き取り）。このときには、Ｃ町を含む四つの村が一つのパンチャーヤトを成していたが、そのすべての村人が彼を支持したとされる。寺院の僧侶も彼を支持した。次の一九八〇年の選挙でも同じように彼が推薦され、立候補した。この選挙ではチョワがチョペルに対抗して立候補したが、約三五〇票対約一五〇票でチョペルが勝利した。三度目の一九八五年の選挙でも同じようにしてチョペルは推薦され立候補し、もう一人の立候補者はカンチェンの家の出身でキンチュンとなった男性であった。結局は約二倍の差でチョペルが勝利した。この時期、この地域で活動していた政党は国民会議派のみだった。

また、村落自治体は、新たな寺院をつくるために土地を購入し建設したり、従来からある寺院の補修をしたり、寺院までの道路を整備したりするなど、寺院に関連する仕事を行うと同時に、その他の開発事業にも積極的に取り組み始めた。例えば、村落間をつなぐ道路整備、水路整備、チャンカホールと呼ばれる宴会や行事用のコミュニティホールの建築、村落自治体の役所の建築、遺族年金の支給などである。また、依然として司法の権限も有していた。

４　第Ⅳ期　変化の時期――一九九二年～現在に至るまで

これまでは、自治の主導者に関しては、領主とガルポ・チェンモ、寺院への貢献者、占星術師などの存在をあげてきた。第Ⅳ期では、こうした流れに対し、特に宗教とは関係のない複数の立候補者が選挙に出馬し、彼らの親族が支持をするという新たな状況が生まれている。村落自治体の活動に関しては、インフラ整備のプロジェクト数自体が増え、そのための資金も増加している。以下でそれぞれについて述べていく。

一九九二年に憲法改正が行われ、地方分権化の動きとともに農村部自治体の権限が拡大される形で憲法に明記された。それに伴い、村長の権限も拡大された。スピティには開発資本が投入されていることもあり、この資金の運用を決定する村長の権限をめぐって利権争いが行われるようになった。それ以降、寺院と特別な繋がりをもたない人が立候補し、その親族が支持するという状況が生まれている。

この時期に、一九九三年に選出された村長によって人民党がスピティに持ち込まれ、国民会議派と人民党という政党間の対立が浮上しはじめた。立候補者数に関しても、二〇〇〇年の選挙では四名、二〇一〇年に三名になるなど、今までは二名までしか立候補者が出なかったのに対し、新たな状況が生まれている。また、テカダール[5]（*thekedar*）あるいはコントラクターと呼ばれる、政府関連の仕事を請負う建設業に関わる職業に就く人びとの選挙への介入も、第Ⅳ期から起こり始めた。この時期から、選挙における政党間、住民間の緊張関係も増加したといわれる。

このように、第Ⅳ期においては、①村落自治体の自治運営や選挙における宗教的な側面が希薄化するとともに、②カンパやニリンによる立候補者の支持、③政党間の対立の浮上、④複数の立候補者の選挙への出馬、⑤コントラクターの選挙への関わりなど、今までにみられなかったような変化が起こっている。さらに、これらの変化の中、投票者にとっては、従来の伝統的な親族の論理だけでは選挙における投票行動を決められない状況も生まれてきている。これらの第Ⅳ期の特徴が複雑に絡み合い、人びとの投票行動に影響を与え、選挙における緊張関係を増加させ、親族のあり方に影響を与えている。

以上からは、スピティの自治の歴史における選挙の位置づけが明らかとなり、選挙と親族は新たな局面を迎えていることがわかる。以上の位置づけを背景に、スピティにおいては実際にどのように政党政治や選挙が実施されているのだろうか。

五　政党間の対立

次に、スピティにおける選挙の位置づけを背景として、スピティにおける政党政治がどのように行われてきたのかを大まかに説明したい。

インド全土では多様な政党が存在し、複雑な対立構図が存在するが、スピティではその中でも二大政党である国民会議派と人民党が対立するという構図がある。一九七五年から一九九三年まで村長を務めた七〇代前半の男性チョペル（二〇一一年五月九日）によると、C村落自治体においては、一九九三年に人民党が出現するまで国民会議派のみ存在した。一九九三年以降現在までの村長は人民党所属である。二〇一一年時点では州首相（Chief Minister）

および州議会議員（Member of the Legislative Assembly）も人民党所属だった。これには一九八九年の国民会議派による一党優位支配の崩壊という全国レベルの政治動向が関連していると考えられる。

また、村レベルと州レベルの政党が同じであるのは、その方が村に予算が下りてきやすいという理由もある。村レベルの予算の管理者としては、まず村長（プラダーン）があげられる。村長は、予算の一部を管理し、管轄下にある村の開発事業（政府関連の建物の建設、道路の舗装）の計画立案、実施の権限を有する。他に、村長は中央政府から供給された物資を村人に配布し、政府雇用の一部のポストに人を配置する権限を有する（チョペルからの聞き取り、二〇一一年五月九日）。

以上の村長の権限や地位をめぐって、両政党と無所属の住民は票の獲得競争を行う。スピティにおける両政党の公約の争点は、人民党が女性団体（Woman Society）の設立や下層の人びとへの配慮といった「社会的弱者」に配慮する点、特定のカンパで政治的地位を独占しない点を掲げる一方、国民会議派は貧困層に援助を行う点、汚職を行わない点を強調する。

なお、政党の公約は、もちろん住民の投票行動に影響するが、投票者はむしろニリンに注目する。それは、村長選挙と郡自治体の役員選挙の立候補者の出身地は住民と同じであるため、選挙活動の際、政党員が公約よりも親族とくにニリンの関係を強調するからである。州や国レベルの選挙になると、立候補者がスピティ出身ではないことが多いため、職業や支持政党、政党の公約が重視される傾向が強まる。そのため、村落レベルの選挙では競争が過熱するが、州や国レベルではそこまでの盛り上がりは観察されなかった。実際に、二〇一四年五月七日に実施されたインド総選挙では、投票日当日にもかかわらず、投票所付近は閑散としており、周囲に政党員は一人もみあたらなかった。

政党政治と選挙に深く関わるのは政党員であり、その多くは同時に、政府関連の仕事を請け負う建設業者コントラクターでもある。C村落自治体にはコントラクターが二六名存在する。その内一九人、実に七割以上が政党員であるか、政治と密接に関わっている。彼らが選挙や政治に執着するのは、彼らの仕事の有無が、支持政党の勝敗にかかっているからである。支持政党が勝てば、村長や村落自治体を通して仕事を得、そこから収入を得られる。

そのため、彼らはあらゆる手段を通じて村人に圧力をかけ、選挙を主導していく。彼らは、広範なニリンや友人関係、仕事仲間のネットワークを有する。これは村人も知るところであり、「コントラクターは、選挙のときどこにでも行く。どこからでも人を連れてくる（票を集める）」といわれる。

最大の特徴として、選挙における宗教性を利用した票の獲得行動があげられる。例えば、チベット仏教における宗教的指導者であるダライ・ラマ一四世の写真を投票者の額にあて、協力を誓わせるなどである。(6) ダライ・ラマ一四世の写真に誓うということは、万が一その誓約を守らなかった場合、それは宗教的な罪とみなされる。そのため、この写真を用いた票集めは効果的であるといわれる（四七歳の国民会議派政党員の男性からの聞き取り、二〇一一年一〇月八日）。

以上の票獲得競争の過熱と、それに伴う政党員の活動の結果、以下の事例で示すように、ニリンの枠がめまぐるしく変更されるとともに、複数のニリンから圧力をかけられ、投票行動が決定困難になる状況が生みだされている。

六　選挙とニリン

以上の政治制度と選挙の位置づけを背景として、ニリンが選挙を契機として政治的資源ないし集票組織として利用され、それを受けてニリンの枠組みが変化するとともに、時に固定化され団体化される様子と過程を描く。

本書が対象とする選挙は、二〇一〇年一二月二五日に行われた村落自治体の村長を選出する村長選挙と、二〇一一年一〇月一六日に行われた郡自治体の役員を選出する再選挙、そして二〇一五年一一月二六日に行われた村長選挙と郡自治体の役員選挙である。

まず二〇一〇年と二〇一一年の選挙をとりあげたい。二〇一〇年の村長選挙は直接観察しておらず、郡自治体の役員再選挙の調査の際に同時に聞き取り調査をおこなった。郡自治体の役員再選挙は、二〇一〇年に村長選挙が行われた際に同時に行われ、人民党の勝者が決まっていたが、その勝者が宣誓式に参加しなかったため再選挙となった。二〇一〇年時点では、Ｃ村落自治体における村長選挙の有権者数は一一一八人である。郡自治体の役員選挙では地区ごとに一人ずつ選ばれる。Ｃ村落自治体は二つの地区に分けられ、二〇一一年の再選挙が行われた地区二における有権者数は七二七人だった。

二〇一〇年の村長選挙への立候補者は三名である。国民会議派からは、税務署長であり、土地収益の収集と土地管理を担当するテシルダール（*Tehsildar*）を長年務めた当時五五歳の男性が立候補した。人民党からは、スピティの伝統文化保存を目的としたＮＰＯで働く当時四三歳の男性が立候補した。無所属からは、カンチェン出身の農家を営む四二歳の男性が立候補した。獲得票数は、それぞれ人民党二三三票、国民会議派二二六票、無所属一八三票、無効票一三票の合計六五五票である（ADC Block Office の選挙関連資料と立候補者三名からの聞き取り）。

二〇一一年の郡自治体の役員再選挙における立候補者は二名である。主要政党員によれば、国民会議派では、政党員は献身的に働くことと引き換えに、選挙への立候補の機会を得るという構図を有する。そのため、長年国民会議派に所属し貢献してきた五〇代男性（一九七五～一九九三年の間村長を務めた男性の弟）が候補者として選ばれた。その際、ポストが女性の留保枠だったため、彼の妻が立候補した。人民党からは、政党所属歴は比較的短いが、政党内で献身的に働いていた三〇代男性の妻チュキットが、大学卒業後に三年間教師を務めるなど高学歴であることから推薦され、最終的に夫の決断で立候補した。結果は、国民会議派二〇一票、人民党一四七票、無効票五票の合計三五三票[7]であり、国民会議派から出馬した立候補者が選出された。

筆者は二〇一一年一〇月の選挙期間中、国民会議派の選挙活動に同行した。その際、もっとも耳にした用語はニリンだった。日々の生活でほとんど聞かれなかったこの用語は、選挙活動のときには筆者が不自然に感じるほど多用されていた。票集めのために家々を訪問した際には「私たちはニリンですからね、投票をよろしくお願いします」という言葉をよく耳にした。住民の間でもニリンの用語が多用されるようになった。以下では、選挙期間中のニリンの利用のされ方に注目し、日々の生活とは異なるニリンのあり方を浮き彫りにする。

なお、筆者は村落自治体と郡自治体の選挙のほか、二〇一四年五月七日に行われた総選挙も観察したが、総選挙は地方自治体の選挙ほど盛り上がらず、すでに述べたように、投票日当日には投票所近くでは主要政党員を一人もみかけなかった。

1　選挙を契機としたニリン関係の変化

まず、選挙における政党員の対立をきっかけとして、ニリンの範囲が変わる事例を紹介する。

【事例8―1】　ニリンの解消

C町に住むサンタ（男性四二歳）とチェリン（男性五五歳）は二〇一〇年一二月の村長選挙のとき、それぞれ無所属と国民会議派から立候補し、対立関係にあった。しかし、結局両者とも破れ、人民党の立候補者が勝利した。チェリンは「ずっと前からサンタに国民会議派に来きてくれと頼んでいた。私とサンタはニリンなのだから、同じ政党になればもっと多くの人を集められる」（二〇一一年八月二七日）と筆者に語った。サンタもチェリンとはニリンだと話していた。実際、両者はお互いの家を行き来する間柄だった。その後、サンタは二〇一一年七月に国民会議派に所属することに決め、チェリンと同じ国民会議派政党員という立場になった。筆者がスピティに訪れた二〇一一年八月時点ではサンタとチェリンはお互いにニリンだといい、仲が良さそうにみえた。チェリンは「サンタは〔私の〕ニリンなんだよ。サンタの奥さんと私の妻がとても近くてね。今や私たちは一つ〔の政党に属するよう〕になった」（二〇一一年八月二七日）と筆者に語った。ところが、彼らがお互いに系譜上どのような関係をもつのかを両者に聞いたところ、彼らは正確には把握していなかった（図18参照）。ただ、お互いの妻の母親の間に何らかの繋がりがあるということだけを把握していた。

その後、一〇月の郡自治体の役員再選挙が近づき、主要政党員が忙しくなりだす時期から、サンタとチェリンの関係がよくないという噂が流れ始めた。選挙後、サンタ本人に真偽の程を確かめると、チェリンはサンタを再三、国民会議派に加入するよう誘っておきながら、彼が実際に加入すると、チェリン含め国民会議派の主要政党員は新参者であるサンタと情報を共有せず、「中（内）（*nang la*）」に入れなかったと不満をあらわにした。その後、もう一度サンタにチェリンとお互いにニリンであるかと聞くと、彼は「ニリンではない」と言い張り、筆者に「前はニリンだと言っていましたよね」としつこく何度聞かれても譲らなかった。実際に、筆者は選挙後、サンタとチェリンが一緒に話す場面を一度も見かけなかった。

【事例8―2】　ニリンの範囲の変化

サンタは選挙期間に入ると、ラモのことを本当はニリンであると打ち明け、それにもかかわらずラモはサンタに協力的でないと筆者に不満を漏らした。ラモ宅に滞在している筆者は、ラモの家にサンタが訪れたのを一度も見たことがなかった。そのため、両者がニリンであるのかどうかをラモに聞くと、確かに、サンタの祖母と

図18　選挙活動時のサンタのニリン

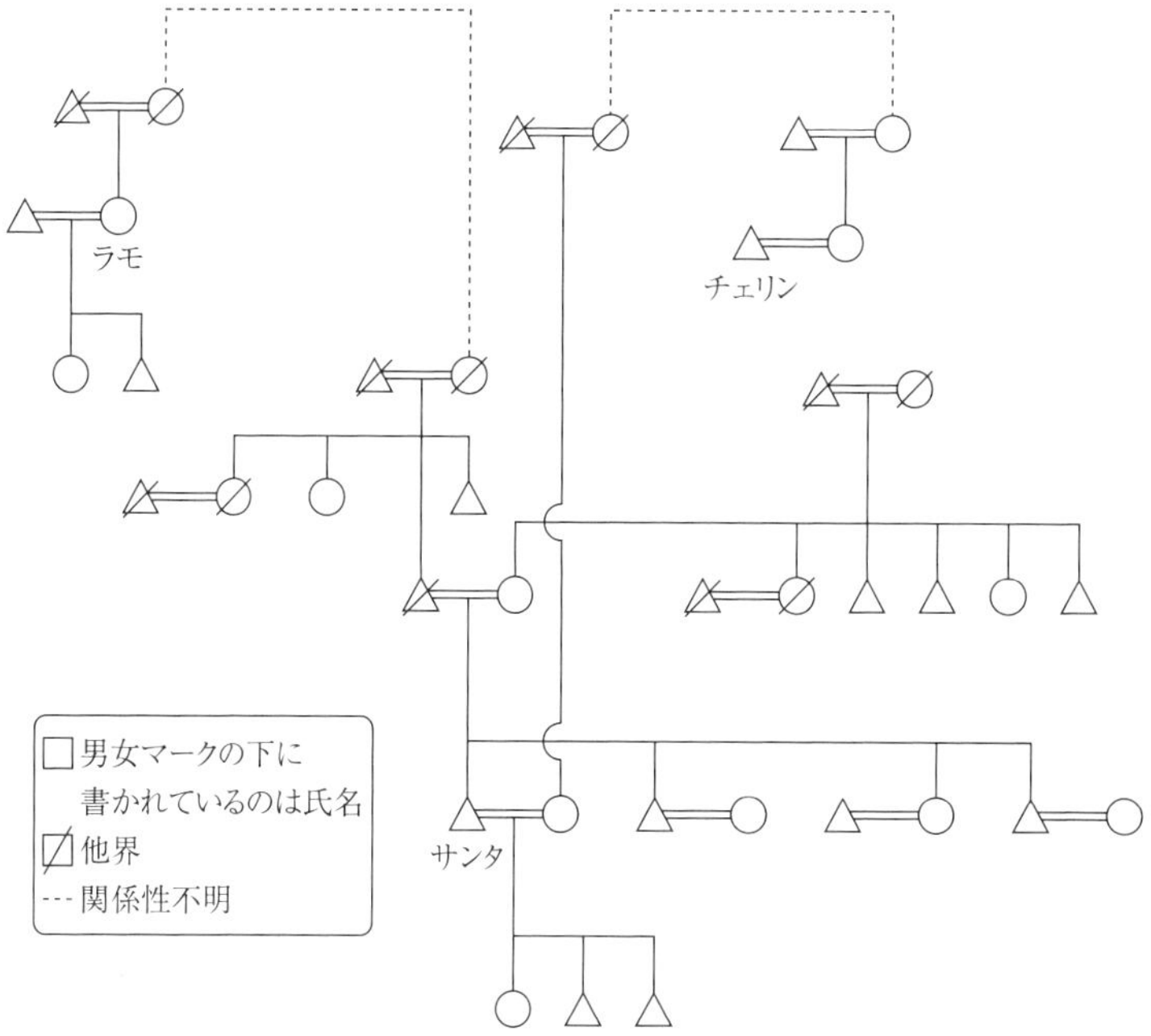

（サンタへのニリンに関する聞き取りから再構成）

ラモとは何らかの姻戚関係を有しているとのことだった（図18参照）。

政党員は、選挙時には普段ニリンと呼ばない人にまで戦術的にニリンの語を用いて働きかけ、票を獲得しようとする。それは、ニリンという語に付随する道義を喚起させ、選挙においてその道義を果たさせようとするからだと理解できる。逆に、政治の場面においてニリン間で道義が果たされない場合、ニリンの関係が解消されることもある。このように、インドの政治体制の変化を背景に、政党員やコントラクターによってニリンが人びとを動員する資源として注目され始め、より戦術的な性格を帯びてきている。

ここからは、日々の関わりから築かれる道義的かつ情動的な関係が、より多くの人を動員しなければならない選挙において、政党員によって政治的な領域へ持ち込まれ、戦術的に利用されていることがわかる。先行研究で確認したブロックの議論では、親族はどちらかというと道義関係として想定される傾向にあり、親族が戦術の対象となる可能性については明確に指摘されていないように思われる。しかし、スピティの事例では、日常の文脈で築かれたニリンの関係が選挙で戦術的に働きかけられる対象となっており、親族は政党員によって日常的な文脈と政治的な文脈が混合される形で用いられている。ここからは、場面や立場によって、ニリンの関係にある人びとのふるまい方が変わりうることもわかる。以上のような政党員たちによる働きかけや圧力を複数方向から受けることで、なかには投票行動を決定できなくなる投票者もでてきている。

2　投票行動の決定困難

次に、選挙において、ニリンが政党員によって戦術的に拡大され活用されることで、しばしば複数のニリンに含められ投票の圧力をかけられ、投票行動の決定困難に陥る事例を紹介する。

【事例8―3】　双方からの圧力

二〇一一年の郡自治体の役員再選挙において、ドルマ（女性四〇歳代後半）の義理の弟の妻チュキットが人民党から立候補した。ドルマはC町からK村に婚出し、夫と息子夫婦と住んでいる。ドルマの夫とその弟は頻繁に家を行き来する間柄である。しかし、選挙活動の時、ドルマが夫側から強く圧力をかけられたという話は一度も耳にしなかった。ただし、人民党の立候補者の夫であり、ドルマの義弟であるタルーも、選挙では積極的に人びとに働きかけるはずのコントラクターである。

他方、ドルマは国民会議派の立候補者とはニリンの関係にはなかった。しかし、ドルマの実家側の繋がりであ

図19　ドルマとソハンの関係

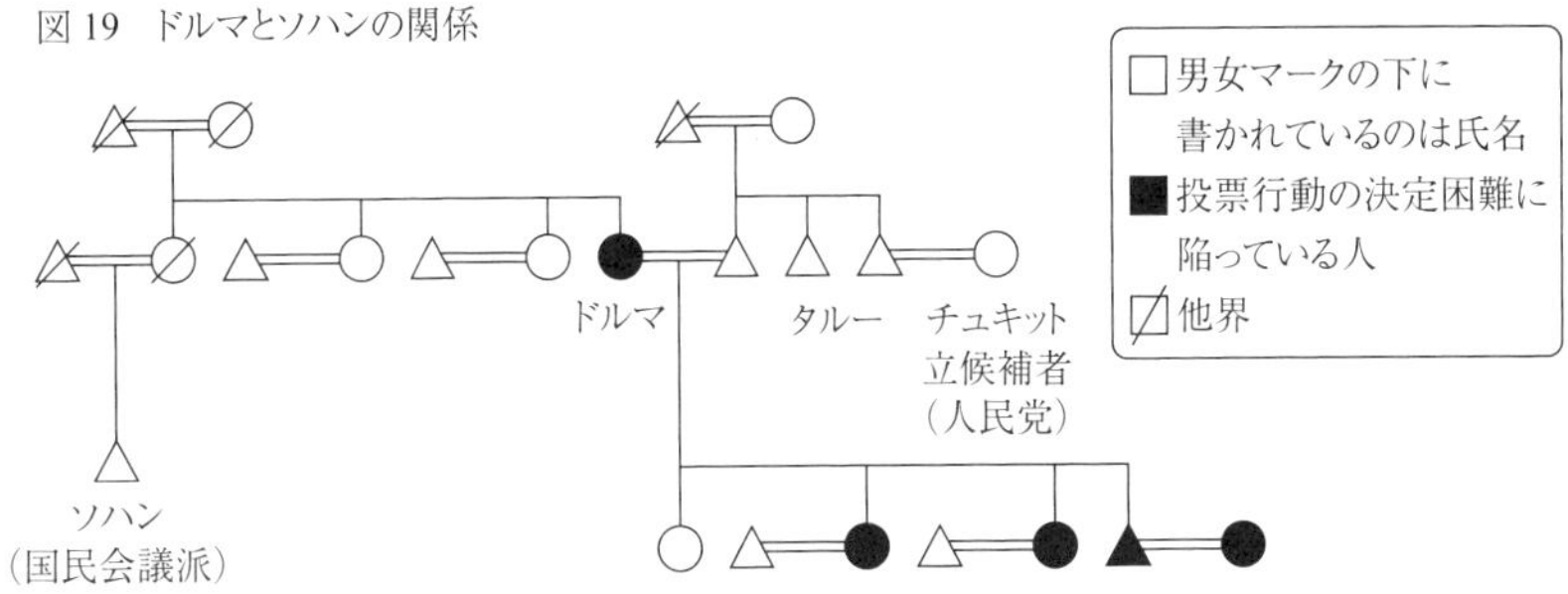

（ドルマへの聞き取り〈2011年9月18日〉から再構成）

る、オイにあたるソハン（男性四七歳）が国民会議派の主要政党員かつコントラクターであるため、彼はドルマに国民会議派に投票するよう強く説得した。ソハンは選挙期間中何度もドルマを訪れ、ニリンという言葉を使うとともに、「同じ血（blood、*rgyud* または *khrag*）をわける私にどうして協力しないのか」と、血という語を用いて何度も説得を行い、圧力をかけたといわれる。ドルマは婚出以降K村に住んでいるが、C町の実家との関わりも続けていた。それゆえ、ソハンはドルマに、ニリンと血の用語を用いて投票のお願いをしたと考えられる。

ドルマはどちらもニリンと呼べる相手から投票を頼まれたため、どちらに投票するかで悩んでいた。結局、ドルマの義理の弟の話では、彼女は投票後、国民会議派つまり積極的にお願いをされた出自側のオイの政党に票を入れたと夫やニリンに打ち明け、謝って許しを請うたという[8]。

このように、特に婚出した女性は、実家側と夫側双方とつながりをもつことになるため、出馬する立候補者によって、あるいは複数の政党員によって複数のニリンに含められ、どちらもニリンと呼べる状況が生じ、投票行動の決定困難に陥ることがある。このような場合、単に血族か姻族かという基準で行動を決定することはできない。そこでは、血族あるいは姻族であることと、さらに親密な間柄であること、選挙時の働きかけの程度などが行動決定において重要となると考えられる。ドルマの場合、日々の生活のことを考えれば、実家側の関係よりも、むしろ現在生活をともにする夫側の政党に票を入れるほうが無難だったはずだが、結局は積極的にお願いをされたオイ側の政党に投票している。

以上からは、ニリンが選挙の場面で政党員によって戦略的に利用され、その過程でニリン関係が生み出されたり解消されたりし、その結果として投票行動の決定困難を生じさせていることが明らかとなった。ブロックによると、このように双方から協力を依頼された場合、関心が経済的利益にあるのであれば、それに応じて必要ない方との関係を終わらせるためにこうした状況が利用される［Bloch 1973: 80-81］。しかし、事例からは、政党員によって演出されたニリン関係を要求されることで複数の要求の衝突に巻き込まれ、道義的ならびに戦術的に判断することが困難となっている人びとの姿が浮かび上がる。

また、投票行動の決定困難は、選挙が、普段あいまいなままにされているニリンなどの関係をウチ／ソトの明確な境界線を引くという意味合いを含んでいるがゆえに生じる現象だと考えられる。しかし、必ずしも毎回選挙でこのような激しい利権争いが繰り広げられるとは限らない。

3　緊張関係の軽減

次に、二〇一五年の選挙をとりあげ、立候補者同士が近しいニリンの関係にあるため、互いを気遣い合うような形で選挙活動が行われ、二〇一〇年や二〇一一年のときと比べると緊張関係が軽減されていたことについて検討する。

二〇一五年の選挙は、村長、副村長、郡自治体の役員二つの四つの議席をめぐって争われた。このうち、村長の議席は女性の留保枠である。なお、ワードの役員のみ無投票当選された。国民会議派からの立候補者は、村長はC

町の女性ドルカ（五〇代）、副村長はK村の女性ツェリン（四〇代後半）、郡自治体の役員はC町の下層の女性チメ（三〇代後半）とK村の男性（三〇代後半）である。人民党からの立候補者は、村長はC町の女性ララ（三〇代後半）、副村長はC町の男性（三〇代半ば）、郡自治体の役員はC町の二〇一〇〜二〇一五年の間村長を務めた男性（四〇歳前後）とC町の女性（二三歳）である。

二〇一五年一一月二六日の選挙に向けた選挙活動では、一一月二二日と二三日の二日間以外、ほぼ立候補者のみが選挙活動をおこなっていた。これは、二〇一〇年と二〇一一年当時、多くの政党員が昼夜問わず説得に奔走していた状況とは大きく異なる。筆者は一一月一一日から選挙が終わるまで、国民会議派の選挙活動に同行した。前回選挙を調査した経験から、両政党の選挙活動を同時に調査することは困難だと判断したからである。一一月二二日と二三日は両日とも総勢一七人前後でC村落自治体の人びとの家を一軒ずつまわって投票のお願いをした。

彼らは「票を入れにこないといけない」、「投票してね」、「投票して下さい。どうかお願いします（ボート・タンドージ・オルシェー・ジュンジュ）」などと言いながら人びとにお願いをして回る。それに対しては、単に「分かった」あるいは「はい」と返す人が大半だが、中には、「神に誓って、（票を）入れます。お願いと言わないで。チメ（立候補者の名前）に入れます（コンジョ・タンイン・オルシェ・マセル・チメラー・タンイン）」」（二〇一五年一一月一一日）と返す人もいた。また、ドルカは筆者に対し、「ニリンたちは協力しないといけない（ニリンギャ・ジュングショ）」と話した（二〇一五年一一月一一日）。

家訪問の同行中、住民や立候補者自身から、今年は選挙が平穏だという語りがしばしば聞かれた。国民会議派の立候補者ドルカとチメと話している際にも、今年は村長の立候補者同士がニリンであるため、そこまで緊張関係がないという話題が何度かあがった。ワードメンバーに立候補し最終的に無投票当選した六〇代女性は、「今年は（立候補者がどちらも）ニリンだからね、それで平和なんだよ」と筆者に話した。今回の選挙の村長立候補者同士の系譜

図 20　ウマと立候補者の関係

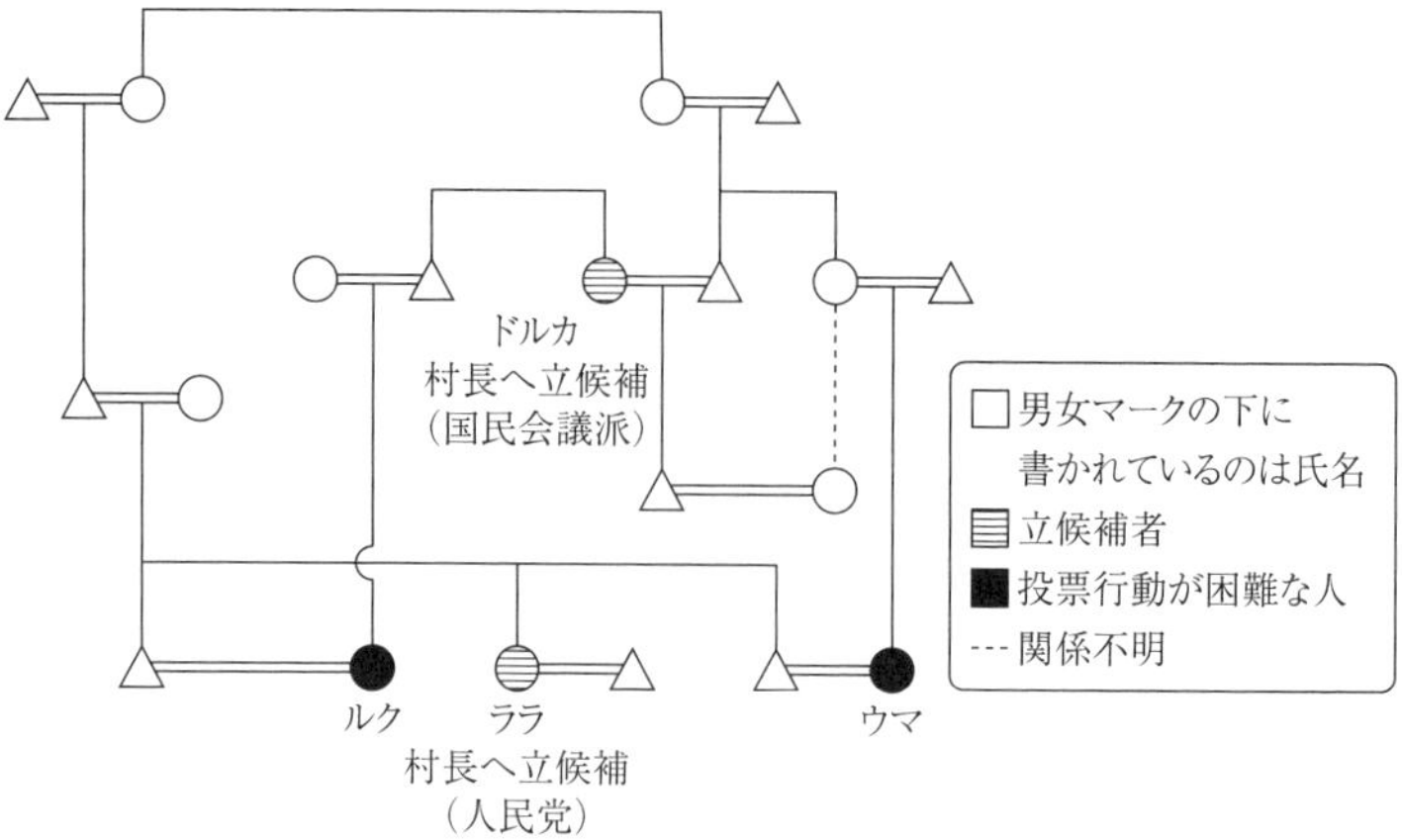

（2015 年 11 月 20 日、ウマの聞き取りから再構成）

的な関係は図20に示したとおりである。ドルカとララは血縁関係こそ有していないが、複数の姻戚のつながりを有しており、両者は親しい間柄にある。

そのほか、投票者側も、国民会議派に投票した四七歳の女性プティ[9]は次のように語った。

「前は毎日のように夜一〇時、一一時に政党員がきていた。恥ずかしいから居間で寝てるわけにもいかない。それで別の部屋に行って、〔寒いから〕服をいっぱい着込んで寝ていた[10]。今は夜には来なくなった。昔は〔政党員同士が互いの〕家に石を投げたりしてひどかった。今は平和（*shanti*）になった」（二〇一五年一一月二五日）。

筆者が観察した限りでも、二〇一一年の郡自治体の役員再選挙のときのような政党員たちの焦燥感と切迫感は感じられなかった。

しかし、特定の人びとにとっては、今回の選挙は非常に投票行動を決断し難いものだった。今回の選挙で投票行動を悩んでいた筆者の友人でもある女性ウマ〔二〇代後半〕の事例をとりあげたい。

【事例8—4】 投票行動の決定困難

二〇一五年一一月二〇日、筆者がウマの家を訪れた際、立候補者の話になった。ウマによれば、彼女の夫の姉（義姉）が、人民党からの立候補者ララである。他方、ウマの母の弟（母方オジ）の妻が、国民会議派からの立候補者ドルカである。また、明確には聞き取りできなかったが、彼女の母方の親族の娘とドルカの息子が結婚しており夫婦である（図20を参照）。

系譜的なつながりだけでなく、ウマの家はドルカの家からもララの家からも徒歩五分程度と近く、どちらとも日常的に頻繁に関わりあう関係にある（図21を参照）。

このような状況から、彼女はいろいろな意味で「とても難しい（*khag po*）」と心境を打ち明けた。投票をすることや、自らの立場自体に対してである。「まだどうするか決めていない。でも、何がなんでも（ツグ・イナ・マナ）BJP（人民党）に入れないといけない。一番難しい（状況に置かれている）のは私のニリンだろうね」と話した。また、ウマいわく、彼女の夫の兄（義兄）の妻である女性ルク（四〇代）にとっても投票行動を決めることは非常に困難になっている。それは、ルクの父の妹（父方オバ）がドルカであり、他方、ルクの夫の妹がララであり、どちらとも親密な関係を築いていたからだと話した。

投票後、一一月二七日に筆者がウマ宅を訪ねたとき、ウマは、結局人民党に投票したことを教えてくれた。ウマは「結果知ってる?」と聞き、筆者が「うん、おめでとう」と返すと、「テンキュー（thank you）」といって顔がにやけた。そして、結果が出た日の夜、パーティを開いたことを話した。しかし、遠慮がちに「小さいパーティだけどね」

図21　ウマの家屋周辺の概念図

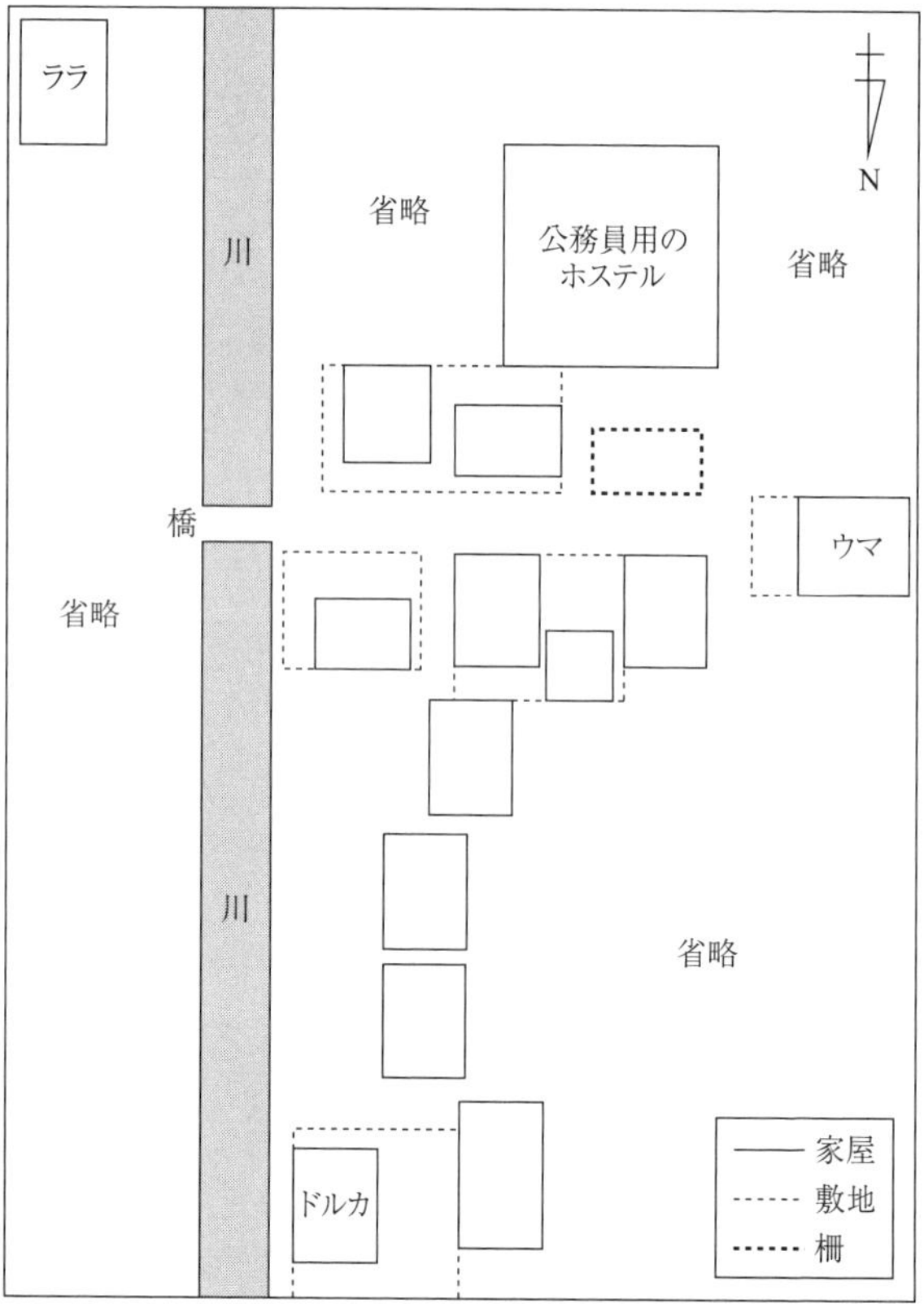

と付け加えた。その言葉には、もう片方のニリンである立候補者への気遣いが感じられた。

ウマが、なぜどうしても人民党に投票しなければならないと話したのかの理由については、筆者にはおおかた予想がついた。なぜなら、ウマの義父にあたる男性（六〇歳代）は、自己主張が強く、支配的な性格であることで有名だからだ。ラモの異父兄カルマの娘（当時三〇歳）によれば、その男性は、彼の自宅周辺の土地の所有権をめぐって近隣住民たち（カルマ含む）と対立し、最終的に自らの主張を押し通して隣人たちの庭を通路に変えた（二〇一一年八月一四日）。

ウマも夫と結婚する際、財産分配の件ですでに義父ともめて苦労していた。ウマは恋愛結婚であり、彼女と夫が結婚したいことをその男性に伝えた際、カンパがもつ財産の均衡がとれていない[11]ことを理由に結婚を反対され、長く認めてもらえなかった。その後、男性はウマに対し、ウマの実家を継いだ姉から、いくらか財産を分けてもらうよう強く要求した。そのため、次はウマと姉の間で話がまとまらず、いざこざが長引いていた。最終的にどのように決着したのかは確認がとれていない。しかし、ウマに娘ができて以降、関係は次第に良好になった。そのため、あえて今回の件で再度関係を不安定にさせることは望まないと考えられる。また、ウマの義父が、以下でとりげるガラム・ニリンの中心人物であり、かつ人民党支持であることも関係していると考えられる。

選挙が終わって四日後の一一月三〇日に、筆者は両方の村長立候補者をそれぞれ訪ねたが、どちらも勝ちほこったり、負け惜しんだり、あるいは相手を侮辱したりすることは一切なかった。単に、「どちらかが勝てば、どちらかが負ける」といい、これからもニリンであることには変わりないと話した。二〇一一年時点の選挙の様子からは考えられないほど、穏やかに選挙が終了したといえる。選挙活動中や選挙後には、人びとから相手側を気遣うような発言も聞かれた。また、以前のように勝利した政党側が勝ち誇ったり、盛大に宴会を開いたりすることもなかった。

このように二〇一五年の選挙活動が比較的ゆるやかになされ、表立った緊張関係がみられなかった要因は何だろうか。一つには、女性の留保枠だったことが関連しているかもしれないが、二〇一一年の郡自治体の役員再選挙の際も女性の留保枠だったことから、主たる要因とは考えられない。むしろ、立候補者同士が近しいニリンであり、日頃から関わりあう間柄だということが関係していたと考えられる。それゆえに、あからさまな戦術的な働きかけが避けられ、むしろ相手を気遣うような形で、選挙活動や選挙後のふるまいがなされていたのだと考えられる。しかし、柔軟なニリンと選挙のあり方とは対照的に、選挙を契機として関係が固定化され利害団体へと化したニリンも存在する。

4　団体化したニリン

以上では、選挙においてニリンが政治的資源として利用され、関係がめまぐるしく変化する事例をみてきたが、ここでは、そうしたニリンとは異なり、選挙を契機として、政治的利益のために固定化し団体化したニリンの事例をとりあげたい。

ニリンは個々人によって認識が異なるため、集団ではなく、それゆえにニリンの固有名称といったものは存在しない。しかし、唯一名称を有し、さらに他のニリンの成員の二倍あるいはそれ以上の成員を抱え込む、ある程度団体性を兼ね備えたニリンが存在する。そのニリンは「ガラム・ジマック（ガラムの成員あるいは家族）」あるいは「ガラム・ニリン」と呼ばれる。この名称にはそこまで遠くはない先祖（二〇一一年当時六〇歳の男性の祖父）についての逸話がもとになっている。ガラムの成員の男性（五〇歳代後半）によれば、以前、子供が八人おり家族が多いことで有名だったこの男性は、非常に力持ちとしても有名だった。四〇キロの荷物と重たい鉄の棒を持って歩くことができた彼は、ある日、道路の仕事をしている最中に倒れた病人をかついでC町までかなりの距離を歩いて連れて行った。それでガラムは有名になったというのである。その男性のニックネーム「ガラム」がヒンディー映画にでてきた主人公の名前だったのである（ガラムは仮名）。今では総勢約八〇人以上の大所帯である（図22参照）。ある程度このメンバーで固定されているというが、一時的にさらに遠い親族が出入りするという微妙な変動はある。成員のほとんどがガラムの娘をたどる点が特徴的である。

なお、図22に記されているメンバーのほとんどは人民党の支持者であり、一部点線で囲っている人のみ国民会議派の支持者である。

【事例8―5】　いい地位を保ちたければ、従うしかない

ラモの南隣に住むガラムの成員の女性（五〇代前半）に、彼女宅でガラム・ニリンについて伺うと、彼女は、何か重要な決定事項があるときには各家庭から最低一名ずつ集め、話し合いを行うと話した。話し合う内容は、

図22　ガラム・ニリン

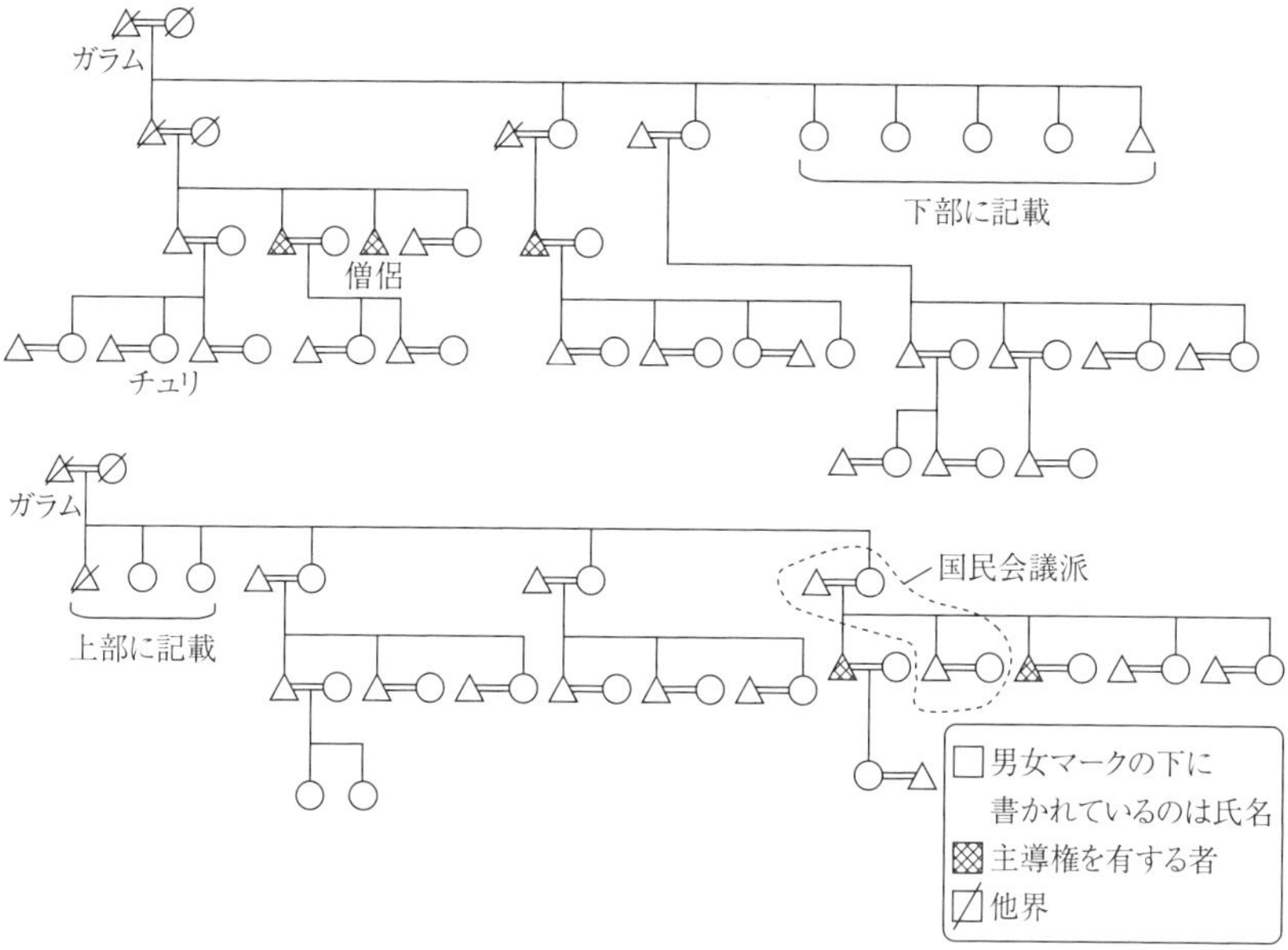

（僧侶〈2011年9月25日〉とチュリ〈2011年10月2日〉の聞き取り、その他複数名への確認から再構成）

結婚相手の選定や政治に関する重要事項、例えば投票行動の決定などである。特にこのニリンに特徴的であるのが、政治的利益のために集合しているという点である。選挙があると、誰を支持するか、あるいは誰を立候補者として推薦するか等を成員で話し合い、決定する。筆者が「もし話し合いの決定に異議を唱える人がいた場合、どうなるのですか」という質問をすると、その女性は「そうすると、力を持っている六人が説得をする。私たちと一緒にいた方がいいですよと勧める」と語った。また、「このいい地位を保ちたければ、従うしかない」とも語ってくれた（二〇一一年一〇月二日）。

ここからは、政治的に人を動員する際に資源としてニリンが活用されること、ときにその過程で利害団体化しうること、また団体内にリーダー格の男性が複数人存在することも分かる。確認できたガラムの中の有力者五人のうち三人はコントラクター、一人は僧侶である。また五人中二人は人民党所属の州議会議員（二〇一一〜二〇一二年当時）と密接な関係を築いており、ガラム全体でも人民党支持であることから、政治色の強いニリンであることがわかる。

ガラムの事例は、同一のニリンに属する成員の数が多く、すべての成員が他のすべての成員と日常的に関係を築くことは困難であるため、他のニリンのように日々の関わり合いの視点からのみ理解することはできない。この事例は、日常の親密な関係からニリンが自然に立ち上がったというよりも、むしろ選挙のために継続的に中長期的な関係を築き、一定の支持者数を確保するための試みとして理解できる。ガラムの場合には、数人のリーダーによって共通の祖先の存在や、会合といった手段が用いられる。これは、マインズが指摘したような親族などの支持を有するビッグマンが戦術的に政治組織を築いたのだと理解できる。つまり、団体化という変化を考慮すると、ガラムは親族の論理の中からのみ立ち上がってきたわけではなく、選挙が行われる過程で、利権争いの結果として実体化ないし団体化が要請され形成されたのだと考えられる。

この点についてはグーリエ［Ghurye 1932, 1950］を引用しつつカーストの実体化について論じたデュモン［二〇〇一：二八二―二八六］の記述が参考になる。デュモンは、カーストの実体化ないし団体化について、近代的政治制度への移行と都市化に伴い、カースト間でポストの少ない高収入の職等をめぐって競合が生じ、結果的に相互依存関係から競合関係へと変容され、カーストは実体化ないし団体化されると主張する。スピティの場合、カーストではなく親族において、男性を中心とした団体化が生じている。

このように、選挙の場面では、その他の場面にはみられないほど戦術的なふるまいが見受けられる。これは、人びとのパーソンのつながりは、常に融和的で情動的であるだけでなく、戦術的でもありうることを示している。本章が扱った選挙における政党員とコントラクターをはじめとして、農作業や宴会の場面における、主に利益や利害が直接絡む文脈において、人びとは戦術的にふるまう可能性があるのである。

それと同時に、政治の場面であれ、道義と戦術は必ずしもブロックが想定していたようなものではない。ニリンに付随する道義は、社会規範だけでなく、日々関わるなかでつくりだされたものでもある。また、戦術に関しても、これまでの関係を考慮して、人に応じて働きかけ方を使い分けているため、完全な個人による戦術というわけではないことを指摘しておく。

以上では、選挙においてニリン等の親しい関係が票集めのための資源として用いられること、場合によっては政治的利益を求めて団体化しうることが明らかとなった。そこでは、これまで述べてきた柔軟なニリン関係とは対照的に、父系出自集団とは異なる形で、再度、男性中心の組織化が行なわれていることが明らかとなった。この点は今後注意深く見守っていく必要があるだろう。

注

（1）指定カーストと指定部族と並んで優遇措置が設けられている、社会的弱者層として位置づけられるその他の後進諸階級である。

（2）棚瀬［二〇〇八］によれば、各コティからは一名のガルポ・チェンモと呼ばれる役の者が選出され、ガルポ・チェンモのもと、各村から一名のガルポ・チュンガンと呼ばれる役の者が選出された。ガルポ・チェンモはコティ内の労役の調整をおこない、旅人に対する物資の補給を担当した。また在地の領主であるノノは、スピティにおける司法権、徴税権の代行を委任されていた［Punjab Government 1994: 112］が、ガルポ・チェンモはその相談役となった。一方、ガルポ・チュンガンは労役に関してガルポ・チェンモの下で働き、また税を村人から直接徴収する役を担っていた［Punjab Government 1994: 94］。

（3）筆者が聞き取りを行った際には四つと聞かれたが、五つとする報告もある［Punjab Government 1994］。ヤホダも五つのコティが存在したと言及している［Jahoda 2015: 134］。

（4）ヤホダもLamb［1956］を参照しながら、同じように記述している［Jahoda 2015: 133-134］。

（5）ヒンディー語でコントラクターの意味。

（6）国民会議派政党員でありかつコントラクターである男性からの聞き取り（四七歳：二〇一一年一〇月八日）。

（7）二〇一一年のC村落自治体の地区二における郡自治体の役員再選挙の有権者数七二七人に対し、投票数は三五三票と半数以下である。投票を行わなかった数人に話を聞いたところ、政党員やコントラクターに不必要に圧力をかけられ人間関係が悪化し争いに巻き込まれることを懸念していた。この点については今後熟考する必要がある。
（8）選挙後にどちらに投票したのかを自ら打ち明け、投票しなかった方に謝りにいく行為は、匿名性が保たれにくいスピティの状況において、選挙の後も双方と良好な関係を維持する、または悪化した関係を修復する試みといえる。なお、匿名性が保たれにくいとは、投票の様子が観察されているという意味ではなく、投票前後のその人の表情や仕草、言動から、政党員やコントラクターによってどちらに投票したのかが見抜かれるという意味である。こうした謝罪の行為は、日々の生活において境界線があいまいなニリンの関係を、選挙では必ずどちらかを選ばなければならないという新たな状況に対応するために生み出された対処の方法ではないかと考えられる。
（9）筆者と農作業を行った女性。
（10）冬には、寒さをしのぐため、食事の際などに薪を焚く居間で就寝する人がほとんどである。
（11）スピティでは、結婚する本人たちのカンパ同士が同程度の経済力や財産を有していることが望ましいとされる（ソナムからの聞き取り、二〇一一年八月二六日）。

終章　サブスタンス論を超えて

一　本書を振り返って

終章では、本書を簡単にまとめた上で、序章で提起した問題について検討する。

本書の目的は、北インド・チベット系社会スピティを対象に、人びとのつながりがどのようにつくりだされるのか、それはどのようなものかを明らかにすることにあった。なかでも、これまで注目されてこなかった日常生活を支える親族ニリンがいかなる関係か、どのように構成されるのか、いかなる変容を遂げているのかを明らかにすることを目的として論じてきた。

スピティ地域はこれまで幾度となく支配を受けてきたが、英国直轄領の時代を経て一九五九年にパンジャーブ州に編入されるまで、実質的には領主制が存続していた。ヒマーチャル・プラデーシュ州に合併後、パンチャーヤト制度や選挙制度が持ち込まれるとともに入域制限が解かれ、政治的、社会的、経済的、法的に劇的な変容を遂げている。

スピティにおけるカンパをめぐる実践は、相続の認識の変化や出稼ぎなどによる居住形態の変化という点で、近年の変容との関連で理解する必要がある。他方、父系出自の観念に関しては、骨の名称は近年の変容以前に喪失されていることから、報告のある一九〇〇年代初めから一九五〇年代のあいだに喪失されたと考えられる。ただし、父系出自の観念がそのあり方を規定してきた婚姻をめぐる認識の変化に関しては、近年の変容も影響していると思われる。

ニリンは、これらの諸観念とは異なり、血縁、姻戚関係を有するもののなかでも、主に日々の生活において親密な関係を築いている人がそこに含められる。父方や母方関係なく、親密な親族が含められ、時に他人も含められる。そのため、個人を起点として範囲が異なる。ニリンはその意義を考慮すると父系出自集団と並行して存在してきたと考えられる。これが近年になって重視されるようになった背景には、選挙が関連していると考えられる。ニリンの関係は継続的な身体の共在を基盤とし、日々関わるなかで築かれ、そこには道義も生まれうる。しかし、ニリンは単なる相互扶助関係というわけではなく、情動的に支え合う存在であり、互いの感覚に組み込まれるような関係でもある。

農作業における共同作業では、日々のニリン関係ではなく、収穫物や自らの体力の兼ね合いから特定の条件にあう相互扶助の相手が選ばれている。そして、農地では、周りに他の人がおらず女性のみの空間であることから、普段はできない会話が豊かな表情やしぐさとともに可能となる。これを通して親密な関係が築かれる。この関係は場合によっては義務関係にもなりうる。しかし、収穫量に影響する農業用水をめぐっては神経をとがらせており、しばしば相手を非難し、細かな水量調節を行うなど緊張関係にある。

宗教実践のなかでも儀礼においては、日々関わるニリンだけでなく、過去の関係が想起されることで普段関わりがない人も一時的にニリンとみなされ、モノや労働力を提供する対象としてみなされるようになる。死者儀礼ではニリンや隣人が取り乱す遺族をなだめ、ともに寄り添い、支える。こうした人びとのつながりは、情動だけでなく厄災をも共有しうるつながりである。また、このつながりは常に親密なものというわけではなく、場合によっては嫁盗り婚などの出来事を契機として不安定化しうる。そして日々の生活における関わりが変化しうる。以上のように、ニリンは文脈や場面によって異なる形で出現する。

他方、近隣の人びととの関係のなかでも階層間の関係に目を向けると、階層間で親族の捉え方に大きな違いはないが、人口の小ささゆえに中間層の人びとと比べると領主層と下層の人びとは他地域の人びととの婚姻が多く、それゆえに日常的な親族との交流が困難な状況にある。階層間関係に目を転じると、日々の関係は公の場では良好になりつつあるが、私的な場では依然として差別発言がつづけられており、階層を超えてニリン関係が築かれることはない。政治の場面では、選挙制度や留保制度によって下層の人が政治決定に参加できるようになり、政治的な地位や発言力が大きくなっている。ただし、それに中間層の人の思惑が絡んでいることもあり、下層の人の発言力が向上しているとは一概にはいえない状況にある。さらに、儀礼などの宴会における中間層から下層の人への差別発言や暴力行為が顕著になってきており、政治の場面での地位の揺らぎへの反動ともとれるような現象が生じている。

隣人との関わりでは、ニリンよりも隣人のほうが日常的に関わり、細やかな相互扶助関係を築いている。相互扶助だけでなく暇な時間をともにすごすなど、頻繁に関わっている。その過程で、隣人や居候が、どこで何をしているのかを把握しようとし、ともに時間を過ごそうとするといった、互いを気にかけ合うような現象が生じている。そこから義務関係が生まれることもある。儀礼などの行事でも隣人は重要な位置づけにある。ときには、ニリンの関係を越えるような対応をとることや、同じカンパの成員として言及されることもある。しかし、訪問の頻度や返礼の有無といった些細なことを契機として、予期せぬ結果やジレンマが生じ、関係が不安定化するなど、隣人関係は両義的である。この点は隣人だけでなくニリンにも共通し、スピティの親族と隣人、友人のあいだには明確な区別は存在せず、親族は、その都度、暫定的に措定されるようなものであることが明らかとなった。

このように柔軟なニリンであるが、政治の場面では、インドの政治体制の変化を背景として、ニリンは、政党員やコントラクターによって、人びとを動員する資源として注目されている。選挙において、政党員は、普段ニリンと呼ばない人にまで戦術的にニリンの語を用いて働きかけ、票を獲得しようとする。働きかけられる投票者が、場合によっては双方の政党員からニリンの関係を強調され、投票行動の決定困難に陥るという現象も生じている。また、政治の場面においてニリン間で道義ないし義務が果たされない場合、ニリンの関係が解消されることもあるなど、ニリンの範囲や関係はめまぐるしく変化している。なかには、利権争いの結果として、男性リーダーを中心として団体化したニリンも存在する。

以上から、ニリンは、日々の関わりから構成され、文脈に応じて変化し、隣人や友人も含みうる柔軟さと、政治利用と団体化という関係の固定化の動きを行き来するような存在だといえる。

二　理論的考察――新たな親族研究に向けて

理論的考察では、序論でとりあげた先行研究を概観した上で、三つの課題について検討を加えたい。

これまで親族研究は、人類学の成立初期から中心的な課題の一つとして重視されてきた。チベット系民族の人類学的研究においては、一妻多夫婚や父系出自集団、世帯といった親族について盛んに議論がなされてきたが、そこではより柔軟で流動的な日常を支え合うニリンのような親族については扱われてこなかった。それは血縁と姻戚に基づく親族と、そうしたつながりのない者のあいだの明確な区別が前提とされていたからである。他方、人類学における親族研究においては、初期においては、親族の体系や機能、構造に注目が向けられるとともに、親族の境界は明確なものとして描かれてきた。その後、やりとり（行為）に注目がなされ、道義と戦術をめぐる議論が行われてきた。そして、最近では構成的アプローチによる親族理解が行われるようになっている。

チベット系社会の親族研究は、婚姻や相続、居住形態といった親族体系や親族をめぐる規則の側面を明らかにし、それらの変容と近年の制度的変更との関連を明らかにしてきた。人類学の親族研究においては、ブロックの研究は、これまで前提とされてきた、親族は無条件に道義的関係であるとする理解に対し、血縁と姻戚による道義の度合いの違いや、戦術が重視される条件などを分析し、時間軸を用いて道義的関係と戦術的関係が平行して存在しうることを明らかにした。また、シュナイダー以降のサブスタンス研究は、西洋における血縁のつながりを基盤とした親族概念を乗り越えようとさまざまに試みてきた。その過程で、人格概念をとりあげ、血縁や姻戚だけではない人びとのつながりに注目することを可能にした。

こうした功績を十分に認めた上で、三つの問題点を指摘した。

第一に、チベット系社会の親族研究における日々の生活を支える親族への注目の欠如である。父系出自集団や世帯に関しては、婚姻規則や婚姻の禁止範囲、相続のあり方、居住形態、あるいは社会的な単位との関連で理解することが可能となったが、それらとは異なる日常を支える親族がどのような関係かは論じられてこなかった。そのため、日々の生活を支え合う親族であるニリンに注目し、それがどのようなつながりであり、いかに場面ごとに関係が築かれるのかを明らかにする必要がある。

第二に、ブロックらの道義と戦術の議論と、カーステン以降の構成的な議論とのあいだの非連続性である。構成的なアプローチにより、親族を他人をも含みうるより柔軟かつ情動的な関係として理解することが可能になったが、人びとの関係に不可避的に付随する道義や戦術の側面がどのように関わるのかが見えにくくなっている。そのため、道義と戦術の概念を、血族や姻族、非親族に無条件に付与されるものとしてではなく、関わる過程でそれら自体築かれるものとして位置づけ直すことが必要である。

第三に、分人概念には、あくまでサブスタンスのやりとりによるつながりが想定されてきた点である。ここで、サブスタンス概念の問題について考える必要がある。サブスタンス論にとりくむ研究者たちは、その意味内容を拡大したり縮小したり変更しながらパーソンのあり方について論じようと試みてきた。しかし、サブスタンス論の観点からは、サブスタンスに還元できないような事柄や要素が人びとをつなげることについて厳密には説明できない。それは例えば、周囲の環境、同じ場にいることや共に時間を過ごすこと、そこでの微細な関わりなどである。微細な関わりの親族への影響とは、例えば、同じ会話内容であれ、触れ合いであれ、その時の置かれた状況や、表情や身振り、しぐさなどによってどのような関係になるか、どのようにつながるのかは変わりうるということである。

以下で、本書の内容を振りかえりつつ、上記の三つの問題について検討する。

本書が対象とするのは、血縁や姻戚関係をたどるもののなかでも親密な関係を築いていると認識されるものが含まれるニリンという親族の枠組みである。これは、これまでチベット系社会の親族研究で重視されてきた、主に婚姻や相続を規定してきた父系出自集団とは異なり、日々頻繁に関わるなかで築かれる関係である。そのため、母方もたどるとともに、範囲が人によって異なる点に特徴がある。ニリンのこうした関係は、カーステンの関わり合いの視点から理解することができる。親族は、系譜的なつながりによって自動的に親族になるわけではなく、日々の関わり合いを通して築かれるのである。

ニリンはその存在意義を考慮すると、父系出自集団と平行して存在してきたと考えられる。それは、父系出自の観念や集団が婚姻やその禁止範囲を規定することに大きな意義をもつのに対し、ニリンは日々の生活を支え合う存在であり、両者は異なる位置づけを有しているからである。それにもかかわらず、これまでのチベット系社会の研究においてニリンのような日々の生活を支え合う親族が注目されてこなかったのはなぜだろうか。

その理由としては、以下の点があげられる。第一に、それが父系出自集団のような明確な輪郭をもつ体系立った組織ではないため親族とみなされなかったこと、第二に、英国インド領の時代やそれ以降のアジズが調査した時代には、日常生活を支える親族がとりわけ重視されるような環境になかったということである。

では、スピティにおいてニリンが住民によって重視されるようになった要因は何だろうか。それには、選挙制度の導入があげられる。それまでは個々人にとって親しい間柄の人が存在し、ウチ／ソトの境界線が曖昧なまま日々が送られていた。それに対し、選挙の導入により、選挙活動で政党員たちが、我こそがと普段関わりが無いような人にまで、できる限りニリンとして言及し働きかけ、人を動員しようとし始めた。そこでニリンが強調される。また、投票者にとっても、投票においてどちらか一方との関係を選択することで境界を区切るという、選挙後の日常生活に直接影響するような判断を迫られる状況に直面するようになり、否応なしにニリンの関係が表面化される。こうして、選挙制度の導入を契機として、ニリンの関係がこれまでにないほど住民に意識され、認識されるようになったと考えられる。

こうして重視されるようになったニリンであるが、日々の生活をみてみると、互いの家を頻繁に行き来し、家で雑談をしながらお茶を飲んだり、相談をしたり、辛い時期に寄り添うなどしている。これらの過程で、両者のあいだに情動が生まれる。また、水汲みや儀礼の手伝い、モノの贈与交換といった相互扶助関係からは、親族に関する社会規範の影響のほか、相互に関わる過程で築かれた道義関係がみてとれる。それは、過去の関わりが現在の関係に影響を与えているからである。例えば、ラモの異父兄が年長であるにもかかわらず、ラモに水を提供するなどである。

ニリンのような関係は、隣人や友人とのあいだにも築かれている。隣人や友人とのあいだにも情動的な関係が築かれ、ときに互いの日々の感覚に含められるとともに、そこには道義関係が生まれうる。関係の親密さはときにニリンを超えることもあり、隣人が家族に含められることもあるが、場合によっては家族として言及された隣人が単なる迷惑な客人になるといった事例もみてきた。

他方、農作業や選挙においては、戦術的にふるまう様子もみられる。農作業では、周りの環境や自らの体力、そして相手との関係といった制限のなかで戦術的に手伝い合う相手を選択している。そして、相手を気遣いながらも、水量をめぐっては神経を尖がらせ、こまめに水量調節を行う。また、下層の人の政治的地位の上昇に伴う序列関係の揺らぎへの反動という現象は、自らの地位を維持するための戦術的なふるまいと考えることができる。

そのほか、選挙活動中には、日々の生活で築かれたニリンが、政党員によって票集めの道具として戦術的に用いられ、その道義を喚起される。あるいは、それが情動的なつながりであるがゆえに道義が生じる。また、ニリンの枠組みが基本的に人びとの認識によるというあいまいさをもつことから、政党内の不和を契機としてニリンの関係が解消されることもある。さらに、本来柔軟な性質を有するニリンが、政治的利益のために利害団体化した事例も存在する。

以上のことから、第一の点に関して、日々の生活を支える親族であるニリンの関係のあり方やその築かれ方、それぞれの場面における関係の立ち現れ方が明らかになった。ニリンは、チベット系社会の親族研究で言及されていたような構造や規範のみから理解できるものではなく、むしろ日々の関わり——頻繁な家の行き来、お茶や雑談、儀礼などでの寄り添い——から築かれることを明らかにした。このニリンの関係は、人びとが日々の生活を送る上で欠かせないものであると同時に、儀礼ではモノの贈与や労働力の提供によって手伝ったり、遺族のことを想って側に寄り添ったり、あるいは、選挙では資源として活用されたりするなど、様々な文脈で重要な位置づけを占めていることを証明した。
このように、従来研究されてきた父系出自集団や世帯などと併せて、ニリンのような親族がチベット系社会の人びとの親族を理解するために重要な関係であることを確認し、日々の関わりから築かれる親族に注目する必要があることを明らかにした。そして、これまでの研究では、親族とそれ以外の者のあいだの区別が前提とされてきたが、本書では、隣人や居候が家族のような存在にもなりうることから、両者の間に明確な区別は存在せず、親族はその都度暫定的に立ち現れるものであることも併せて明らかにした。ただし、階層を超えて親族の関係が築かれる事例は観察されなかった。

第二の点に関して、本書の事例からは、日々関わるなかで道義や戦術、情動が生まれるとともに、ブロックが想定する強い道義が働くはずの親族に対しても戦術的な働きかけが行われ、ときに関係が解消されるなど、戦術が道義関係に影響を与えることもあることを明らかにした。そのため、ブロックの親族と非親族、道義と戦術の図式は、スピティにはあてはまらないといえる。すなわち、血族、姻族と他人を区別し、血族はモラルが強いために頻繁な相互行為がなくとも長期的な関係を維持でき、姻族や他人との関係はモラルが弱いがゆえに継続的な利益重視の相互行為によって維持されるとする図式である。

むしろ、ニリンあるいは親族は、日々の関わりを通じて築かれる関係であり、その過程で情動や道義が生まれるが、ときにその中から戦術的に働きかける存在がでてくる。ニリンにおける戦術的なふるまいは、西洋において抽象化された、自己利益を求めて選択を行う「個人」のものとは異なり、あくまで日常におけるニリンとの関係を基盤とし、可能な範囲で行われている。カーステンは親子関係を念頭におくため、関わり合いの概念に戦術性を想定していないが、このように戦術性を位置づけ直すことは可能である。

ところで、ブロックの図式が本書の事例にあてはまらないことには、フィールドの性質が関係しているのだろうか。スピティでは明確な境界をもつ父系出自集団が存在しなくなり、キンドレッドのような境界のあいまいな親族ニリンが重視されるようになっている。他方、ブロックが調査したマダガスカルには、内婚集団であり地縁集団でもある明確な境界をもつ出自集団の存在が指摘されている。

しかし、必ずしもフィールドの性質によるだけではない。ブロックは、メリナの人びとは移動後、あくまで戦術的に人工的な親族を形づくると述べる。しかし、そこに含められるのは近隣に住む住民たちであることから、彼らは移動先で隣人と関わるなかで、隣人が見知らぬ他人ではなくより信頼できる存在になったからこそ、人工的な親族の関係を築いたと考えるべきである。そうでなければ、なぜ他の他人ではなく隣人なのかが説明できない。

同じように、親族に関しても、関わるなかで情動と道義が生まれ、その道義が今度はメリナの人びとに影響を与えるようになると考えられる。これは、ブロックが、親族は長期的な関係のベストな関係だろうが、それがずば抜けて優秀な道義関係かどうかという問題について早まった判断はしないと述べていることからも伺える。ここには、関係次第では親族を越える道義関係が他の人びととのあいだに築かれうることが示唆されているのである。また、農作業において、なぜ姻族や他人のほうが親族より多く手助けに呼ばれるのかに関しては、単に道義の度合いだけでなく、家や農地からの距離や、日々の関係なども考慮しなければ理解できないと考える。このように、ブロックは意識的に記述していないが、彼の道義と戦術の議論を構成的な視点から捉え直すことは十分可能であるといえる。

以上から、ここには道義と戦術、そして関わり合いの概念が両立しうるものとして立ち現れる。つまり、構成的な視点に立った上でブロックのいう道義と戦術を位置づけ直すことは可能である。よって、ブロックらとカーステン以降の議論は、対象に対するアプローチは違えど、道義と戦術という概念を位置づけ直すことで連続的なものとして考えることが可能である。また、道義と戦術のほか、カーステンが指摘していた情動的な側面が、関わる過程で築かれることも明らかとなった。

それでは、最後の論点にとりかかりたい。第三に、「(分割不可能な)個人(individual)」ではないパーソンのあり方としての「分割可能な人／分人(dividuals)」と考えれば、本書の事例にもそれにあてはまるものが観察されたが、その構成のされ方に関してはサブスタンスのやりとりに還元できない側面が明らかとなった。

本書では、マリオットらが想定した分人という形をとるかどうかは別として、スピティにおけるパーソンがそれぞれ独立したものではなく、相互につながっているものとして理解出来ることを示した。日々の生活での関わりや手助け、寄り添い、儀礼での気遣いなどからは、ニリンとして関わる中で築かれた情動的なつながりがみられる。また、ニリン以外の隣人や居候であっても、毎日家を行き来したり、雑談をしてともに時間を過ごしたり、あるいは共住し関わったりすることを通して、両者のあいだには互いを気にかけ合うような、つながるような感覚が生じうる。それは、どこで何をしているのかが分からないと不安になって把握しようとしたり、遠く離れると自らの何かが欠けてしまったような感覚に襲われたりするといった感覚である。ここには、西洋における抽象化された、独立した個人とは異なるパーソンのあり方が表れている。つまり、日々の感覚に組み込まれ、場合によっては否応なしにつながり、容易に切り離すことができないようなパーソンのあり方である。

このようなパーソンのつながりは、情動や道義だけでなく、厄災をも共有しうるつながりである。個人が犯した宗教的な罪に対する罰としての厄災や、仏間での不手際によって生じる厄災は、個人を超えて、系譜的なつながりをもつ者だけでなく、共住したり頻繁に関わったりする者にも共有される。ここには再度、スピティにおける人のあり方が独立したものではなく、頻繁に関わる過程でつながるものとして認識されていることがわかる。

しかし、相互につながっているからとはいえ、人びとの関係は常に融和的で道義的、協調的なものであるわけではない。農作業における水量をめぐる緊張関係や選挙における票集め、階層間関係といった、経済的、政治的な利益や地位が直接絡むような場面においては、利害が直接絡む農家や政党員といった人びとが、一時的に利己的にふるまう様子が窺える。特に、より多くの人を動員しなければならない選挙活動においては、政党員が、日々の親密な関わりを基盤として築かれたニリンの関係を政治的資源として戦術的に利用し、ニリンの道義を喚起させ票集めをしようと躍起になる。それによって、政党員はときに投票者を投票行動の決定困難という状況に追い込む。ここにはつながったパーソンを基盤としつつ、戦術的にふるまう存在が立ち現れている。

すなわち、スピティにおいては、関わりを通して互いにつながるような感覚が生み出されるが、そうしたパーソンは、常に情動的で道義的につながっているわけではなく、選挙活動や農作業などの利益や利害が直接絡む場面においては戦術的にふるまうこともあるのである。以上からは、レイドローのいうような分人の戦術的な側面がみられる。

戦術的なふるまいに関連しては、地域によって独自の個人概念が存在するという報告もある。ここで、農村共同体における個人または戦術的な存在とは何か、という問いが浮かぶ。この点について、ヤホダは、慣習、例えば一妻多夫婚を拒否し世帯を重視しない（その場合、重い徴税に耐える必要がでてくる）という意味での独立志向の個人が存在すると指摘する。この理解にならえば、農村共同体であるスピティにおいては、個人の要件は慣習に従わないこと、または重視しないことだといえる。本書の事例においても、慣習に従わない存在が確認された。例えば、両親が決めた弟の結婚に反対し、同じ家屋に滞在することを拒否しようとする子供などである。これは、ヤホダにならえば個人ということになるが、本書では戦術的にふるまう分人のような存在として扱いたい。この他、例えば、選挙においてニリンに強く働きかけ、ときに関係を悪化させる政党員やコントラクター、あるいは宴会において下層の人びとに差別発言や暴力行為をおこなう中間層の人びとがあげられる。彼らも戦術的にふるまっているが、こちらはあくまで選挙という近代化の変化の上に出現するようになった戦術的なふるまいであることには注意が必要である。前者の戦術は慣習への反抗的なふるまであるのに対し、後者の戦術は近代化の変化に乗じて、あるいは抗して、自らの利益を得たり地位を守ったりするためのふるまいである。

いずれにしても、こうしたふるまいは村人から批判される対象となる。例えば、傲慢、欲張り、自己中心的、対立や緊張関係を生みだす者として言及される。ただし、近代化の延長上にある戦術的なふるまいは、批判されるだけではない。政治の場面においては、ニリンの関係ではなく、政策内容や人柄によって自らの利益を考慮して投票することを良しとする言説も存在するからである。

以上では、スピティにおける人のあり方は、個人とは異なる相互につながったものであるが、場合によっては利己的、戦術的にふるまう側面も存在することを論じた。

その上で、何が人々をつなげるのかについては、再考する必要がある。マリオットをはじめとした研究者たちは、サブスタンス概念に焦点化して人びとの関わりやつながりを説明しようとしてきた。確かに、分人という存在を想定する際、サブスタンスのやりとりも重要である。

しかし、本書では、サブスタンスに還元できない側面が存在することもみてきた。それは同じ場に居合わせること、つまり身体を共在させること、そしてそこでの微細な対面行為である。なお、サブスタンスといえど、マリオットたちが述べるサブスタンスはサブスタンス－コードであり、触れ合うことでつながりがつくりだされることなど多様な事象を説明できるとする解釈も想定される。しかし、先行研究の箇所で指摘した通り、それが人と人や、人と家とのつながり自体を論じることはできても、つながりの内実まで理解することは困難である。

農作業においては、普段話されないような話や話し方、表情やしぐさが可能になり、人びとのあいだに互いへの親しみやつながりをつくりだし、時に冗談関係や相談関係をつくりだしている。これは、単に農地での共同作業によるというわけではない。それは、同じ農作業であれ、開放的な状況の中で豊かな表情やしぐさとともに性的な話や自殺願望の話がなされなければ、上記のような関係にはならなかっただろうからである。実際、共同作業とはいえ、町人の義務である寺院の雪かきでは上記のような話はなされず、何度も雪かきを行った後も人びとの関係に農作業ほどの違いは生じなかった。

共同作業をすること自体というより、むしろ民家から離れた農地で、女性数名以外周りに誰もおらず、かつ長時間単調な仕事をこなさなければならないという特有の場だからこそ、普段話されないような話が可能となり、人びとの間に互いへの親しみの感情や冗談関係、相談関係がつくりだされる。男性も居合わせるような場所では、女性は大げさなしぐさや豊かな表情とともに性的な話をして大笑いすることはできず、民家に近く複数人の町人が居合わせる場所では、自殺願望について話したり、気が向くままに寝転がったりはできない。こうした農地でのおしゃべりや笑い、しぐさや表情なしでは、上記の関係にはなりえなかった。また、農作業後、筆者と人びとのあいだには義務のようなものも生まれている。つまり、社会空間の特質と身体の共在、そこでの微細なふるまいはある種のつながりをつくりだすとともに、時に道義をも生みだしうるといえる。

死者儀礼における献身的な手伝いについても同じことが言える。遺族に寄り添い、自傷行為を止めたり、正気に戻らせたり、慰めたり、細々とした気遣いをするなどのふるまいは、道義的な労働力の提供や贈与交換、あるいはサブスタンス－コードの粒子の交換といった視点から理解することは困難である。これらのふるまいは、何かを提供したり交換したりするようなことではないからである。また、ニリンによる長期にわたる遺族への付き添いに関しては、毎日のように遺族と同じ部屋に居合わせ、亡くなった男児の話を聞き、ともに泣き、経典の一節を唱え、あるいは遺族の表情を読み、気を紛らわす話をするなどして遺族が自ら生活を送れるようになるまで支えることは、自らの損得を考えてできるような手助けではない。たとえ自らの損得を考えて一時的に遺族と関わることができるとしても、長期間ともに寄り添うことは困難だろう。そのため、戦術的なやりとりの視点から理解することも困難である。

むしろ、死者儀礼という誰かの死を弔う辛い現実に直面しなければならない場で、悲痛な思いを露わにする遺族に対面することが、そこに居合わせる人びとに遺族を支えるようふるまうことを可能にしていたといえる。それはラモや筆者が躊躇しながらも遺族の家を訪れなければならないと感じ、毎日のように訪れ、話を聞いたりともに泣いたりするなどしていたことからも分かる。

ここで注目すべき点は、社会空間における身体の共在がつながりをつくりだすというだけでなく、死者儀礼やその直後という特有の雰囲気をもつ場において、悲しみを波及させる遺族とともに時間を過ごし、関わるということが、農作業とは多少なりとも異なる形で人びとをつなげているということである。こうして死者儀礼を契機として、同じ場で長時間ともに過ごす中で、ニリンや家族といった関係が醸成され、再編されていくのかもしれない。同じ会話内容であれ、触れ合いであれ、その時の表情や身振り、しぐさ、あるいは場の雰囲気等によってどのような関係になるのか、どのようにつながるのかは変わりうるのである。サブスタンスや粒子の交換、その制限というアイデアでは、この点を十分に説明できないと考える。

他方、ラモ宅で行われた嫁盗り婚を契機として、娘ソナムとその他の家族の関係が悪化した際、ソナムが共食や協働だけでなく、同じ家屋で寝泊りしたり居間に一緒にいたりすることを拒んだのは、顔を合わせて関わることが否応なしに両者をつなげてしまうからだと理解できる。特に、家屋という親子をはじめとした親密な関係にある人びとがともに暮らす場所は、そこでともにいるだけで家族のようなつながりをつくりだしてしまいかねないのである。その証拠に、対立に関係のない筆者は、ソナムと同じ部屋の同じベッドで寝泊りすることを毎日のように求められ、隣人のタシもしばしば呼ばれた。なお、ソナムが一人で寝ることを選択しなかった理由には、周囲の環境の特徴——一人でいることの危うさを思わせるような——が関係しているだろう。

隣人や居候との関わりにおいても、身体の共在やそこでの微細なふるまいが重要な位置を占めていた。タシとラモのあいだには不均衡な相互扶助関係が築かれている。この不均衡は道義や戦術の観点から理解することは困難である。むしろ、脚が悪いラモを気遣うタシの発言やふるまいからは、毎日関わり、冬のあいだは同じ部屋で寝泊りする過程で、タシはラモの身体を自らの感覚の一部のように捉えるようになったからだと考えられる。ここからは、人がつながるというとき、それは単に認識上のものというよりは、身体が直接関わることも窺える。

この点については、アーサー・フランクの「響応する身体（communitive body）」［フランク 二〇〇二：二〇八］というアイデアが参考になるかもしれない。パーソンとは少し異なるが、フランクの「響応する身体」とは、「周囲にある者が、彼／彼女の痛みにおいて存在を分かち合うよう要求するような、共同的な身体」［中村 二〇一七：二一八］である。あるいは、「生の偶発性を引き受けつつ、他者に対して互いに開かれた関係をつくりだすような身体」［中村 二〇一七：三四〇］である。中村が指摘する通り、響応する身体とは、フランクの想定するような選択の問題だけでなく、意図せず他者に引き寄せられ応答してしまうような身体のことである。ただし、本書の場合、中村が論じるような、関わりのなかで自らに関する生の不確実性が織り込まれることによって他者性が包含されるわけではない。むしろ、後述する周辺の環境や人のあり方の捉え方を前提にして、継続的な身体の共在と微細なふるまいからつながりがつくりだされる過程で相手に想いを馳せることが可能となり、他者性が包含される、あるいは他者性として認識されなくなると考える。

筆者についても、ラモとタシとともにいるような感覚は、良好な関係を築くための投資とは異なり、日々のラモ宅での関わりを通して否応無しに彼らとのあいだに生じるようになったものである。特に、筆者は、親子や親密な関係にある人がともに過ごす同じ家屋という場所で、毎日同じように寝起きし家事をしながらともに過ごしていたことから、ラモたちとそのような関係になったのだと考えられる。それは、筆者がラモと過ごした時間のうち、確かに働いたり共同作業を行う時間は長いが、それと同じかそれ以上には、単に同じ部屋で眠ったり、暇なときにただ寝転がって話したり笑ったり、うたた寝したり、日なたぼっこをしながら編み物をしたりして時間を過ごしたからである。

また、筆者は、ともに住みながら家事を担っていたが、金銭の支払いもしていた。この場合、金銭のやりとりはどのような意味をもつのだろうか。金銭のやりとりは、一般に、他人同士、あるいはモラルの弱い者同士のあいだで行われるやりとりであるため、関係を悪化させたり、離れさせたりしかねない行為である。しかし、筆者の場合、関係が悪化するということはなかった。

そのほか、筆者自らの経験としても、自分たちのつながりがサブスタンスやサブスタンス‐コードのやりとりによって築かれたと考えることには違和感がある。特に何もしていなくとも、居間で寝そべって話したり、日にあたりながら編み物をしたり、無防備な寝顔を晒しあってうたた寝したりすることも、筆者たちの関係をつくりあげる上で重要だったと感じる。こうしたことを「交換（transaction／exchange）」という表現で表すことは適切といえるのだろうか。この場合、社会空間での身体の共在、そこでの会話や表情、しぐさといったものがつながりをつくりだすと考えたほうが、矛盾が少ないのではないだろうか。さらに、ともに過ごすことが、筆者の場合のように、義務などの道義をつくりだすことも再度指摘しておく。

以下で、スピティのパーソンの特殊性を指摘したい。社会空間における身体の共在がつながりをつくるというと、それは当たり前ではないかと思われるかもしれない。しかし、スピティにおける「一緒にいる感覚」は、筆者がこれまでに経験したそれとは大きく異なる。スピティでは、より継続的、徹底的な身体の共在を基盤としているように感じられる。例えば、逐一同じ場所に居合わせようとし、離れていた間の出来事を細かく尋ねる等である。推論の域をでないが、なぜそうなのか、その背景には何があるのか、ということに関して、私論を提出してみたい。

第一に、周辺環境の人びとのつながりへの影響である。人びとのつながりの背景には、その場の文脈や雰囲気だけでなく、本文中で示したように、環境の特殊性も大きく関わっていると考える。スピティには、高所のため緑が少なく、強風がふく岩山に囲まれた渓谷という殺風景なランドスケープが広がっている。さらに、虫や動物といった生き物の気配があまり感じられず、風がない日には無音である。こうした環境は、耐えがたい孤独感や恐怖感をつくりだし、あるいは危うさを感じさせ、筆者に人びとと頻繁に関わるように向けさせた。これは筆者だけでなく、スピティの人びとにもあてはまると考える。だからこそ、家屋の中であれ、逐一互いの存在を確認しようとするのではないだろうか。すなわち、スピティの置かれた環境特有の怖さやよるべなさが存在するがゆえに、人びとは互いに継続的に関わり、密接につながろうとするのだと考えられる。

第二に、チベット仏教におけるカルマの思想があげられる。今世の境遇や人びととの関わりは、前世からのつながり、または因縁があってのものだという考えである。つまり、今世の善行や悪行が来世で生まれ変わる際の境遇や人間関係に影響するとする思想である。それが顕著に現れるのが、下層の人びとの現状理解の言説と、特定の人物の「生まれ変わり」に関する言説である。特に後者に関して、スピティでは稀に、生まれてきた子供が、自らまたは他の家で直近に亡くなった人の生まれ変わりとしてみなされることがある。あざやほくろなどの子供の身体的特徴や、会話できるようになってからの生前の所有物や記憶の言い当てによって、誰の生まれ変わりかが特定される。時に、僧侶の占いによって特定されることもある。これが同じ村の顔見知りのあいだで起こった場合、なおさら因縁やカルマについて語られる。そのなかで、現在の関わりは前世からのつながりであり、今世を経て来世へと続くであろうものとして理解されるのかもしれない。この点は、継続的な身体の共在に直接関わるわけではないが、他者に想いを馳せ、周囲の人と積極的に関わろうとする態度の素地を形成していると考えられる。

これと関連して、人は他者との関係の中で築かれるものであり、切り離すことはできないとするチベット仏教の考えに基づく人のあり方も、関係の根底にあるものとして、他者を自らの一部、または自らと切り離しがたい存在として認識することと関連しているだろう。

それにしても、なぜ、実生活において、身体の共在が重視されるのだろうか。自らと他者との切り離しがたさや、関係性のなかでの自身の存在が明らかであれば、むしろ関係は自明となり、離れても問題ないことにはならないのだろうか。この点を考えるためは、パーソンの一貫性ないし連続性と変容について考える必要がある。

第三に、継続的な変容可能性を兼ね備えた存在という捉え方があげられる。近代西欧哲学における自律した「個人」像においては、一貫性をもった存在が想定される。文脈によって個人の位置づけは変わるが、当の本人は一貫性をもって行動を選択すると考えられる。そのため、両者の関係は、以前と異なる場所で会った際には、以前会った時の延長線上にあると考えられる。そして、両者は互いが以前と同じ人であるという前提のもとに相互行為に入る。よって、再会した際に細かな質問をする必要も、継続的に一緒にいる必要もない。

それに対し、スピティにおけるパーソンは、関係性のなかで築かれる存在であるがゆえに、誰といるのかによって、その都度自らのあり方が変容される。そのため、必ずしも一貫性を持つとは限らず、個人と比べて不安定な存在である。このような関係性の中で規定され、継続的に変容する存在を想定すると、互いに変化しやすいがゆえに、両者が再会した際には、相手が別の要素を兼ね備えているかもしれず、互いに確認作業が必要となるとは考えられないだろうか。ここでいう確認作業とは、相手が以前会って以降どのような人びとと出会い、どう変化したのかについてのものである。筆者が経験したような、些細なことへの問いかけ——どこに行き、誰と会い、何を話し、どのような様子で、どのような感情を経験したか等――である。また、変化しやすくつながりが不安定になりやすいがゆえに、継続的に身体を共在させ、頻繁に関わることによってつながりを保持しようと試みているとも考えられる。このように、一貫性と継続的な変容のどちらを存在の基盤とするのかによって、関係構築のあり方にも差がでてくるのではないだろうか。

まとめると、ランドスケープや音といった環境、カルマの思想、人の捉え方における特殊性を前提にして、継続的な身体の共在と、そこでの場面に応じた微細な対面的ふるまいから、スピティにおける独自の人びととのつながりがつくりだされていると考えられる。

以上のようなスピティにおけるつながりのあり方を考えるにあたっては、「共在感覚」に関する議論が参考となる。この共在感覚について研究を行ったのが、木村大治［二〇〇三］である。彼は、人が共にある態度や身構えのことを「共在感覚」と名づけ、アフリカのボンガンドとバカ・ピグミーの「声」を介した共在感覚のあり方、その構造と差異を会話分析などの手法から解明した。同じく音声を核とした社会関係の構築を提唱する研究も存在する［Helliwell 2006、田中 二〇一八］。または、より身体的な共鳴に注目する研究もある［フランク 二〇〇二］。以上の研究は、共在感覚に焦点をあてたものであり、スピティ独自の共在感覚を捉える上で参考になると考えられる。しかし、この点は親族を超えて広く社会関係一般にあてはまる主題であるため、今後検討していきたい。

以上から、ニリンは、関係性のなかにある存在を基盤とし、日々の関わりから構成され、文脈に応じて変化し、隣人や友人も含みうる柔軟さを兼ね備えるが、政治利用と団体化という関係の固定化の動きに影響を受け、さまざまに変化し続ける存在である。

本書の検討から、親族研究で注目されてきたサブスタンス概念によって人びとの関係やつながりを全て理解することは困難であることを示そうと試みた。特に、空間の特質やそこでの共在、そしてしぐさや表情、声色、会話の内容などが重要となるときには、なおさら分析することは困難となることを明らかにしてきた。本書は、代わりに、社会空間における身体の共在と、そこでの微細なふるまいに注目することとの有効性を指摘した。これらがつながりをつくりだし、そして道義や情動をもつくりだす。逆に、つながることを避けたいときには、同じ空間に居合わせることが避けられる。なお、物理的な存在としての場や時間が重要なのではなく、場の性質や文脈、そこでの人びとのふるまいこそが重要ある。すでに本書で検討してきたように、社会空間によって、どのようなつながりがつくりだされるのかが異なるからである。

このように、社会空間における共在と微細なふるまいに注目し、その中にサブスタンスのやりとりも入り込んでくると考えるほうが、本書の事例や人びとの関係のあり方をよりうまく理解することができる。もちろん、サブスタンスやサブスタンス－コード、あるいはそれらのやりとりが重要でないという意味ではない。あくまで、サブスタンスに還元されないような人と人との関わりを理解するために、現時点で重要と考えられる社会空間の特質や身体の共在、微細なふるまいに注目している。以上から、親族研究で長らく注目されてきたサブスタンス論によっては理解することができない側面に多少なりとも焦点をあてることができたなら幸いである。

さらに、親族の検討を通して、親族は所与のものではなく、その境界はあいまいであり、場合によっては隣人が含められることを示した。現時点では、親族は、その場面々々に応じて、人びとがこれまでその人とどこでどのようにどのくらい関わってきたのかという過去の関係が関連して立ち現れるようなものであると暫定的に示しておきたい。

そして最後に、以上述べてきたような柔軟な親族ニリンであるが、政治の文脈では、その逆をいくような現象が生起していることについて指摘しておきたい。選挙を契機として、ニリンが男性を中心として固定化され集団化され、政治利用されるという現象が生まれている。選挙での利権争いが激しくなれば、ニリンの集団化の動きはますます強まることが予想され、父系出自集団とは異なる形で再度男性中心の組織化が強まる可能性がある。この点もスピティの特殊性だと考えられ、今後スピティのあり方を注視していく必要がある。

あとがき

スピティでの継続的な身体の共在と、微細なふるまい、人びとのつながりとの関係は、チベット系社会に限ったことではなく、どこでも見られる当たり前のことであるかのように思われるかもしれない。しかし、本書では、ニリンを中心とした関係の築かれ方とその特異性に焦点をあて、自らの経験も含めて記述してきた。それは、スピティの人びとの共在のあり方が、制度的、技術的な変化を経験する私たちの人の捉え方や、人とつながることの実態、感覚、意味合いを改めて考え直すことを可能にするのではないかと考えたからである。

フィールドにおける経験や感覚は、そこにいるとその圧倒的な存在感や違いに驚かされ、または知らぬ間に理解できるようになっているが、それを文章化することはとても難しい。ニリンの重要性や対立関係、つながりの感覚やリアリティを十分に描けなかった部分や、共在感覚など理論的に十分に論じられていない部分もたくさんある。また、政治状況の変化や出稼ぎの増加、それに伴うニリンの再編など、スピティの人びとをとりまく環境は刻一刻と変化している。このような中で、本書で書いたことの意義と再検討すべきことを今後も考えていかなくてはならない。本書を読んでくださった方から忌憚のないご意見を賜れれば幸いである。

本書の執筆にあたり、多くの方々のご支援とご協力をいただきました。すべての方のお名前をあげることはできませんが、心よりお礼申しあげます。

スピティの滞在先の家族の方々には、約二〇ヶ月間、本当にお世話になりました。特にラモは、食事作り、掃除の仕方、水汲みの仕方、食べ方、話し方、ふるまい方といった細々としたことから、人の紹介や話を聞きたい人にいかに辿り着くべきかといった調査に関わることまでを毎日のように教えてくださいました。そして、いつも一緒にいてくれました。ワンドゥイには、チベットからインドへ逃亡したときの話やチベット語を教えていただき、子供のような無邪気さと、想像できないような突飛な言動でよく笑わせてくださいました。ソナムには、食事作りや言葉を習うとともに、一緒に買い物やカフェに行ったり、夜に満天の星空を眺めながら寝たり、本書には書けないようなスピティのあれこれをさまざまな方法で教えてくれました。アンジンには、役所関連の仕事を手伝ってもらったり、都市まで見送ってくれたり、互いに小馬鹿にしあったりして、兄妹のように接してくれました。飼い犬のシンドゥは、なぜか私に一番懐き、癒しを与えてくれました。そして何より、一日一日を家族（カンビ・ジマック）のようにともに過ごせたことに感謝しています。スピティで自らの居場所をみつけることができたのは、彼らのお陰です。

ラモの異母妹のタンジンとオプチュン、異父兄のカルマ、妻のチョドン、その他のニリンの方々、そして隣人の方々にも、日々の生活や儀礼などで大変お世話になりました。隣人のタシはとくに仲良くしてくれました。靴下を編んでくれたり、気遣ってくれたり、ちょっかいを出したりと、姉妹のようにふるまってくれました。

僧侶であるゲン・ツンバには、冬のあいだ毎日のようにチベット語と経典を教えていただき、本当に感謝しています。このほか、寺院の僧侶や尼僧の方々、政党員の方々、政治家の方々、市場の方々、役所の方々など、スピティの村の人々には大変お世話になりました。

九年のあいだにスピティの変化を肌で感じてきましたが、いまでもスピティでの暮らしは刻一刻と変化しています。今ではアンジンと奥さんとの間に二人の娘が生まれ、下の子はもうすぐ一歳になろうとしています。幼い息子さんを亡くされたオプチュンにも、おそらく彼の生まれ変わりであろう娘が生まれました。おんぶされていた赤ん坊は立派に話すことができるようになり、学生だった子が社会人になり、そして同年代の友人が母親や父親になりました。

故人となった方々もいます。よく一緒に遊んでいたオプチュンの息子さん、私のインタビューに答えてくださり、ワンドゥイの親友だった国民会議派政党員の男性の方、政治について色々と教えてくださった国民会議派政党員の男性の方、友人の父方オジである僧侶の方には、本当にお世話になりました。

インドでの長期調査の際、受け入れてくださったチャンダル・モハン・パシーラ氏（ヒマーチャル・プラデーシュ大学）にも大変お世話になりました。ありがとうございました。

博論の執筆にあたり、京都大学大学院人間・環境学研究科の文化人類学分野の方々には、個別ゼミや合同ゼミ、院生室などで建設的なご意見をいただきました。ありがとうございました。特に、院生室仲間には、さまざまな面で大変お世話になりました。社会学研究室の方々には、発表を聞いていただき、貴重なご意見をいただきました。

当時人文科学研究所に所属されていた中空萌さん（広島大学）には、文献を紹介していただき、その他さまざまな面で大変お世話になりました。関西チベット研究会の皆さんにも研究会で大変お世話になりました。山本達也さん（静岡大学）には関西チベット研究会でご意見をいただいたり、勉強会でチベット語を教えていただき、誠にありがとうございました。

南アジア論文セミナーにご参加いただいた田辺明生先生（東京大学）、藤倉達郎先生（京都大学）、その他の学生の方々にも大変お世話になりました。

松田素二先生（京都大学）はゼミでの発表の機会を与えてくださっただけでなく、個人的に何度も相談にのっていただき、その都度的確なアドバイスをくださいました。棚瀬慈郎先生（滋賀県立大学）は個人的にさまざまな相談にのってくださり、またチベット研究について貴重なコメントをくださったり、出版原稿をチェックしてくださいました。

本書の元となった博士学位論文の草稿に丁寧に目を通し、コメントをしてくださった梶丸岳先生（京都大学）、何度も相談にのってくださり、適切であたたかいアドバイスをくださった金子守恵先生（京都大学）、貴重なご意見をくださり、ときに叱責してくださった菅原和孝先生、博士論文の草稿に目を通し、貴重なご意見をくださった岩谷彩子先生（京都大学）、ゼミだけでなく飲み会などの場でも相談にのってくださった風間計博先生（京都大学）、個別ゼミや合同ゼミ、南アジア論文セミナーや博論予備ゼミなどで毎回的確かつ親身なアドバイスをしてくださった石井美保先生（京都大学）、本当にありがとうございました。

博士学位論文を審査してくださり、本書を仕上げるにあたって貴重なご意見をくださった石井美保先生、棚瀬慈郎先生、藤倉達郎先生、改めまして、誠にありがとうございました。

そして、田中雅一先生（京都大学）には大変お世話になりました。修士課程のときから博士後期課程、そして指導認定退学をした後も含め、約九年間、根気強く指導してくださいました。とくに本書の執筆にあたっては、草稿に何度も細かく目を通してくださり、感謝の言葉しかありません。先生の的確かつ細やかなご指導がなければ、私は本書を完成させることができていなかったと思います。本当にありがとうございました。今後ともどうぞよろしくお願いいたします。

本書は、二〇一七年に京都大学大学院人間・環境学研究科へ提出した博士学位論文「つながりの文化人類学――インド・チベット系社会における親族と非親族をめぐって」に加筆、修正を施して仕上げたものです。また本書の中の第七章と第八章はそれぞれ以下の論文に加筆、修正を施したものです。第七章「隣人と友人関係」――二〇一七「隣人関係における親密さと不安定さ――インド・スピティ渓谷におけるチベット系民族の事例から」『コンタクト・ゾーン＝Contact Zone』〇〇九巻：二一―三三。第八章「ニリンの集団化と政治利用」――二〇一四「北インド・チベット系社会における選挙と親族――スピティ渓谷における親族関係ニリンの事例から」『文化人類学』七九（三）：二四一―二六三。インドでのフィールドワークは、JSPS特別研究員DC2「関わり合い概念から考える北インド・チベット系社会の政治と親族の再編に関する人類学」（二〇一四～二〇一五年度）の助成を受けて実施しました。本書の出版は、JSPS科研費18HP5127（二〇一八年度）の助成を受けて実現しました。本書の編集にあたり、風響社の石井雅さんには、原稿を細かく読んでいただき、また丁寧にチェックしていただきました。本当にありがとうございました。

最後に、いつも励ましの言葉を送ってくれた家族と親戚、故人となった祖父母、私を支えてくれた井口暁さんに心から感謝します。

二〇一九年二月

参考文献

〔日本語文献〕
内山正太
　二〇〇七『家屋と土地を巡る世帯戦略とその限界――インドヒマラヤ・スピティ地方の事例を通じて』修士論文、京都大学。
エヴァンス＝プリチャード、E・E
　一九七八『ヌアー族――ナイル系一民族の生業形態と政治制度の調査記録』向井元子訳、岩波書店。
　一九八五『ヌアー族の親族と結婚』長島信弘、向井元子訳、岩波書店。
大川謙作
　二〇〇七「一妻多夫婚研究における文化vs社会経済モデルの再検討――チベット系諸民族における婚姻諸形態とその選択をめぐって」『東洋文化研究所紀要』一五〇、二四六―二〇六。
落合淳隆
　一九六四「インド憲法における後進階級の保護規定について」『早稲田法学会誌』一四、二三三―五六。
掛谷　誠
　一九八三「「妬み」の生態人類学――アフリカの事例を中心に」大塚柳太郎編『生態人類学』、至文堂。
川喜田二郎
　一九九七『チベット文明研究』、中央公論社。
川崎信定
　一九九三『チベットの死者の書』、筑摩書房。
ギアツ、クリフォード／ヒルドレッド・ギアツ
　一九八九『バリの親族体系』鏡味治也、吉田禎吾訳、みすず書房。

木村大治
　二〇〇三　『共在感覚――アフリカの二つの社会における言語的相互行為から』京都大学学術出版会。
草柳千早
　二〇〇八　「自己呈示のドラマ――ゴッフマン『行為と演技』『儀礼としての相互行為』」井上俊、伊藤公雄編『自己・他者・関係』世界思想社、三三―四二。
グッディナフ、W・H
　一九八一　「マラヨ＝ポリネシアにおける社会組織の問題」『家族と親族』河合利光訳、一三七―一五九、未来社。
ゲルナー、アーネスト
　二〇〇〇　『民族とナショナリズム』加藤節他訳、岩波書店。
ゴフマン、アーヴィング
　一九七四　『行為と演技――日常生活における自己呈示』誠信書房。
小松和彦・田中雅一・谷泰・原毅彦・渡辺公三編
　二〇〇四　『文化人類学文献事典』弘文堂。
近藤敏夫
　一九九八　「相互作用と社会（一）――相互作用論の社会概念」『社会学部論集』三一：四九―六〇。
（財）自治体国際化協会
　二〇〇七　『インドの地方自治――日印自治体間交流のための基礎知識』（財）自治体国際化協会。
清水昭俊
　一九八五　「出自論の前線」『社会人類学年報』一一：一―二四。
　一九八七　『家・身体・社会――家族の社会人類学』弘文堂。
　一九八九　「序説　家族の自然と文化」清水昭俊編『家族の自然と文化』九―六〇、弘文堂。
総務省大臣官房企画課
　二〇〇九　平成二一年一二月「インドの行政」http://www.soumu.go.jp/main_content/000085174.pdf（最終閲覧日：二〇一七年三月二〇日）。
田中雅一
　一九九三　「スリランカ・タミル漁村の家族と世帯――クドゥンバムをめぐって」前川和也編『家族・世帯・家門――工業化以

一九九八　前の世界から』ミネルヴァ書房、四二―七二。

二〇一八「ヨーロッパの人類学――フレドリック・バルトの仕事をめぐって」船曳建夫編『文化人類学のすすめ』筑摩書房、七六―九五。

二〇一八「〈格子〉と〈波〉とナショナリズム」『文化人類学』八二（四）：四二五―四四五。

棚瀬慈郎

二〇〇八『インドヒマラヤのチベット系諸社会における婚姻と家運営――ラホール、スピティ、ラダック、ザンスカールの比較とその変化』博士論文、京都大学。

デュモン、ルイ

二〇〇一『ホモ・ヒエラルキクス――カースト体系とその意味』、田中雅一、渡辺公三訳、みすず書房　。

常田夕美子

二〇一〇「人と身体」田中雅一・田辺明生編『南アジア社会を学ぶ人のために』世界思想社、二一―三三。

二〇一一『ポストコロニアルを生きる――現代インド女性の行為主体性』世界思想社。

中空萌、田口陽子

二〇一六「人類学における「分人」概念の展開――比較の様式と概念生成の過程をめぐって」『文化人類学』八一（一）：八〇―九二。

中溝和弥

二〇一二『インド 暴力と民主主義――一党優位支配の崩壊とアイデンティティの政治』東京大学出版会。

中村沙絵

二〇一七『響応する身体―スリランカの老人施設ヴァディヒティ・ニヴァーサの民族誌』ナカニシヤ出版。

中屋敷千尋

二〇一四「北インド・チベット系社会における選挙と親族――スピティ渓谷における親族関係ニリンの事例から」『文化人類学』七九（三）：二四一―二六三。

二〇一七「隣人関係における親密さと不安定さ――インド・スピティ渓谷におけるチベット系民族の事例から」『コンタクト・ゾーン＝Contact Zone』〇〇九巻：二―三三。

二〇一九「つながるとはどういうことか？」神本秀爾、岡本圭史編『ラウンド・アバウト――フィールドワークという交差点』集広舎、一六二―一七三。

ニーダム、ロドニー
一九七七『構造と感情』三上暁子訳、弘文堂。
日本文化人類学会
二〇〇九『文化人類学辞典』丸善。
フォーテス、メイヤー
一九八一「単系出自集団の構造」『家族と親族』大塚和夫訳、六三―一〇〇、未来社。
フォーテス、メイヤー／エヴァンス＝プリチャード、E・E
一九七二『アフリカの伝統的政治体系』大森元吉他訳、みすず書房。
フランク・W、アーサー
二〇〇二『傷ついた物語の語り手――身体・病・倫理』鈴木智之訳、ゆみる出版。
ブロック、モーリス
一九九四『祝福から暴力へ――儀礼における歴史とイデオロギー』、法政大学出版局。
ボワセベン、ジェレミー
一九八六（一九七四）『友達の友達――ネットワーク、操作者、コアリッション』岩上真珠、池岡義孝訳、未来社。
マリノフスキー、ウラジミロフ
一九六七「西太平洋の遠洋航海者」『世界の名著（五九）マリノ フスキー／レヴィ＝ストロース』泉靖一、増田義郎編訳、中央公論社。
吉岡政徳
一九八九「出自・親子関係・キンドレッド――オセアニアにおける親族」牛島巌、中山和芳編『国立民族学博物館研究報告別冊六号 オセアニア基層社会の多様性と変容――ミクロネシアとその周辺』、国立民族学博物館、三―三一。
ラドクリフ＝ブラウン、A・R
一九七五（一九五二）『未開社会における構造と機能』青柳まちこ訳、新泉社。
リーチ、エドマンド・R
一九七四『人類学再考』青木保、井上兼行訳、思索社。
レヴィ＝ストロース、クロード
二〇〇〇『親族の基本構造』福井和美訳、青弓社。

〔英語文献〕

Aziz, B. N.

1978 *Tibetan Frontier Families: Reflection of Three Generations from Dingri*. Vikas.

Barth, Fredrik

1959 *Political Leadership among Swat Pathans*, Athlone Press.

1966 *Models of social organization*, Royal anthropological institute of Great Britain and Ireland.

Bloch, Maurice

1971 The Moral and Tactical Meaning of Kinship Terms. *Man* (N. S.) 6(1): 79-87.

1973 The Long Term and the Short Term: The Economic and Political Significance of the Morality of Kinship, In *The Character of Kinship*, Jack Goody (ed.), pp.75-87. Cambridge University Press.

Busby, Cecilia

1997 Permeable and partible persons: a comparative analysis of gender and body in South India and Melanesia. *Journal of the Royal Anthropological Institute* 3(2): 261-278.

Carlos Manuel L. and Sellers, Lois.

1972 Family, Kinship Structure, and Modernization in Latin America. *Latin American Research Review* 7(2): 95-124.

Carsten, Janet

1997 *The Heat of the Hearth: The Process of Kinship in a Malay Fishing Community*. Oxford University Press.

2004 *After Kinship*. Cambridge University Press.

2011 Substance and relationality: Blood in contexts. *Annual Review of Anthropology*, *40*: 19-35.

Carsten, Janet, ed.

2000 *Cultures of Relatedness: New Approaches to the Study of Kinship*. Cambridge University Press.

Census of India

http://censusindia.gov.in/（最終閲覧日：二〇一七年三月一〇日）

Cochran, Thomas C. and Ruben E. Reina

1962 *Entrepreneurship in Argentine Culture: Torcuato Di Tella and SIAM*, University of Pennsylvania Press.

Daniel, E. Valentine.

1984 *Fluid signs: Being a person the Tamil way*, Univ of California Press.

David, Kenneth, ed.

1977 *The new wind: Changing identities in South Asia.* Walter de Gruyter.

De Neve, Geert

2008 'We are All Sondukarar（Relatives）!': Kinship and its Morality in an Urban Industry of Tamilnadu, South India. *Modern Asian Studies* 42(1): 211-246.

Deputy Commissioner Lahaul and Spiti, HP

http://hplahaulspiti.nic.in/administration.htm（最終閲覧日：二〇一七年三月一〇日）。

Edwards, Janette and Strathern, Marilyn.

2000 Including Our Own. In *Cultures of Relatedness*. Janet Carsten (ed.), pp.149-166. Cambridge University Press.

Election Commission of Himachal Pradesh

2010 Voter List of Gram Panchayat, Samiti and Jeera Parishad Members 2010.

Fortes, Meyer

1945 *The dynamics of clanship among the Tallensi.* Oxford University Press.

Gergan, Josef and Suniti Kumar Chatterji

1976 *A thousand Tibetan proverbs & wise sayings from Ladakh, Spiti, Lahaul & Naris Skor-gSum.* Sterling Publishers.

Ghurye, G. S.

1932 Caste and Race in India. Kegan Paul.

1950 Caste and Race in India. Popular Book Depot.

Goldstein, Melvyn C.

1978 Pahari and Tibetan Polyandry Rexised, *Ethnology* 17: 325-37.

Government of Himachal Pradesh Department of Panchayat Raj

1994 *Himachal Pradesh Panchayati Raj（Election）Rules.*

2006 *The Himachal Pradesh Panchayati Raj Act, 1994 Amended upto March 2006.*

Government of Himachal Pradesh Irrigation and Public Health Department, HP http://www.hpiph.org/objective.htm（最終閲覧日：二〇一七年三月一〇日）。

Gram Panchayat under Development Block Spiti
2008 *Details of Family register.*

Helliwell, Christine.
2006 Good Walls Make Bad Neighbours: The Dayak Longhouse as a Community of Voices. *Inside Austronesian houses: perspectives on domestic designs for living*: 45-63.

Himachal Pradesh Public Works Department, HP
http://hppwd.gov.in/（最終閲覧日：二〇一七年三月一〇日）。

Howell, Signe.
2003 Kinning: the creation of life trajectories in transnational adoptive families, *Journal of the Royal Anthropological Institute*, 9(3): 465-484.

Inden, Ronald B., and Ralph W. Nicholas.
1977(2005) *Kinship in Bengali culture*. Orient Blackswan.

Jahoda, Christian.
2015 *Socio-economic Organisation in a Border Area of Tibetan Culture: Tabo, Spiti Valley, Himachal Pradesh, India*, Veröffentlichungen zur Sozialanthropologie.

Jäschke, H.A.
1985 *A Tibetan-English Dictionary*, Rinsen shobou.

Kapferer, Bruce.
1976 Introduction: Transactional models reconsidered." *Transaction and Meaning: directions in the anthropology of exchange and symbolic behavior. Philadelphia: Institute for the Study of Human Issues*: 1-22.

Laidlaw, James
2000 A free gift makes no friends. *Journal of the Royal Anthropological Institute*, 6(4): 617-634.
2002 For an Anthropology of Ethics and Freedom. *Journal of the Royal Anthropological Institute*, 8(2): 311-332.

Lamb, Alastair
1956 The Spiti valley today. *Journal of the Royal Central Asian Society* 43(3-4): 248-254.

Leach, Edmund Ronald

1961 *Pul Eliya, a Village in Ceylon: A Study of Land Tenure and Kinship*. Cambridge University Press.

Levine, Nancy E.

2008 Alternative kinship, marriage, and reproduction. *Annual Review of Anthropology* 37: 375-389.

Marriot, McKim.

1959 Interactional and Attributional theories and caste ranking, *Man in India*, 1959, 39.2.

1976 Hindu Transactions, and Hindu Transactions. "Diversity without Dualism." *Transaction and Meaning: Directions in the Anthropology of Exchange and Symbolic Behavior* : 109-142.

1976 Interpreting Indian society: A monistic alternative to Dumont's dualism, *The Journal of Asian Studies* 36.1: 189-195.

Marriott, McKim, and Ronald Inden.

1977 Toward an Ethnosociology of South Asian Caste Systems, *The New Wind: Changing Identities in South Asia*. University of Chicago Chicago.

Mauss, Marcel

1985 A Category of the Human Mind: The Notion of Person; the Notion of Self. In *The Category of the Person: Anthropology, Philosophy, History,* Carrithers, Michael, Steven Collins, and Steven Lukes, eds, pp.1-25. Cambridge University Press.

Mehra, P. L.

1966 Lahaul and Spiti: A Forgotten Chapter in Panjab History, *Journal of Indian History*, XLIV (I): 255-262.

Mines, Mattison.

1994 *Public faces, private lives: Community and individuality in South India*. Univ of California Press.

Mines, Mattison. & Gourishankar, Vijayalakshmi.

1990 Leadership and individuality in South Asia: The case of the South Indian big- man. *The Journal of Asian Studies*, 49(04), 761-786.

Östör, Ákos. Lina Fruzzetti. and Steve Barnett., eds.

1982 *Concepts of person: Kinship, caste, and marriage in India*, Harvard University Press.

Panchayati Raj Department Government of Himachal Pradesh HP Status of Panchayati Raj System in Himachal Pradesh http://hppanchayat.nic.in/pdf%20files/PRsetupHP.pdf （最終閲覧日：二〇一七年三月一〇日）

Peter, Prince

1963 *A Study of Polyandry*. Mouton.

Phylactou, Maria.

1989 *Household organisation and marriage in Ladakh Indian Himalaya*, PhD Thesis, London School of Economics and Political Science （University of London）.

Punjab Government

2012(1899) *Gazetteer of the Kangra District, Parts II to IV, Kulu, Lahul and Spiti, 1897*, B. R. Publishing Corporation.

2012(1883-1884) *Gazetteer of the Kangra District, Part I, 1883-1884,* B. R. Publishing Corporation.

Rahul, R.

1969 The System of Administration in the Himalaya, *Asian Survey*9(9): 694-702.

Rivers, William Halse Rivers

1926 *Social Organization*. London, W. J. Perry (ed), Kegan Paul, Trench, Trubner.

Rubin, Alfred P.

1960 The Sino-Indian Border Disputes, *The International and Comparative Law Quarterly*, 9(1) : 96-125.

Schneider, David M.

1980 *American kinship: A cultural account*, University of Chicago Press.

State Election Commission Himachal Pradesh

2005 *Municipal And Panchayat Elections, Model Code Of Conduct.*

2010 *A Hand Book For Returning Officers / Assistant Returning Officers For The a Conduct Of Election To Gram Panchayats Panchayat Samiti And Zila Parishads.*

Strathern, Marilyn

1988 *The Gender of the Gift: Problems with women and problems with society in Melanesia,* University of California Press.

1992 *After nature: English kinship in the late twentieth century*, Cambridge University Press.

2005 *Kinship, law and the unexpected: relatives are always a surprise*, Cambridge University Press.

ラントゥック・ミントゥック	イトコ同士(婚)、 ラン→私の、トゥック→男女、 ミン→人の(誰かがとっていく)

ヒンディー語

発音(綴り)	意味
アル(aloo)	じゃがいも
グラム・パンチャーヤト(Gram Panchayat)	村落自治体
ジーラ・パリシャド(Zilla Parishad)	県レベルの評議会
テカダール(thekedar)	建設業者あるいはコントラクター
ドースト(dost)	友人
パドシー(padosi)	隣人
パンチャーヤト(panchayat)	農村部自治体
パンチャーヤト・サミティ(Panchayat Samiti)	郡自治体
プラダーン(Pradhan)	村落自治体の長
ロティ(roti)	チャパティ

ミン(min)	名前
モモ(mog mog)	餃子
モラ	結婚式での祝辞、詩
ヤト(ya do)	対の一方、仲間
ラー(lha)	神
ラマ(bla ma)	僧侶
リグ(rigs)	階層、ランク、カースト
リュパ(rus pa)	骨
ルイヤー	シャーマン

親族名称一覧

発音(綴り)	意味
メメ	祖父
イビ	祖母
アパ(a pa)	父
アマ(a ma)	母
ウ	父方のオジ、夫
ツァモ(chung ma)	妻、嫁
アジャン(a shang)	母方のオジ
アワン	父方のオバの夫、 母方のオバの夫
アネ(a ne)	父方のオバ
マチェン	母方のオバ(母の姉)
ミチュン	母方のオバ(母の妹)
アチョ(a jo)	兄、年上の従兄弟
アチェ(a che)	姉、年上の従姉妹
ノ(no, nu bo)	弟、年下の従兄弟
ノモ(nu mo)	妹、年下の従姉妹
マクパ(mag pa)	婿養子、義理の息子
トゥー/プツァ(bu)	息子
ポモ(pu mo)	娘
ニリン	血縁関係+配偶者(子ある場合のみ)
トゥクトゥッ	(関係が)親しい、近しい
プッラ(プンラ)	兄弟、姉妹、従兄弟、従兄弟、 同じ父母の下に生まれた者の総称
パ・チック・マ・チック	同じ父母の下に生まれた者
ミントゥック・シントゥック	イトコ同士(婚)、従兄弟・従姉妹

グロッサリー

現地語

スピティの発音（チベット語綴り）	意味
アネ（a ne）	親族名称のほか、年上の女性に用いられる敬称
アムチ（em chi）	チベット医学の医者
インチュン	より小さな家
ウ	夫
カタック（kha btags）／アシ	祝福や歓迎を意味する白いスカーフ
カンシャ	人々が依頼する寺院での祈祷
カンチェン（khang chen）	大きな家
カンパ（カンバ）（khang pa）	家屋
カンビ・ジマック	家族
カンミグ（khang mig）	家屋
ギュッ（rgyud）	筋、一連のもの、紘、血筋
キムツェ（khyim mtses）	近隣住民
キュム（khyim）	家
キンチュン（カンチュン）（khang chung）	小さな家
サグマ（gtsang ma または dag pa）	綺麗、清潔
シャ（sha）	肉
ジマッ（gzhis mad）	家族、世帯、家庭
セム、セムバ（sems, sems pa）	心、考えること
ゾ（男性：bzo）、ゾモ（女性）	鍛冶屋
チャチャン（チョザン）	中間層、（農民層）
チョカン（mchod khang）	仏間
チョンモ（jo mo）	尼僧
チョルテン（mchod rten）	仏塔
チョワ	占星術師
ツァモ（(khyim thab mo)）	妻
ディッパ（sdig pa）	罪、宗教的な罪
トンバ（ston pa）	空、無いこと
ドンボ（mgron po）	客人
ニリン	親族
ノノ（no no）	領主
パクトゥン（bag ston）	婚姻儀礼
パンマ（bag ma）	結婚
ベタ（男性）、ベモ（女性）	楽師

写真図表一覧

写真

図

表

や

ら・わ

は

ま

た

さ

索　引

著者紹介

中屋敷 千尋（なかやしき ちひろ）

1987 年生まれ。

京都大学大学院人間・環境学研究科博士後期課程修了。博士（人間・環境学）。

現在、京都大学人文科学研究所研究員。専攻は社会／文化人類学、南アジア研究。

主な論文に、「北インド・チベット系社会における選挙と親族――スピティ渓谷における親族関係ニリンの事例から」（『文化人類学』第 79 巻 3 号 : 241-263、2014 年 12 月）、「隣人関係における親密さと不安定さ――インド・スピティ渓谷におけるチベット系民族の事例から」（『コンタクト・ゾーン＝Contact Zone』009 巻 : 2-33、2017 年 12 月）ほか。

つながりを生きる　北インド・チベット系社会における家族・親族・隣人の民族誌

2019 年 2 月 10 日　印刷
2019 年 2 月 20 日　発行

著　者　中屋敷千尋
発行者　石　井　　雅
発行所　株式会社　風響社

東京都北区田端 4-14-9（〒 114-0014）
Tel 03(3828)9249　振替 00110-0-553554
印刷　モリモト印刷

ISBN978- 4-89489- 252-1 C3039